D1717860

DOSSIER 26

Norbert Gstrein

DOSSIER

Die Buchreihe über österreichische Autoren
Band 26

Herausgegeben vom Franz Nabl Institut für Literaturforschung
der Universität Graz

Redaktion

Kurt Bartsch
Gerhard Fuchs
Günther A. Höfler
Gerhard Melzer

Norbert Gstrein

Herausgegeben von
Kurt Bartsch und Gerhard Fuchs

Literaturverlag Droschl

Inhaltsverzeichnis

I Gespräch

Axel Helbig

Der obszöne Blick

Zwischen Fakten und Fiktion[1].

Gespräch mit Norbert Gstrein am 16. Januar 2005

Herr Gstrein, ich möchte zuerst nach Ihren literarischen Anfängen fragen. Vor Ihrer Existenz als freier Autor hatten Sie zunächst in Innsbruck Mathematik studiert, woran sich Studien in Stanford (USA) und Erlangen anschlossen. 1988 haben Sie eine Dissertation zu sprachphilosophischen Problemen vorgelegt und sich darin u. a. mit der Frage befaßt, die Sie ja auch als Autor beschäftigt: „Wie kann man nach Wahrheit fragen und wie läßt sich Wahrheit mittels Sprache erfassen?" Mich interessiert, wann die Entscheidung für das Schreiben gefallen ist, ob bereits vor dem Studium das Schreiben das eigentliche Ziel war oder ob sich dies erst später als Perspektive entwickelt hat? Waren diese Studien gewissermaßen Stationen, auf denen Sie sich das Rüstzeug für den Schriftstellerberuf besorgt haben?

Es waren Stationen, wenn ich es im nachhinein so interpretieren will. Das gibt es ja manchmal bei Biographien, daß Leute alles auf das Endziel und den Endzweck hin interpretieren. In meinem Fall ist es nicht so gewesen, daß ich schon sehr früh gewußt hätte, ich würde zum Schreiben kommen. Ich war als Schüler in den späteren Schuljahren so gut wie ausschließlich mit der Mathematik befaßt. Ich hatte ein Buch, das damals tatsächlich aus der DDR gekommen ist, ein kleines Bändchen mit dem Titel *Ungelöste und unlösbare mathematische Probleme*. Ich wollte zwar nicht die unlösbaren lösen, aber ich wollte mindestens eines dieser berühmten klassischen ungelösten Probleme lösen. Auf damals sehr naive Art und Weise, mit meinen sehr bescheidenen Möglichkeiten, die ich als Schüler hatte. Und damit habe ich Tage und Tage und Wochen und Wochen zugebracht, ohne einen Blick für vieles andere zu haben. Ich war ein Leser, das war ich immer, aber ein Leser, den man nicht als einen gezielt suchenden Leser einschätzen würde. Ich habe gelesen, was zu Hause im Hotel meiner Eltern gestanden hat, zumeist Bücher aus einer Buchgemeinschaft. Sehr beliebig ausgewählte Bücher, in der Regel Bestseller, das, was man Unterhaltungsliteratur nennt. Ich habe noch früher, im Internat, katholische Erbauungsbücher gelesen, die da herumgestanden sind. Die erste Berührung mit der sogenannten höheren Literatur war, glaube ich, durch dieses Leseverhalten ein großes Mißverständnis. Vielleicht als Fünfzehnjähriger dachte ich, ich müßte unbedingt Kafka lesen, und habe ihn auch gelesen, hatte aber durch meinen Lektüre-Hintergrund überhaupt keine Basis dafür, zu dieser Zeit etwas mit Kafka anfangen zu können. Für die allmähliche Hinentwicklung zum Schreiben während des Studiums glaube ich zwei Gründe nennen zu können. Zum einen war es eine Art Ausweichbewegung, weil ich gesehen habe, daß Mathematik für mich nicht alles sein kann, daß ich noch etwas anderes gesucht habe, etwas Sinnlicheres und mehr Weltzugewandtes. Der wichtigere Grund, der sich früher datieren läßt, aber erst später zum Tragen gekommen ist, war dieses Gefühl der Nichtzugehörigkeit in der Dorfgemeinschaft, in der ich aufgewachsen bin. So daß ich die Zugehörigkeit an anderen Orten, manchmal auch in Büchern, suchte. Peter Handke hat einmal gesagt, er habe u. a. deswegen gelesen, weil er den eigenen Fall nicht als Krankheitsfall begreifen wollte.

Wenn sich ein Österreicher mit Sprachphilosophie befaßt, denkt man natürlich an Wittgenstein und den Wiener Kreis. Inwieweit war das für Sie ein Anstoß?

Ich habe auf diesem Gebiet nur dilettiert. Das waren im Grunde genommen Fluchtbewegungen, weil mir die Beschäftigung mit der Mathematik zu heiß geworden ist. Ich hatte mir viel und zu viel vorgenommen. Ich kann das nur mit dem Bild eines zu schnell und zu früh losgaloppierenden Pferdes beschreiben, das vor der letzten Kurve einbricht. Insofern sind diese Fluchtbewegungen zum Teil nicht aus dem Inhaltlichen und aus der Sache heraus zu begründen. Es waren Fluchtbewegungen aus der strengsten Mathematik heraus, in etwas anderes hinein. Natürlich habe ich in diesem Zusammenhang Wittgenstein gelesen, natürlich habe ich mich mit dem Wiener Kreis befaßt, aber viel zu wenig, als daß ich darauf hätte aufbauen können.

Parallel zu den Studien in Stanford ist Ihr erstes Buch Einer *entstanden, in dem das Bild des im Leben gescheiterten Jakob aus den knappen Berichten der Mutter, der Brüder und anderer zusammengesetzt wird. Gab es da eine Verbindung? Waren die Inhalte der Studien von Einfluß auf die Arbeit an diesem Text?*

Das läßt sich gar nicht trennen. Weil die Dinge sich *natürlich* beeinflussen, wenn man sich zum selben Zeitpunkt mit Verschiedenem beschäftigt. Aber auch die Zeit in Stanford versuche ich herunterzuspielen, indem ich mich weniger am Inhaltlichen orientiere als an dem mir Lebensnotwendigen. Stanford war auch eine Fluchtbewegung. Das Studium in Innsbruck war abgeschlossen, plötzlich war ich diplomierter Mathematiker und habe mich in der Welt umgesehen: Was hält das Leben jetzt für mich bereit? Meine Schreckens- und Angstmetapher hieß SIEMENS. Das hätte auch eine andere Firma, ein anderer großer Konzern sein können. Ich hatte die Vorstellung: Wenn ich mir nichts überlege, dann bin ich schon als Dreiundzwanzigjähriger in den Verliesen von SIEMENS. So daß ich mir das Projekt einer halb-fiktiven Zusammenarbeit mit einem amerikanischen Wissenschaftler in Kalifornien ausgedacht habe, das mir in Österreich Geld verschafft hat. Dies alles, um aus Österreich hinauszukommen und der „Bedrohung" SIEMENS zu entfliehen, das heißt, um Luft zum Atmen zu gewinnen. Ich hatte dann, in Kalifornien angekommen, den Eindruck, biographisch gesehen zu spät gekommen zu sein. Es war da ein ganz anderes Arbeiten, es waren ganz andere Möglichkeiten der wissenschaftlichen Arbeit, aber ich war dort nur mehr Beobachter.

Ich war an einem Institut, das sich *Center for the Study of Language and Information* nannte. Dort wurde unter anderem an dem nicht wirklich realisierbaren Ziel gearbeitet, Computern natürliche Sprache verständlich zu machen, oder wenigstens eine Annäherung zu finden, damit Computer nicht nur auf Computer-Sprache, sondern auch auf natürliche Sprache reagieren. Das war ein Unterfangen, für das mit großen Projektbeschreibungen bei Regierung und Militär viel Geld aufgetrieben wurde, um im Rahmen von Fünf-Jahres-Plänen hochgesteckte Ziele zu verwirklichen. Die erzielten Ergebnisse waren dann aber, am Aufwand gemessen, vergleichsweise bescheiden.

Ich hatte damals die Entscheidung zu treffen, ob ich Tag und Nacht im Institut arbeite oder ob ich mir Zeit für andere Dinge nehme, das Schreiben in den Vordergrund treten lasse und mein erstes Buch anfange. Mein erstes Buch, das sich mit meinem Herkommen beschäftigt, und das sich nicht zufällig genau in der Situation, soweit entfernt von dem, was einmal zu Hause gewesen ist, plötzlich notwendig gemacht hat. Es erscheint zunächst als etwas völlig Paradoxes, daß einer in Kalifornien sitzt, klischeehaft gesprochen: *unter Palmen*, in einer anderen Welt, die man auch als die *große Welt* bezeichnen könnte, und sich mit einem kleinen Tiroler Dorf befaßt. Das hat dann aber doch seine Logik. Weil es diese Distanzierung gebraucht hat und diesen wahrscheinlich auch wehmütigen, wahrscheinlich auch sehnsüchtigen Blick – selbst wenn es eine invertierte und negative Sehnsucht war – auf das zurück, was einmal zu Hause gewesen ist.

Zwischen der Arbeit des Instituts und meinem Schreiben gab es Zusammenhänge, die sich feststellen lassen. Am Institut war eine spezielle Form von Semantik ausgearbeitet worden, die sich Situationssemantik nannte. Einfach erklärt bedeutet das etwa, daß Sätze, viel mehr als es ohnehin schon der Fall ist, je nach Destruktion jener Situation zu verstehen sind, in der sie gerade gesprochen werden. Das ist zunächst, unter natürlichen Sprechern, eine Banalität. Bei Computern, wenn diese eine Unterhaltung simulieren sollen, ist es jedoch so, daß Mißverständnisse in der Regel aus situativen Zusammenhängen entstehen. Das ist eine Semantik, die sehr stark mit *oder*-Folgen arbeitet. Die zur jeweils festgestellten Tatsache immer auch eine endliche Zahl von Alternativen anbietet. Die von der Welt in der Regel sagt, daß sie so ist, aber vielleicht auch so oder so oder so. Und wenn man mein Buch *Einer* liest, kann man sehen, daß es diese *oder*-Sequenzen sehr häufig gibt, ohne daß ich mich bewußt dafür entschieden hätte. Da hat sich mir eine Erzählform aufgedrängt, die nicht behauptend ist, sondern mutmaßend. Verstärkt wird das durch den ständigen Wechsel zwischen Indikativ und Konjunktiv, vermeintlich beliebig, aber es ist nicht beliebig. Das hat die Funktion, aus den strengen Erzählformen, wie man sie aus klassischen Erzählungen kennt, am ehesten so etwas wie eine verwackelte Erzähllinie entstehen zu lassen. Eine Erzählhaltung, wo sich der Erzähler dessen, was er erzählt, nie ganz sicher ist. Wo er sich immer auch Alternativen bereithält. Das ist vielleicht eine ängstliche, manchmal vielleicht auch eine feige Erzählhaltung, die eindeutige Bekenntnisse jedenfalls ausschließt. Doch läßt sich damit vielleicht die Grenze zwischen dem Sagbaren und dem Unsagbaren verschieben, um die es jeder ernsthaften Literatur geht, das noch nicht Gesagte sagen oder das schon Gesagte *so* anders sagen, daß es vielleicht der eigenen Zeit entsprechender ist. Oder daß die schon einmal gesehenen Dinge aus dem neuen Blickwinkel, mit der neuen Sprache neu und anders gesehen werden. Es ist geradezu eine Definition dessen, was Literatur ausmacht, diese Grenze zu berühren oder sie gar zu verschieben.

Hilary Putnams auf dem Wiener Kreis aufbauende pragmatische Wahrheitskonzeption des sogenannten Internen Realismus geht davon aus, daß die Wirklichkeit nur theorien-immanent besteht. Provinzialisiert man diesen Ansatz auf die interne Tiroler Lebenswirklichkeit, ergibt sich möglicherweise eine Lesehilfe für die Erzählung *Einer*. Die *Mutmaßungen über Jakob* konstituieren sich so gesehen aus Theorien, die sich die ihn umgebenden Menschen auf der Grundlage der ihnen eingeprägten Begriffsschemata über Jakob zurechtlegen.

Die Folge ist, daß man dann bei dem Begriff *„Biographie als Fiktion"* landet.

Als Fiktion der anderen.

Als Fiktion der anderen, absolut. Und genauso ist das auch. Es gibt kein unabhängiges Erzählen einer Biographie, kein systemunabhängiges Erzählen. Jede Aussage ist immer auch eine Aussage über den Erzähler und das ihm zugrundeliegende System. Das hat mich auch, insbesondere mit dem letzten Roman, *Das Handwerk des Tötens*, immer weiter dahin gebracht, daß mein Erzählen auch eine Kritik des Erzählers beinhalten muß.

Inwieweit ist die in Ihren Büchern immer auch mitschwingende Skepsis biographisch geprägt und zu welchem Teil ist sie sprachphilosophisch begründet, also, wenn man so will, Sprachskepsis? Inwieweit sind die Ihr Werk konstituierenden Themen Entfremdung, Isolation und Sprachlosigkeit biographisch verortet?

Zunächst muß das tatsächlich aus dem Biographischen kommen. Theoretische oder halbtheoretische Überlegungen schließen sich bei mir in der Regel erst nach dem Schreiben an. Ich nehme mir nicht vor: Ich muß jetzt eine Geschichte schreiben und diese Geschichte schreibe ich mit

Skepsis. Die Überhöhung oder Unterfütterung kommt erst danach. Was eine biographisch geprägte Skepsis betrifft, ist es allerdings schwierig, diese zu erklären, ohne zu sehr im trüben Psychologischen zu fischen. Vor allem weiß ich nicht über die Anfänge Bescheid. Ich weiß darüber Bescheid, in welche Position ich gekommen bin, in welche Position ich mich selbst gebracht habe, über die Jahre. Und das ist die Position eines Zuschauers oder gar weitgehend Abwesenden. Vielleicht ist es auch eine Frage des Selbstbewußtseins. Vielleicht ist es der Eindruck, daß alles, was ich da mache, am Ende nur hochgestapelt sein könnte. Vielleicht ist das der wichtigste Eindruck. Das hat mich beim Lesen von Louis Althussers Autobiographie bestürzt, daß die Frage, ob nicht alles nur hochgestapelt sein könnte, ein durchgehender Themenstrang ist. Der Verdacht, daß alles in sich zusammenfallen könnte, würde man in dieses halbgare System irgendwo hineinstechen. Möglicherweise ist diese Skepsis zuallererst etwas, das sich gegen mich selbst und gegen mein eigenes Tun richtet.

Vielleicht hat das mit meinem Herkommen zu tun, mit meinem Aufwachsen in einem Tiroler Dorf. Ich glaube, man geht nicht zu weit, wenn man sagt, daß diese Dorfgesellschaften auch heute immer noch sprachlose Gesellschaften sind, daß Sprache tatsächlich nur gebraucht wird, wenn es unbedingt notwendig ist. Mir kommt es wie eine doppelte Nichtzugehörigkeit vor, wenn es von mir irgendwo heißt, ich sei ein „Tiroler Schriftsteller". Ich nehme das inzwischen sehr belustigt wahr, aber ich nehme es wahr, weil ich diese feste Verbindung, als gäbe es das eine ohne das andere in meinem Fall nicht, bei niemand anderem so ausgeprägt sehe. „Tiroler", das heißt: aus dem Gebirge heruntergekommen, ein Wunder, daß er lesen und nun auch noch schreiben gelernt hat. Als wäre das an sich schon ein Paradoxon. Anfänglich habe ich mich gegen dieses „Tiroler" gewehrt, inzwischen ist es mir sehr recht. Je mehr ich in diese Bücher- und literarische Welt hineingerate, um so mehr habe ich die Sehnsucht, den Kontakt zu dieser anderen, zu dieser archaischen, verrückten, sprachlosen, nichtliterarischen Wirklichkeit nicht zu verlieren. Weil ich tatsächlich glaube, daß zumindest ein vitaler Teil meiner Sprache – und das ist dann wirklich ein Paradoxon – aus dieser Sprachlosigkeit kommt, mit der ich groß geworden bin.

Nachdem Sie mit der Figur des Jakob in Einer *eine Situation des inneren Exils, einen Ihnen aus Ihrer Biographie vertrauten Zusammenhang, beschrieben haben, bildete der Roman* Die englischen Jahre *eine historisch verortete äußere Exilsituation ab, dazu mit der Person eines nichtjüdischen Österreichers, der unter dem Anschein des Judentums in England lebt und dort von Philosemiten besucht wird, ein Vorgang, der von einem Ihrer Protagonisten als „Judenschauen" charakterisiert wird. Bei dieser Konstellation waren Sie praktisch gezwungen, ein sprachliches Kunstwerk vorzulegen. Sonst hätte es nicht nur Literaturkritik gegeben. Im Zusammenhang mit dem Roman* Die englischen Jahre *bezeichneten Sie sich einmal als „Fachmann, ... die Risse zwischen Wirklichkeit und Fiktion sichtbar zu machen". Welche Art Routine ist damit angesprochen?*

Ich hatte beim Lesen der verschiedensten belletristischen Bücher, die sich mit der Nazi-Zeit, mit den Nazi-Verbrechen beschäftigen, insbesondere von so genannten Nachgeborenen, immer mehr den Eindruck bekommen, daß es sich viele insofern zu leicht machen, als sie Geschichte als rührselige Geschichtchen erzählen und als Erzähler kein Risiko eingehen, als Erzähler immer in Sicherheit bleiben, nicht weit über die Tautologie hinauskommen, die Guten sind gut und die Bösen sind böse, also das, was man schon vorher weiß. Was man vorher weiß, sind die Fakten der Nazi-Verbrechen. Es muß aber mehr geben als das Erzählen von noch und noch einer solchen Geschichte, das die Schreckensgeschichte dahinter immer konsumierbarer macht. So daß ich am Ende immer mehr dachte, das wird im äußersten Fall benutzt wie ein Stück Seife. Bis von der Seife nichts mehr übrig ist, aber alle stehen mit sauberen Händen da und sind nie ein Risiko eingegangen. Ich wollte dagegen möglichst genau sichtbar machen, daß sich die Dinge *nicht* decken. Die vergleichsweise naive Art des Erzählens geht von einer Abbildbarkeit der Wirklichkeit in der Literatur aus. Ich wollte diese Dinge wieder trennen. Das eine sind Abbildungen und das andere sind die Fakten. Und ich glaube, das ist das Glück bei der Erzählkonstruktion der *Englischen Jahre*, daß es darin Kapitel gibt, in denen eine weibliche Ich-Erzählerin eine Geschichte recherchiert, und daß es andere Kapitel gibt, die in ihrer Imagination spielen. Man stellt als Leser mehr und mehr fest, daß sich das Recherchierte mit dem Imaginierten nicht deckt. Man stellt fest, daß man die ganze Zeit gedacht hat, man würde die Biographie einer Person lesen, die in dem einen Kapitel Hirschfelder heißt und in dem anderen Kapitel nur als Du angesprochen wird, um am Ende zu erfahren: Das sind ja tatsächlich zwei Personen. Und weiter könnte eigentlich solch eine Erkenntnis nicht auseinanderklaffen, als daß das Recherchierte und das Imaginierte sich auf zwei tatsächlich verschiedene Personen beziehen und man nur aus ästhetischer Nachlässigkeit und aus einem Kitschbedürfnis in der Wahrnehmung solcher Geschichten die Differenz zugekleistert hat.

Vor diesem Hintergrund war es ein Risiko, ein großes Risiko, diesen Roman zu schreiben. Ich weiß gar nicht genau, ob ich anfangs überhaupt im ganzen Ausmaß wußte, worauf ich mich damit einlasse. Ich habe ja auch die kleine Erzählung *Selbstportrait mit einer Toten* parallel geschrieben, eine Art Verteidigungsschrift, die mir notwendig erschien, weil ich dachte: So wie ich diesen Roman erzählen will, kann man den noch nicht erzählen, dafür ist die Zeit noch nicht da, weil „Holocaust-Geschichten" einfach nach bestimmten Mustern zu erzählen sind oder Gefahr laufen, mißverstanden zu werden.

Im Zusammenhang mit der Walser-Bubis-Debatte erklärten Sie „einen unhinterfragten Konsens, der im schlimmsten Fall von einer Generation zur anderen weitertradiert, in der Weitertradierung immer mehr ausgedünnt und immer konsumierbarer wird, für gefährlich". Muß der Kanon der Vermittlung des Verbrechens des Holocaust neu definiert werden oder kann man sagen, daß es innerhalb der deutschen und auch der österreichischen Gesellschaft einen verläßlichen Modus gibt, sich mit Auschwitz, mit der Dimension des Verbrechens des Massenmords an der jüdischen Bevölkerung auseinanderzusetzen?

Diese Ritualisierung, wie die Geschichte in den Schulbüchern beschrieben wird, hat Sinn. Eine andere Frage ist, was Literatur bewirken kann. Kann sie etwas Neues hinzufügen, das jenseits des Ritualisierten die Erinnerung für die jeweils eigene Generation lebendig hält? Oder bedient sie sich nur der Rituale und dünnt durch ständiges Weiter-Ritualisieren selbst die Rituale aus. Insofern hat die Literatur, wenn sie an dieser Stelle eine Aufgabe hat, eine ganz andere Aufgabe. Nämlich, an einer bleibenden Lebendigkeit zu arbeiten. Die Gefahr beim Ritualisieren ist die des sanktionierten Wegschauens. Die, daß man sagt, ich beschäftige mich lieber nicht näher damit, dann kann ich nicht falsch liegen.

Mit Bezug auf Imre Kertész und dessen Aufsatz Wem gehört Auschwitz? *bezeichnen Sie das geistige Eigentumsrecht am Holocaust als „unser Erbe ... das sich nicht ausschlagen läßt."*

Das ist *unser aller* Erbe, nicht nur das Erbe von Autoren. Man kommt nicht daran vorbei, sich damit zu beschäftigen, das heißt aber nicht unbedingt schreibend. Tatsächlich bin ich auf die Thematik der *Englischen Jahre* über Umwege gekommen. Ich bin bei den Recherchen für einen ganz anderen Roman darauf gestoßen. Ich wollte eigentlich keinen Roman zu diesem Thema schreiben. Ich wollte diese Aktualität nicht. Die Walser-Bubis-Debatte wurde dann ja ungefähr parallel zum Erscheinen der *Englischen Jahre* geführt. Vorher gab es bereits die Wilkomirski-Debatte, die mich regelrecht in Schrecken versetzt hat. Wäre mein Roman nicht nachweisbar kurz zuvor abgeschlossen gewesen, könnte er auch als eine Reaktion auf die Wilkomirski-Debatte gelesen werden. Denn bei dieser Debatte ging es um eine vergleichbare Identitätsvertauschung. Ich bin nervös geworden, weil ich den falschen Vorwurf gefürchtet habe, den Vorwurf, mich beim Schreiben an tagesaktuellen Themen zu orientieren und den Spuren einer kleinen Sensation zu folgen. Das hätte mich nicht interessiert. Mich hat beim Schreiben des Romans der Erkenntnisgewinn interessiert, wenn ich den Spalt zwischen Realität und Fiktion größer mache, weil ein Zukleistern dieses immer existierenden Spalts zwischen dem, was tatsächlich geschehen ist, und dem, was man erzählt, in der Regel eine Verharmlosung bedeutet. Dieses ästhetische Problem – einerseits die Realität, andererseits das Erzählte – ist bei sozusagen kleineren Geschichten *nicht unbedingt* ein ethisches Problem. Wenn man eine Liebesgeschichte falsch erzählt, hat man sie falsch erzählt. Bei Themen wie dem Holocaust oder Krieg hat man automatisch mit dem ästhetischen Problem zugleich oft auch ein ethisches Problem. *Das* ist das Risiko. Die Erzählprobleme, die sich stellen, sind die gleichen. Aber das Risiko ist ungleich größer, weil die Fallhöhe größer ist.

Obwohl politische Themen Sie stark anziehen, vermeiden Sie es, sich als Autor in aktuelle politische Diskussionen einzumischen. Warum? Sie sagen sogar: „Auch wenn das jetzt eine weniger angreifbare Regie-

rung wäre, wäre mein Ort auf der Gegenseite." Das erinnert mich an Günter Eichs radikale Äußerung in seiner Büchner-Preis-Rede: „Wenn unsere Arbeit nicht als Kritik verstanden werden kann, als Gegnerschaft und Widerstand, als unbequeme Frage und als Herausforderung der Macht, dann schreiben wir umsonst, dann sind wir positiv und schmücken das Schlachthaus mit Geranien."

Das ist ja oft so unendlich inflationär. Das ist ein Ritual. Auf der Welt ist etwas passiert, und jetzt müssen ausgerechnet Schriftsteller gefragt werden. Da wird dann ja nicht einer, da werden zwölf und noch mehr gefragt, wie um ihnen damit zu zeigen, daß niemand das wirklich ernst nimmt. In der „Zeit" gab es so eine Aktion: *Deutsche Schriftsteller schreiben einen offenen Brief an George Bush.* Mir kam das wie ein müßiges Sandkasten-Spiel vor. Allerdings werde ich auch nicht gefragt, so daß ich mich nicht mit Händen und Füßen wehren muß.

Wenn ich mein eigenes Leseverhalten über die Jahre beobachte, habe ich all diesen explizit politisierenden Autoren gegenüber immer einen Verdacht gehegt. Den Bescheidwissern gegenüber. Selbst als ich noch ganz unsystematisch gesucht habe, habe ich sie alle ganz prinzipiell nicht gelesen. So daß ich eine ganze Reihe von Autoren, die möglicherweise große Autoren sind, nicht gelesen habe, weil sie in meiner Wahrnehmung Politiker waren und ich den Anspruch der Literatur, den poetischen Anspruch, irgendwo anders gesehen habe. Weil für mich das, was die Literatur will, sich nicht im Inhaltlichen erschöpft. Recht zu haben allein, oder auf der richtigen Seite zu stehen, ist für die Literatur noch gar nichts. Mein allererster Impuls, wenn ich den klassischen engagierten Autor sehe, ist, ihn in das Erzählbild mit hineinzunehmen. Weil mir das zu wenig ist, immer schon alles gewußt zu haben, immer schon alles zu wissen und dabei die eigene Position nicht mit zu reflektieren.

Ich sehe das immer von der jeweiligen Arbeit her. Wenn ich zum Beispiel beim letzten Roman *Das Handwerk des Tötens* von der Perspektive ausgehe, daß ich die verschiedensten Versuche, über Krieg zu schreiben, betrachte und sie aus Prinzip negiere. Dann ist das einerseits eine sehr simple Sicht der Dinge, ohne viel Risiko, und trotzdem kann das ergiebig sein, zu sagen, ihr schreibt so und so und so, ich sage, nein, so geht's nicht. Weil die Tatsachen immer noch viel schrecklicher sind. Das macht den Erzähler vielleicht zu einer unsympathischen Figur, und vielleicht hat der Erzähler nicht einmal recht. Aber das ist auch eines der schönen Paradoxa von Literatur, der Erzähler kann unrecht haben und dennoch Dinge sichtbar machen.

Peter Handke wollte dem Inflationismus der Kriegsberichterstattung im Jugoslawien-Krieg etwas Literarisches entgegensetzen, wollte, wie er im Gespräch mit Gabriel Grüner erklärte, etwas schreiben, das „konkret und befreiend zugleich ist". Die Folge dieses Aktionismus war, daß auch über ihn selbst inflationär berichtet wurde.

Mir ist Peter Handkes Impuls sehr nachvollziehbar. Und bis zu einem gewissen Grad deckt er sich auch mit dem Impuls, der mich zum Schreiben des Romans *Das Handwerk des Tötens* gebracht hat. Handkes Impuls ist auch ein sprachreflexiver, sprachkritischer Impuls. Eine Reaktion auf die überbordende Journalistensprache, die aus diesem Kriegsgebiet gekommen ist. Sein Problem wurde, daß er dabei die Realität aus den Augen verloren hat, nicht gesehen hat, daß das eine untrennbare Verknüpfung ist. Eine Kritik an der journalistischen Arbeit darf nicht so weit gehen, daß Fakten in Frage gestellt werden, die durch zahlreiche Beobachtungen gedeckt sind und insoweit als unanzweifelbar gelten müssen. Handke ist über den journalismuskritischen Punkt hinausgegangen und hat dann, vielleicht auch aus einer Trotzhaltung auf die ersten Gegenreaktionen, gleich noch viel mehr in Frage gestellt. Und da wird es schwierig. Auf Leichenfeldern wandernd kann man den Kopf nicht nur in die Luft halten, sondern muß auch auf den Boden schauen und sehen, wo man hintritt.

Wie haben Sie den jugoslawischen Krieg vom benachbarten Österreich aus erlebt und empfunden? Wie ist dieser Krieg zu Ihrer persönlichen Angelegenheit geworden?

Ich habe zu dieser Zeit in Graz gewohnt. Und dort war man tatsächlich sehr nahe. Bis Slowenien sind es etwa 50 Kilometer. Zwei oder drei Mal ist sogar der Fall eingetreten, daß sich jugoslawische Bomber auf österreichisches Gebiet verirrt hatten. Dies war vielleicht auch eine Drohgeste der Serben, weil die österreichische Position zu diesem Zeitpunkt prokroatisch gewesen ist. Die Ärzte waren in eine Art Vorbereitungszustand versetzt, in den Spitälern hatte man damit gerechnet, möglicherweise aus

Jugoslawien kommende Verwundete versorgen zu müssen. Ich muß allerdings sagen, daß ich das alles nach der allerersten Wahrnehmung dann doch, trotz der geographischen Nähe, wieder aus der Äquidistanz des Zeitungslesers gesehen habe. Vielleicht ist das erschreckend, und ein bißchen erschreckt es mich auch. Ich habe keine größere Involviertheit an mir festgestellt als bei anderen Konflikten, die 1000 Kilometer entfernt stattgefunden haben. Erst lange nach dem Krieg habe ich begonnen, mich wirklich mit diesen Ereignissen zu beschäftigen.

In Ihrem Roman Das Handwerk des Tötens *wird geschildert, wie ein ambitionierter Journalist einen Roman entstehen läßt, indem er die Begleitumstände eines fremden Romanprojektes wiedergibt. Nicht so sehr was Allmayer, ein Kriegsberichterstatter, im „Brennpunkt des Krieges" gesehen und erlebt hat, sondern was der Ich-Erzähler dem Verhalten der durch den Tod Allmayers existentiell herausgeforderten Personen ablesen kann, ist Gegenstand des Romans. Wie entwickelte sich der poetologische Ansatz des Romans?*

Zunächst gab es diese poetologischen Überlegungen nicht. Die haben sich aber sehr schnell aufgedrängt, als ich mich intensiver für die jugoslawischen Kriege zu interessieren begann. Weil mir da völlig klar geworden ist, daß mein Blick, wie könnte er anders sein, ein Blick von außen ist, und daß ein Blick von außen in solchen Krisensituationen immer ein sehr komfortabler Blick ist. Mir war dann zudem klar, daß ich, wenn ich etwas über diese Kriege schreiben will, auch über die Blicke darauf schreiben muß. Daß das dann sogar eher das zentrale Thema sein würde. Daß nicht das Geschehen selbst, das trotzdem natürlich thematisiert wird, und in einem fort thematisiert wird, sondern daß der Blick *auf* das Geschehen und daß insbesondere der Blick der Kamera das Thema sein muß. Egal wie man damit umgeht, man landet immer wieder dabei, daß ein Blick auf Greuel unweigerlich auch etwas Problematisches hat. Und damit ist man auch bei der Schwierigkeit des Handwerks eines Journalisten, der aus einem solchen Gebiet berichtet. Einerseits ist es unerläßlich, daß die Leute hingehen, daß es Berichte aus Kriegsgebieten, daß es Berichte noch von den schlimmsten Greueln gibt. Andererseits ist dieser Blick darauf auch ein obszöner Blick, und das ist das Thema. Der obszöne Blick.

Die schockierendsten Einzelheiten über das Kriegsgeschehen werden im Roman nahezu beiläufig erwähnt. Diese unkommentierte, fragmentarisierte Berichterstattung bleibt im Gedächtnis haften, weil der Leser zu diesen Bruchstücken etwas hinzugeben muß und dadurch stärker involviert ist.

Wesentlich ist in diesem Zusammenhang der Begriff der Distanz. Distanz zu den Ereignissen, insbesondere Schreckensereignissen. Es gibt immer allzu schnell Leute, die mitfühlen und die dieses Mitfühlen auch zur Schau zu stellen wissen. Und dieses Mitfühlen ist zunächst keine literarische Kategorie. Man macht die paradoxe Feststellung, daß Nähe durch Distanznahme erreicht werden kann. Weil diese Distanznahme auch eine Form von Respekt ist.

Der Ich-Erzähler gerät durch die Aufnahme der Greuel psychisch an seine Grenzen. Diese Distanz resultiert einerseits aus dem Schock, ist andererseits aber auch eine Art Schutzmechanismus?

Vor allem stellt er fest, daß er gar nicht mehr fähig ist, die schrecklichsten Ereignisse auch als die schrecklichsten wahrzunehmen. Wenn die expliziert sind, dann setzt bei ihm so etwas wie Überdruß ein. Weil es so viel davon gibt, daß die Addition von einem schrecklichen Ereignis und noch einem schrecklichen Ereignis bei ihm fast zu einer Art Auslöschung führt. So daß er den Schrecken dann in kleinen Beobachtungen, die nicht die zentralen Beobachtungen des Schreckens sind, viel eher wahrnehmen kann.

Der Roman enthält auch eine Liebesgeschichte – das Unausgesprochene zwischen dem Ich-Erzähler und Helena gewinnt dabei eine erotische Dimension.

Ich hatte manchmal den Eindruck ... aber man hat nicht die Gelegenheit, alles noch einmal umzuschreiben ..., daß ich diese Geschichte möglicherweise eine Spur mehr in den Vordergrund hätte nehmen können. Ich weiß nicht, ob das dem ganzen zuträglich gewesen wäre. Ich hatte eine Aussage von Uwe Johnson zu Hemingways *In einem andern Land* gelesen, wo dieser die allzu deutliche Konstellation einer Liebesgeschichte, bei der auch Krieg den Hintergrund bildet, abgelehnt hat. So daß mir die Angst, die Liebesgeschichte könnte vor diesen schrecklichen Ereignissen überhand nehmen, sie immer weiter zurückgedrängt hat. Immer wenn ich dazu mehr schreiben wollte, hatte ich zum einen meine eigenen Skrupel, andererseits diese von Johnson posthum an Hemingway gerichtete Warnung im Kopf, die mir ein bißchen die Hände gefesselt hat.

Die Sparsamkeit der Behandlung bewirkt aber gerade den Effekt. Das ist wie mit dem bruchstückhaften Berichten über die Kriegsgeschehnisse: durch Distanz wird Nähe erreicht.

Herr Gstrein, Die englischen Jahre *und* Das Handwerk des Tötens *sind beides Romane, für die eine umfangreiche Recherche erforderlich war. Wie wurde die Recherche zu den Romanen betrieben? Wie gewinnt man im Anschluß an die Recherche den genügenden Abstand, um eine unabhängige Fiktion erreichen zu können?*

Das war beim *Handwerk des Tötens* wesentlich schwerer als bei den *Englischen Jahren.* Bei den *Englischen Jahren* hatte ich Material über die Zeit des Zweiten Weltkriegs, das historisiert ist und durch die historische Ferne wesentlich überschaubarer. Bei den jugoslawischen Kriegen war die Zeit, die seither vergangen ist, eine sehr kurze. Man kann dazu Zeitungsartikel noch und noch studieren, Bücher von Journalisten noch und noch lesen. Und das habe ich auch getan. Und zwar, um dem Faktenraum gegenüber eine gewisse Selbstverständlichkeit zu entwickkeln. Da hat man auch diese Redundanz, Dinge aus den verschiedensten Blickwinkeln vielleicht zum zehnten Mal irgendwo gelesen zu haben und dann durch diese leichten Verschiebungen in der Darstellung eine Vorstellung dafür zu bekommen: Was ist im Zentrum, was ist der reale Kern dieser verschiedenen Nachrichten? Natürlich ist die Faktenfülle ungeheuer, und man muß, glaube ich – jedenfalls ist das mein Verfahren –, wesentlich auch auf das Vergessen vertrauen. Ich versuche alles, was mir in die Hände kommt, zu rezipieren, beschäftige mich damit, notiere mir auch. Lege die Notizen aber dann ab und sehe zu, daß ein Prozeß des Halbvergessens einsetzt – dessen, was ich gelesen und vor Ort recherchiert habe. Und ich schreibe dann wesentlich aus diesem halbvergessenden Wiedererinnern. Und dadurch stellt die eigene Wahrnehmung eine Ordnung her, der ich geneigt bin zu vertrauen. Sonst hätte ich das Problem – wenn ich ständig über diesen Büchern und über diesen Artikeln sitzen würde –, daß erstens keine Gewichtung des addiert Angelesenen gelingt und daß ich zweitens wahrscheinlich nicht die Fakten-fülle beleben könnte. Weil ich aus dem Angelesenen – hätte ich nicht den Vergessensprozeß – wieder etwas nur angelesen Geschriebenes machen würde.

Sie weisen verschiedentlich auf die Bedeutung von Paradoxa hin. Be-darf es der Paradoxa nach Ihrer Ansicht auf inhaltlicher Ebene, auf formaler Ebene oder auf beiden Ebenen?

Ich glaube, auf beiden Ebenen. Ich glaube, daß man ohnehin in dem Ver-hältnis zwischen beiden in einem fort auf Paradoxa stößt. Das ist klar, weil sie sich entgegenzustehen scheinen, die beiden Pole, und trotzdem zu-sammengeführt werden müssen. Formale Paradoxa gibt es noch und noch, und inhaltliche interessieren mich, weil man, glaube ich, auch poli-tisch die interessanteren Fragen stellen kann, wenn man sich mit den Möglichkeiten von Paradoxa beschäftigt.

Verschiedene Autoren haben für ihre Arbeitsweise Begriffe gefunden: Herta Müller nennt ihre Vorgehensweise „erfundene Wahrnehmung", Arnold Stadler seine „erfundene Erinnerung", Jorge Semprún spricht von „Neuerfindungen der Wahrheit". Wie würden Sie Ihre Arbeitsweise beschreiben?

Diese Begriffe sind schon sehr zutreffend. Da ist nicht viel hinzuzufügen, weil das schon sehr gute Charakterisierungen sind. Sempruns Aussage beschreibt am besten, wohin auch mein Weg im Schreiben geführt hat: das Nichtglauben an eine 1:1-Abbildbarkeit von Wirklichkeit. Man erfin-det die Wirklichkeit neu, aber aufgrund dessen, was man wahrgenommen hat, nach bestem Wissen und Gewissen sozusagen. Man ersetzt viel-leicht den Begriff einer faktischen Wahrheit, die nicht endgültig zu haben ist, durch einen Begriff der fiktionalen Wahrheit oder sogar fiktionalen Wahrscheinlichkeit. Es interessiert einen von einem Ereignis nicht, wie es war – das ist nicht mehr zu haben, und deshalb konzentriert man sich darauf, wie es gewesen sein könnte. Das heißt, daß alles, was einem fak-tisch zugänglich ist, in diesen Fiktionsraum integriert sein muß. Grobe faktische Schnitzer bei historischen Themen würden die Glaubwürdig-keit des Erzählers so erschüttern, daß man jedem Leser nachsehen müß-te, wenn er sagen würde, das muß ich nicht lesen, weil der Erzähler in diesen nachprüfbaren Fakten nicht glaubwürdig ist. Warum soll er in anderen Dingen glaubwürdig sein? In *Wem gehört eine Geschichte?* zitiere ich Danilo Kiš, seine Methode, die beiden Räume zu verquicken, Fakten und Fiktionales, um durch diese Verquickung in einen neuen Raum zu kommen. Um einer unverbindlichen Literatur zu entgehen, einer Literatur, die mit dem Verdikt „Das ist nur ein Roman" abgetan werden könnte, und in einen neuen Raum der Literatur zu gelangen, der dagegen immunisiert ist.

Der Roman Das Handwerk des Tötens *hat größtenteils positive Aufnahme und Würdigung, aber auch ablehnende Kritik erfahren. Gegen den u. a. von Iris Radisch („Die Zeit") erhobenen Vorwurf, sich mit dem Roman an der Person Gabriel Grüners, eines in den Wirren des Kosovo-Krieges ums Leben gekommenen „Stern"-Reporters, vergangen zu haben, sind Sie mit dem Text* Wem gehört eine Geschichte?, *einer Art Streitschrift in Form eines poetologischen Reiseessays, entgegengetreten. Warum war es für Sie notwendig, sich in dieser exemplarischen Form zu verteidigen?*

Ein wesentlicher Grund war eine Art altmodisches Ehrempfinden. Der Vorwurf ist ja u. a. darauf hinausgelaufen, ich hätte einem Toten, einem Wehrlosen also, übel nachgeredet, noch dazu einem, bei dem ich nie einen Grund gehabt hätte, das zu tun. Ich habe mich auch deswegen zur Wehr gesetzt, weil ich dachte, wenn man den Roman genau liest, dann können die Mißverständnisse nur gewollte Mißverständnisse sein. Ich gestehe zu, ich habe eine falsche Fährte gelegt, durch den Vorspruch, in dem Gabriel Grüner erwähnt wird. Aber wenn man sich die Perspektive des Romans anschaut, dann problematisiert der Roman ja genau das. Der Ich-Erzähler sieht Paul zu, wie er einen Roman über Allmayer (nach der Aussage dieser Leute Gabriel Grüner) schreibt und findet das selbst problematisch. So daß diese Einwürfe im Grunde im Roman bereits mitbedacht sind. Wenn man sich überhaupt auf diese Verbindung – fiktive Figur und reale Person Gabriel Grüner – einläßt. Für mich war schnell sichtbar geworden, daß in diesem Zusammenhang die Interessen von bestimmten Personen eine Rolle gespielt haben. Aber über diese Interessen ist nie gesprochen worden. Es ist behauptet worden, daß da ein unmoralischer Mensch ist – also ich –, der sich einer Sache bedient, deren er sich nicht bedienen sollte. Und auf der anderen Seite gibt es lauter Tugendwächter und Unschuldslämmer, die ihm dabei auf die Finger schauen. Ich kann aber in diesem kleinen Büchlein, wie ich glaube, ganz gut nachweisen, daß es von zwei Seiten *nicht nur* ein Interesse an der Bewahrung des guten Namens von Gabriel Grüner gegeben hat, sondern auch ein Interesse an der Geschichte selbst. Als gäbe es einen Besitz an einer solchen Geschichte, als gäbe es einen Besitz von gelebtem Leben. Das ist, glaube ich, der wahre Hintergrund für diese kleine Affäre gewesen. Daß Leute für sich diesen Erzählraum in Anspruch genommen haben, zum Teil verständlich, weil sie Gabriel Grüner nahegestanden haben und jeden, also auch mich, als Eindringling haben sehen können.

Sahen Sie in dem von Iris Radisch an Ihrem Roman statuierten Exempel eine Art Tiefpunkt der deutschen Literaturkritik erreicht, der zur Besorgnis Anlaß geben und gegen den man – nach dem Motto: Wehret den Anfängen! – vorgehen mußte? Sie wiesen selbst darauf hin, daß das Verständnisproblem mit dem Roman möglicherweise ein ästhetisches gewesen ist: daß Sie Nähe durch Distanznahme erreichen wollten, indem Sie über eine Tragödie mit Kälte geschrieben haben. Werden hier nicht Defizite der kritischen Auseinandersetzung mit Literatur deutlich?

Man muß zunächst sagen, daß diese Kritik [in: „Die Zeit" v. 22.12.2003] weit unter dem Normalniveau von Iris Radisch geschrieben war. Das ist ja eine Kritikerin, die ich sonst tatsächlich auch schätze. Es verwundert auch, daß eine ansonsten professionelle Kritikerin sich plötzlich eine Lesart leistet, die man sonst nur von sehr naiven Lesern kennt. Bei einem fiktionalen Roman zu fragen: *Was steckt hinter der fiktionalen Wahrheit? Da muß es ja noch etwas geben!* Das machen sonst wirklich nur die ungeübtesten und die ungeschultesten Leser.

Das Problem ist aber, daß es sich nicht um einen Einzelfall gehandelt hat. Es waren zur gleichen Zeit auch andere Bücher in der Diskussion, zwei Bücher – Maxim Biller: *Esra* und Alban Nikolai Herbst: *Meere* – sind sogar verboten worden. Wenn man sich all diese Bücher anschaut und nach Gemeinsamkeiten dieser Fälle sucht, kommt man auf eine bestürzende Entdeckung. Und zwar, daß die Leute, die sich angegriffen gefühlt haben, die geglaubt haben, hinter fiktiven Figuren wären sie als faktische

Personen allzu deutlich erkennbar, in allen Fällen aus dem Medienbetrieb kommen – einmal eine Schriftstellerin, einmal eine Schauspielerin, einmal eine Journalistin – und über eine eigene Lobby verfügen, die sie auf die Barrikaden rufen konnten. Sonst wäre wahrscheinlich gar nichts passiert. Dann hätte die „Wiedererkennung" vielleicht nur von sechs oder sieben persönlichen Bekannten geleistet werden können und sonst von keinem Menschen. Was auch heißt, daß ein Roman erst durch die Entschlüsselung zu einem Schlüsselroman gemacht wird. Wenn ich explizieren würde, wer alles in meinem Roman *Das Handwerk des Tötens* stecken soll, wen österreichische Zeitungen da an welchen Eckchen alles wiedererkannt haben, dann wäre das ein einziges Tohuwabohu, dann steckt angeblich jeder zweite österreichische Schriftsteller als reale Person in diesem Roman und davon zu zwei Dritteln Leute, an die ich beim Schreiben nicht einmal gedacht habe.

Nehmen Sie auf der anderen Seite Nicholson Bakers letzten Roman – mit der offensichtlichen Thematik und Fragestellung, ob man George Bush umbringen soll und wie man George Bush umbringen soll. Oder in Österreich, dort gibt es eine Reihe von Büchern, in denen offensichtlich mit dem Tod von Jörg Haider spekuliert wird. Das ist alles kein Problem. Es findet also eine Teilung statt: in Gute, das sind die Sich-Wiedererkennenden aus dem Medienbetrieb, und Böse, etwa rechte Politiker, denen dieser „ästhetische Schutz" nicht zugestanden wird. Und spätestens dann wird doch diese ganze Diskussion zur geheuchelten Diskussion. Wäre dem nicht so, dann müßte sich das Persönlichkeitsrecht auf jede x-beliebige Person erstrecken.

Für mich geht es bei dieser Diskussion schlichtweg um meine Arbeitsgrundlage. Das geht in Bereiche hinein, die ich in meinen letzten beiden Romanen thematisiert habe. Auch die zweigleisige Konstruktion der *Englischen Jahre* hat ja genau damit zu tun. Fakten und Fiktion. Wenn ich diese Kritik in jeder Hinsicht als gerechtfertigt hinnehmen würde, dann müßte ich den von mir als Autor eingeschlagenen Weg verlassen, aber ich will diesen Weg nicht verlassen. Dazu ist es noch zu früh.

Im Selbstportrait mit einer Toten *sprachen Sie von der Möglichkeit, sich „mehrfach an verschiedenen Schriftstellerrollenmodellen spiegeln zu können". Diese Möglichkeit wird in* Das Handwerk des Tötens *bis zum tödlichen Exzeß getrieben. Im übertragenen Sinne haben Sie auch das „Handwerk" erlernt, ein Schriftstellerrollenmodell sterben zu lassen.*

Ja, nicht nur ein Schriftstellerrollenmodell, es wird in diesem Roman auch die „von Schriftstellern zu Tode geschriebene Frau" thematisiert, die in der Fiktion des Romans gerettet wird, indem sie aus einer Ebene der Fiktion auf eine andere Ebene und in die Realität des Romans zurückgeholt wird.

Im Handwerk des Tötens *findet, wie schon im* Selbstportrait, *eine Mehrfach-Spiegelung der Existenz des Schriftstellers statt. Allmayer, der ja auch schriftstellerische Ambitionen hat, steht dabei für die Versuchungen des Schriftstellers, durch Nähe zum Erfolg zu kommen. Paul steht für die Versuchung, erfahrungsabbildende Elegien zu schreiben. Der Ich-Erzähler steht für den Schöpfer stilistischer Situationen, der die Verwirklichung seines formalen Traums anstrebt. Auf einen vierten Autor wird nicht zuletzt auch durch die Wahl des Roman-Titels reflektiert, und zwar Cesare Pavese, dessen posthum herausgegebenes Tagebuch* Das Handwerk des Lebens *am Ende des Romans auch tatsächlich hineinzitiert wird. Eigentlich hätte der Roman* Das Handwerk des Dichters *heißen müssen, wenn dieser Titel nicht ebenfalls schon von Pavese für einen seiner Essays beansprucht worden wäre. Kann man den Roman auch als eine Hommage an Cesare Pavese sehen?*

Durchaus.

Wenn ich in Paveses Tagebuch lese, was er über seine Figuren schreibt – „Es bleibt immer doppeldeutig, ob sie denken oder ich sie denke. Mich interessieren zugleich ihre Erfahrungen und meine Phantasie-Logik" (Tagebuch 20.11.37) –, dann läßt mich das auch an die Figur des Paul in Ihrem Roman denken, die auch eine Denkfigur des Ich-Erzählers sein könnte und von diesem im Vollzug der Denkoperationen in einem Zagreber Hotel geopfert wird.

Ja, völlig, sogar bis in dieses Rollenspiel hinein. Dieses Rollenspiel, das ich ja ins eigene Leben übertrage. Das kann man in *Wem gehört eine Geschichte?* nachlesen, daß der Name Paul auch in der Privatmythologie meines tatsächlichen Leben als eine Abspaltung von mir existiert. Ich verwende den Namen, wenn ich mich irgendwo vorstellen muß und weiß, es spielt jetzt *nicht wirklich* eine Rolle, wie ich heiße, es geht nur darum, daß ich zu Kino- oder Theaterkarten komme, nur darum, meinen Nachnamen nicht buchstabieren zu müssen. Ich nenne mich dann Paul Weber. Es war mir während des Schreibens nicht bewußt, daß ich Paul im Roman so zielsicher in einen Selbstmord in einem Zagreber Hotel führe.

Interessant ist auch, daß, wie bei Pavese, mit der Todesengel-Metaphorik gearbeitet wird. Pavese nannte Constance Dowling, der er den Gedichtzyklus Der Tod wird kommen und deine Augen haben *widmete, auch im wirklichen Leben seinen „Todesengel", so wie Paul Helena im Roman.*

Man liest und schreibt ja u. a. auch deswegen, weil es eine Form des Protests ist, daß einem nur dieses eine Leben zugewiesen ist. Der Versuch, noch ein anderes Leben zu haben, ist am ehesten einlösbar durch Lesen. Also, Literatur, um zusätzliches Leben zu bekommen, und, wenn man an Paul im Roman denkt, um möglicherweise auch den Tod zu bannen.

„Man tötet sich nicht aus Liebe für eine Frau", schreibt Pavese in sein Tagebuch, „man tötet sich, weil eine Liebe, irgendeine Liebe, uns in unserer Nacktheit enthüllt, in unserem Elend, unserer Wehrlosigkeit, unserem Nichts." Auch bei Pavese war es ja so, daß ihn nicht diese mißlungene Liebesbeziehung, sondern die Doppelgleisigkeit seines Lebens erdrückt hat. Auf der einen Seite dieser Wunsch, den formalen Traum ausleben zu können, auf der anderen Seite die Forderungen der großen linken Tageszeitungen, die ihn für ihre Zwecke vereinnahmen wollten. An dieser Überforderung ist er zugrunde gegangen.

Ja. Und das läßt auch eine Parallelinterpretation zu. Auch bei Paul hat man Helena als Motiv. Man kann aber auch sein Scheitern am Schreiben über den Krieg als Motiv für seinen Selbstmord sehen.

Ist jeder Roman, den man in Angriff nimmt, eine Auseinandersetzung mit dieser „Nacktheit"? Steht man sozusagen zu Beginn eines Romanprojektes immer vor der Forderung, das Existenzrecht als Autors aufs neue beglaubigen zu müssen?

Jetzt wird es ganz problematisch. Ich bin vor kurzem bei André Gide auf ein Zitat gestoßen: „Talent ist Angst vor dem Scheitern." Und das ist ein

Faktum, das ich von Mal zu Mal wieder nicht wahrhaben will, daß man vor jedem Neubeginn immer wieder ganz am Anfang steht, und bis auf ein paar Rituale gleich nackt dasteht wie vor dem ersten Satz im ersten Buch. Das hat aber gleichzeitig auch etwas zunehmend Bedrohliches, weil der Versuch, sich sofort wieder in ein Romansystem zu begeben, für mich sehr groß ist. Weil ich innerhalb dieses Systems, mindestens für eine gewisse Zeit, gerettet bin. Und gleichzeitig fällt es mir immer schwerer, diesen Sprung in eine Romanwelt hinein auf mich zu nehmen. Ich habe beim Anfang eines neuen Romans noch nie so lange gezögert wie jetzt. Das hat zum einen ganz pragmatische, andererseits aber auch existentielle Gründe. Das ist vielleicht pathetisch, mit 43 Jahren von den schwindenden Kräften zu reden. Aber es ist so, daß diese Neuerfindung oder diese Rettung in einen Romankosmos hinein mir jetzt schon immer schwerer erscheint. Gleichzeitig ist da die Angst, daß mir dadurch ein lebenswichtiger Wirklichkeitszugang verschlossen bleiben könnte.

Ist die Existenz in einem Romankosmos so etwas wie eine Droge?

Es ist mindestens ein Sinnersatz. Es stellen sich gewisse andere Sinnfragen nicht, innerhalb diese Kosmos. Die kann man in seinem Größenwahn als Schöpfer in diesem Augenblick dahingestellt sein lassen. Und deshalb ist man, glaube ich, gerettet, für den Augenblick.

Ich bedanke mich für das Gespräch.

Anmerkung:

[1] Dieses außergewöhnlich informative Interview erschien erstmals in der in Dresden erscheinenden Literatur- und Kunstzeitschrift OSTRAGEHEGE 12 (2005), H. 39, S. 25-34. Dank an Axel Helbig für die Abdruckerlaubnis. *Die Herausgeber*

II Aufsätze, Essays, Analysen

Sigurd Paul Scheichl

Gstreins frühe Kurzprosa

Einer ist 1988 nicht vom Himmel gefallen, was die Literatur über Norbert Gstrein zu suggerieren scheint.[1] Der Autor hat vielmehr nicht anders als die meisten mit Veröffentlichungen in Zeitschriften begonnen. Viele davon (vielleicht so gut wie alle[2]) – eine Bibliographie steht nicht zur Verfügung[3] – sind in Tiroler Zeitschriften zu finden.[4] Vielleicht sind sie eben wegen der vorwiegend regionalen Verbreitung dieser Medien nicht bekannt geworden.[5]

In dem von Wolfgang Pfaundler herausgegebenen „Fenster", der offiziellen Kulturzeitschrift des Landes Tirol, die sich um eine fortlaufende Dokumentation interessanter Literatur aus Nord- und Südtirol bemüht hat, stehen zwei Beiträge von Gstrein, beide Male in einer Art Mehrfachpackung für literarische Neueinsteiger, *Gedichte von Aglaja Spitaler, Norbert Gstrein und Volkmar Hauser* (1983) – diese epigrammatischen Gebilde sind vielleicht Gstreins erste Veröffentlichung – und *Erzählungen von Helmut Schiestl, Norbert Gstrein, Christian Znopp und Walter Klier* im folgenden Doppelheft 34/35 (1984).[6]

Die hier gedruckte Erzählung ist *„Der kleine Prinz"* – *Versuch einer Fortsetzung des Märchens von Antoine de Saint-Exupéry*.[7] Ein weiteres Stück aus dem *Kleinen Prinzen* war schon in Heft 1 der neu gegründeten Innsbrucker Literaturzeitschrift „InN" (1984) erschienen.[8] Der umfangreichste Teil dieses Manuskripts steht unter dem Titel *Fortsetzung zum kleinen Prinzen* im „Gaismair-Kalender" 1985 (Ende 1984)[9], dort mit Auszügen aus dem Brief, mit dem der Autor Kapitel aus dem von ihm selbst als „eine Art Fortsetzung zu ‚Der kleine Prinz' von Antoine de Saint-Exupéry"[10] bezeichneten Text an die Redaktion des Kalenders geschickt hatte. Es würde zu weit führen hier darauf einzugehen, warum dieser – abgeschlossene – Gstreinsche *Kleine Prinz* nie als Buch hat erscheinen können.

Ob die Veröffentlichung im „Fenster" auf eine Aufforderung Pfaundlers zurückgeht, der sich sehr darum bemüht hat, ‚Talente' zu entdecken, oder ob Gstrein initiativ geworden ist, muß offen bleiben. An den „Gaismair-

Kalender" ist der Autor, wie der erwähnte Brief beweist, von sich aus herangetreten. Die Veröffentlichung im „InN" erfolgte auf Einladung des mit Gstrein bekannten ersten Redakteurs der Zeitschrift, Roland Jörg.[11] Andere Umstände führten 1985 zum Druck von *Er*, einer vor allem durch ihre dichte Syntax beeindruckende ‚Aussteiger'-Geschichte, in der Bozner Literaturzeitschrift „Sturzflüge": Gstrein hatte an einem Kurzgeschichten-Wettbewerb der RAI Sender Bozen (der deutschsprachigen Rundfunkanstalt Südtirols) teilgenommen und einen Preis erhalten, die Zeitschrift druckte die ausgezeichneten Arbeiten von Gstrein, Maria (E.) Brunner und Sabine Gruber. Auch in der Bozner „Distel", zu der sich „Sturzflüge" ein wenig in Opposition befanden, steht ein Beitrag von Gstrein: *Ein Anruf*.[12]

Im „Fenster" schloß sich an die Erstveröffentlichung ein weiterer Text an, ebenso im „Gaismair-Kalender", dem politisch am eindeutigsten (im weiteren Umfeld der Sozialdemokratie) positionierten Organ: der etwas plakative Anti-Bundesheer-Text *Wider euch* (1985)[13] und das brillante Kafka-Pastiche (zu *Auf der Galerie*) *Frauengeschichte* (1986)[14]. In den „Sturzflügen" erschienen noch *4. Anmerkung zu den Frauen*[15], mit einem Motiv, das in das Umfeld von *Einer* gehört, und *Plötzlich*[16], die sehr verknappte Geschichte einer radikalen Entscheidung zur Abkehr vom Gewohnten. Im „InN" steht als weiterer Text *Eine Midlife-crisis*[17], auffallend durch den besonders trockenen Berichtstil und durch den Einsatz eines besonderen Wortbildungsmittels. *Jakob*[18], 1986 im „InN" gedruckt, ist eine Variante des biografischen Musters, das der Erzählung *Einer* zugrunde liegen sollte, allerdings mit einer eher satirischen Pointe. Besonders viele damals in Tirol erschienene Texte von Gstrein stehen im „Thurntaler", von dem gleich die Rede sein wird.

Zwei Wiederabdrucke, *Ein Anruf* (datiert 1984, zuerst erschienen 1985, aus der „Distel")[19] und *Wider euch* aus dem „Gaismair-Kalender" (1985) finden sich 1988 in der Südtiroler „Arunda"; der betreffende Band der „Arunda", in dem Gstrein vor allem von Südtiroler Autoren umgeben ist, hat tendenziell Anthologie-Charakter. Nach 1988 scheint der Autor in Tiroler Zeitschriften – deren Möglichkeiten er bis dahin konsequent genutzt hatte – nichts mehr veröffentlicht zu haben.[20]

Diese Publikationsorgane, mit Ausnahme des „Fensters" damals alle erst wenige Jahre alt[21], standen politisch und noch deutlicher kulturpolitisch in mehr oder minder ausgeprägter Opposition zur offiziellen Kulturpolitik Nord- wie Südtirols. Das gilt, durch die unabhängige Persönlichkeit seines Herausgebers Wolfgang Pfaundler, selbst für das gleichwohl offiziöse „Fenster" und den vom Land Tirol hoch subventionierten „InN"; die anderen Zeitschriften kann man ohne Einschränkungen als links stehend bezeichnen (mindestens für Nord- und Südtiroler Verhältnisse), wenn auch mit bewußter Tiroler Note.

Daß der Innsbrucker „Föhn" (1979-1981), die älteste Zeitschrift in dieser Gruppe, keinen Beitrag von Gstrein enthält, dürfte die einfache Ursache haben, daß er eingestellt worden ist, bevor der Anfänger Gstrein (der, wie zu zeigen sein wird, nie ein ‚Anfänger' gewesen ist) seine ersten publikationsreifen Texte geschrieben hat.

Als Beispiel für diese frühen Tiroler Veröffentlichungen wähle ich die Beiträge zu einer einzigen Zeitschrift, auch um den Aufsatz nicht mit Differenzierungen hinsichtlich der Medien zu überlasten. Ich behandle im einzelnen nur die von dem in Osttirol erscheinenden „Thurntaler" veröffentlichten Arbeiten, die als repräsentativ für die Tiroler Jahre des Schriftstellers Norbert Gstrein gelten können.

Ich habe die dort publizierten Arbeiten sowohl gewählt, weil in dieser Zeitschrift viele Prosatexte von Gstrein stehen, als auch weil diese „Tiroler Zeitschrift für Gegenwartskultur mit regionalen Aspekten"[22] sehr kompromißlos eine (nicht vorwiegend politisch zu verstehende) Tiroler Gegenöffentlichkeit repräsentiert und schon durch ihren Erscheinungsort (Außervillgratten) sowie ihren bewußt nicht bloß regionalen, sondern lokalen Charakter, anders als die anderen Blätter, ganz eindeutig nichts mit dem regionalen und überregionalen Literaturbetrieb zu tun hatte noch haben wollte. Die Persönlichkeit des so heimatgebundenen wie weltoffenen Herausgebers Johannes E. Trojer mag die Zeitschrift für Gstrein wie für andere noch attraktiver gemacht haben. Walter Klier schreibt im Rückblick (auch sich selbst meinend): „wer auf sich hielt, versuchte dort zu publizieren."[23] Die, ganz im Gegensatz zum opulenten offiziösen „Fenster", sehr bescheidene grafische Gestaltung des „Thurntaler" (der leider auch nicht besonders sorgfältig gedruckt worden ist) mag ihn für manche seiner alternativen Mitarbeiterinnen und Mitarbeiter noch attraktiver gemacht haben. Insofern ist die Osttiroler Zeitschrift für das Umfeld, in dem Gstrein (selbstverständlich kein Osttiroler) zu publizieren begonnen hat, recht charakteristisch.

Die Kurzprosa Gstreins erschien dort eingebettet in Texte aus der Innsbrucker Literaturszene, mit der der Schriftsteller bald nichts mehr zu tun haben wollte. In den Heften, in denen Arbeiten von ihm stehen, ist er wie im „Fenster" umgeben von Helmut Schiestl, Christian Znopp (der seither verschwunden zu sein scheint) und Walter Klier, von Helmuth Schönauer, Lina Hofstädter, Bert Breit usw. sowie einer Reihe von Osttiroler Autoren. Kaum ein Beiträger war damals überregional bekannt[24], umgekehrt dürfte die Zeitschrift, die auch politische und zeitgeschichtliche Beiträge enthielt, schon in Innsbruck nicht ganz leicht erhältlich gewesen sein. Den Weg in den österreichischen Literaturbetrieb konnte sie einem aufstrebenden Autor gewiß nicht bahnen.

Vorausgeschickt sei, daß keiner dieser Texte, obwohl sie alle narrativ sind, dem Genre der ‚Kurzgeschichte' in seiner ‚klassischen' Ausprägung zugeordnet werden kann; so fehlt hier fast durchwegs die für diese charakteristische direkte Rede. Gstreins Kurzprosa ist weit eher als an Hemingway oder Borchert an Kafka orientiert, wenn auch mit einem stärkeren Realitätsbezug, als ihn dessen Erzählungen aufweisen, oder, zumal im Stil, an Thomas Bernhard. (Mit dieser Bemerkung will ich nicht Einflußforschung betreiben – da müßte man gerade bei Gstrein über die Sprachgrenzen hinaus gehen und etwa lateinamerikanische Autoren einbeziehen –, sondern nur einen ersten, ganz groben und oberflächlichen Hinweis auf den Charakter dieser Texte geben.) Das gilt selbst für die im „Thurntaler" erschienene Vorstufe zu *Einer* – mit dem Titel „*Einer*" –, übrigens die erste Veröffentlichung in dieser Zeitschrift (1984) und überhaupt eine der ersten von Gstrein.[25]

Diese als eigenständige Kurzprosa zu lesenden, möglicherweise zunächst gar nicht in Hinblick auf die spätere lange Erzählung geschriebenen Seiten[26] sind formal bereits sehr typisch für Gstrein: Erzählt wird im Konjunktiv I, dem Modus der indirekten Rede und der Vermutung. Die sehr kunstvoll gewählte und sehr konsequent durchgehaltene Erzählperspektive ist einerseits auktorial, andererseits aber nicht allwissend, ermöglicht ein lineares Erzählen ‚seines' Schicksals und macht zugleich klar, daß vom Ende her erzählt wird. Diese Infragestellung des Wissens über die erzählten Ereignisse wird in Gstreins späteren mannigfachen Experimenten mit der Erzählsituation immer wiederkehren; die Struktur des Erzählens als eines seiner zentralen Themen tritt bereits hier in Erscheinung. Man kennt das Ende und weiß, wie es zu ihm gekommen ist, aber man weiß nicht, kann nicht wissen, warum die Ereignisse zu eben diesem Ende geführt haben.

Der namenlose „er" hat einige Züge mit dem Jakob der späteren großen Erzählung gemeinsam, auch wenn dieser eine höhere Schule, jener eine besser zum Fremdenverkehrsbetrieb passende Kochlehre abbricht. Was „ihn" zu dieser Entscheidung bringt, erfährt man nicht: „Vielleicht sei es ein Erlebnis in der Stadt gewesen, kein besonderes übrigens [...], wahrscheinlich aber sei [...]" (46)[27]. Sehr bald wird aus Andeutungen klar, daß man über „seine" Innsbrucker Zeit etwas in Erfahrung bringen will, wenn nicht muß; eine Andeutung verweist hier auf die Polizei (46), doch bleibt dieser Verweis in *„Einer"* ein blindes Motiv.

Viele Motive des frühen Texts kehren in der Erzählung von 1988, zumeist ausgebaut, wieder. Ein detaillierter Vergleich ist hier nicht möglich[28]; ich beschränke mich auf einige wenige Beobachtungen.

Ein stilistisches Detail möchte ich in Hinblick auf die spätere Entwicklung des Autors ausdrücklich anführen: Die selbst gewählte Isolation, der Rückzug der Hauptfigur auf sich selbst wird hier noch mit einem Dialektwort (dem einzigen im Text und vielleicht dem einzigen im ganzen Corpus der frühen Arbeiten von Gstrein) bezeichnet: „laitschuich leutescheu sei er gewesen" (47). In dem frühen Text hat Gstrein also, wie auch die Nennung von „Innsbruck" (46) – in *Einer* stets „die Stadt"[29] – zeigt, mehr Wert auf das Tiroler Lokalkolorit gelegt als in der späteren langen Erzählung, obwohl in dieser, der Gattung entsprechend, die Schilderung des Fremdenverkehrsorts stark ausgebaut ist. Dieses einzige und daher sehr auffällige, auch sehr expressive Wort aus der Mundart unterstreicht die Bedeutung des Motivs der Abwendung von den Mitmenschen in diesem Text. Soweit ich sehe, hat Gstrein später dieses ‚regionale' Stilelement nicht mehr genützt.

Durch in einem Absatz konzentrierte Synonyme und Antonyme – „Versager", „angesehene Bürger", „geachtete Leute", „Taugenichts" (47) – macht Gstrein deutlich, daß es ihm auf diese Außenseiterposition seiner (vielleicht auch deshalb) namenlosen Figur und auf das Umschlagen ihrer Existenz vom „Eigenartigsein" ins „Verrücktsein" (47) ankommt[30], das nicht zuletzt durch ihren Umgang als „Hilfsskilehrer" (47) mit den Wintersportlerinnen ausgelöst wird. Wie im späteren Buch wird dabei der körperliche Verfall der Hauptfigur – man ekelt sich vor ihr (48) – unterstrichen.[31] Im wortkargen frühen Text wirken diese – im Konjunktiv – berichteten Stellen fast noch eindringlicher als im späteren.

Im Zusammenhang mit der Kontrastierung von „Versager" und „angesehenen Bürgern" werden die Dorfbewohner in zwei Klassen eingeordnet: in die „der nichtarbeitenden Besitzer" und jene „der nichtbesitzenden Arbeiter" (47), ein deutlicher Hinweis darauf, daß es Gstrein hier auch um einen verknappten soziologischen Befund geht. Arbeit und Verweigerung der Arbeit ist ein Thema dieses kurzen Prosatexts.

Wenn *Einer* und *„Einer"* mit der Geschichte eines fast unerklärlichen und jedenfalls nicht erklärten Verfalls die Fabel (fast) gemeinsam haben, so unterscheidet sie doch die Verfahrensweise der Darstellung des Unerklärbaren ganz wesentlich. Bleibt im Text von 1988 das große Rätsel die Tat Jakobs[32], so macht der Vermutungsstil im Konjunktiv I „seine" ganze Geschichte zu etwas Unbekanntem und Rätselhaftem. Das Wegfallen des aus dem Kriminalroman entliehenen Elements macht den frühen Text in gewisser Hinsicht geschlossener als die sich zum Romanhaften öffnende (und dadurch andererseits viel gewinnende) Erzählung von 1988. Ein zweiter wesentlicher Unterschied ist der Schluß (48). Anders als Jakob begeht „er" wohl kein Verbrechen, sondern „er" lebt so dahin – immerhin mit einer archaischen Fähigkeit, die außer ihm niemand mehr hat:

> Den Dorfkindern zeige er, wie man Pfeile schnitze und Bögen, und er sei immer noch der einzige, der den Pfeil vom westlichen Talhang über die Dächer des Dorfes und den Bach auf den östlichen schieße.

Auch die Beziehung zu den Kindern ist in diesem pointierten und durch die Pointierung nun doch an die Kurzgeschichte erinnernden, konsequent im Konjunktiv I stehenden Schluß wichtig. Das Archaische des Bogenschießens unterstreicht, daß dieser Sich-Verweigernde aus einer anderen, früheren Welt kommt, für deren Überlebende die arbeitsteilige Gesellschaft keinen Raum mehr hat.

Daß Gstrein wenig später in *Jakob* die prinzipiell gleiche (erfundene) Biographie und das gleiche (ziemlich realistisch getroffene) Milieu wie in dieser Geschichte verwendet, aber mit einer anderen Pointe schließt, beweist sein Interesse, mit Material zu experimentieren, zu überprüfen, was man mit einem ‚Stoff' machen kann. In der Großerzählung *Einer* hat er dann sowohl durch eine Variante des ‚Stoffs' – die Einführung des Motivs ‚Verbrechen' – als auch durch eine andere Erzählperspektive noch etwas ganz anderes aus diesem Material gemacht. Dadurch sollen die beiden frühen Prosatexte nicht abgewertet werden; sie bestehen für sich, auch nach *Einer*.

Der in der folgenden Ausgabe des „Thurntaler" (H. 12, 1985) veröffentlichte Text, *Zwei*, mag auf den Titel der besprochenen, ein halbes Jahr vorher erschienenen Arbeit anspielen. Auch hier ist eine Fabel deutlich zu erkennen: Ein junger Mann, Student, wiederum (fast) namenlos bleibend („K.", 29), lernt ein ebenfalls namenlos bleibendes Mädchen kennen und läßt sich auf eine kurze Affäre mit der jungen Frau ein. Für sie hat diese Beziehung (wenn das Wort hier überhaupt paßt) verheerende Folgen, führt zu einer völligen Veränderung ihrer Persönlichkeit, vielleicht zum Ausbruch des Wahnsinns (doch auch das bleibt offen, die Möglichkeit einer Heilung mindestens nicht ausgeschlossen).

Wieder wird vom Ende her erzählt, wiederum ist die Rätselhaftigkeit der Ereignisse, die kein allwissender Erzähler zu deuten berufen ist, zentral für die Form des Texts und somit für seine Bedeutung. Zwar wird hier im Indikativ (und zumeist im Präteritum) erzählt, doch stehen am Beginn kennzeichnende Konjunktive (II) in expliziter Kontrastierung zu Indikativen:

> Schuld. Ob er die Schuld daran trägt oder einen Teil, darüber läßt sich reden, darüber soll geredet werden. Ob alles anders gekommen wäre, wenn er sich nicht so verhalten hätte, wie er sich tatsächlich verhalten hat, ob sich etwas hätte aufhalten lassen, gar verhindern, wenn er älter gewesen wäre und reifer, als er tatsächlich alt war und reif, das sind unsinnige Fragen ... (29)

Dem verblosen Einwort-Satz am Beginn korrespondiert ein Hauptsatz ohne flektiertes Verb am Schluß:

Viel später, ein Jahr später, während dem er von Zeit zu Zeit von ihr gehört hat, wenig, daß sie in ärztlicher Behandlung sei, in der MTH-Straße getroffen, allein, gegrüßt, und dann ihre Eile zur Haltestelle zu kommen, ein Gespräch abgebrochen noch bevor es begonnen, und ihr Kopf hinter dem dunklen Glas, der sich nicht nach ihm umwandte, als der Bus abfuhr. (31)[33]

Die Rätselhaftigkeit des seelischen Verfalls der jungen Frau wird durch diesen knappen Schluß keineswegs aufgelöst, das Motiv der (möglichen) Schuld des Manns eher zugespitzt.

Zum Verständnis dieses kurzen Prosatexts trägt vielleicht eine 1985 in Tirol noch nicht ganz unaktuelle Anspielung bei, nahe dem Beginn des Texts. Es ist da die Rede davon, daß die beiden einmal miteinander geschlafen haben, daß aber ein Bischof „geschrieben hat, daß, Zitat, geschlechtliche Verbindung von Knaben mit Mädchen unter bestimmten Umständen Selbstmord bei den Mädchen bewirke, Zitatende." (29) Man wird Gstrein gewiß nicht diese Position unterstellen wollen; aber daß er diese kirchliche Lehre zitiert, könnte – in Verbindung mit dem vorher gehenden Satz: „Einerseits sind die Zeiten modern, die Sexualität ist frei" (29) – ein Schlüssel zu einem Thema der in der Darstellung der zunehmend verwirrten Frau sehr intensiven Prosaarbeit sein: Man könnte auch *Zwei* als die Geschichte einer Verweigerung lesen, einer Verweigerung gegenüber den Prinzipien der modernen Zeiten. Ob diese Deutung zutrifft oder nicht, auf jeden Fall handelt auch diese Arbeit vom traurigen Schicksal einer Unangepaßten, von seelischen Abgründen.

„Von zwei Frauen die zweite" könnte man als ein satirisches Charakterbild in der Tradition Theophrasts, La Bruyères, Canettis und auch Bernhards (*Der Stimmenimitator*) verstehen (was wiederum nicht als Behauptung oder auch nur Vermutung von Einflüssen und Abhängigkeiten verstanden werden möge). Hier versucht Gstrein – durchgehend im Präsens, um das Typische zu unterstreichen – eine Frauenfigur zu charakterisieren, die sich permanent als „Beziehungspolizei" (36) in das Leben einer Freundin (im Sinn der Erzählung typisierend müßte man sagen: der Freundin) mehr hineindrängt als einmischt. Das fiktive Charakterportrait hat satirische Züge – deutlich etwa bei der Kontrastierung der Namen „Johanna" und „Wuggi" gleich zu Beginn –; doch neben dem Witz ist wiederum Abgründiges zu spüren.

Nicht überzeugend ist der Schluß dieses Texts, der ganz gegen die sonstige Art des Autors ein ziemlich unmißverständliches Werturteil abgibt. Ohne daß ich irgendeinen konkreten Grund zu dieser Annahme hätte, macht der Text trotz aller typisierenden Tendenz obendrein auf mich den Eindruck, er könnte eine konkrete Person darstellen wollen, nicht ohne spürbaren animus injurandi. Zu erkennen ist eine allenfalls gemeinte Person gewiß nicht.

Die letzten beiden, 1986 erschienenen Arbeiten für den (1987, mit Heft 17 eingestellten) „Thurntaler" stehen in Heft 14: *Ihre Tochter heißt Adolfine*[34] und *Meine Freunde*[35]. Daß in den noch folgenden immerhin drei Heften keine Prosa von Gstrein mehr zu finden ist, läßt vermuten, daß der Autor ab 1986 das Interesse an regionalen Publikationen verloren hat. (Wie der Umstand, daß kein einziger dieser Texte wieder gedruckt worden ist, den Gedanken nahe legt, der Autor wolle mit ihnen nichts mehr zu tun haben; doch Spekulationen darüber verbieten sich.)

Ihre Tochter heißt Adolfine läßt sich vielleicht als moderne ‚Kalendergeschichte' einordnen (zumal ihr medialer Ort, die Zeitschrift Trojers, Manches mit einem belehrenden Kalender gemeinsam hat).[36] Dieser sehr kurze, zugleich sehr einfache und sehr dichte Text – in der Zeitschrift übrigens grafisch hervorgehoben – von wenig mehr als 200 Wörtern gibt in streng personaler Erzählweise die Reaktionen einer alten, schon ein wenig erinnerungsschwachen Frau auf die offizielle Gratulation zu ihrem 80. Geburtstag wieder. „Das ist schön gewesen, schöner noch als damals." (25)

„Damals, das ist 1941 [...]" – und damit dringt die Zeitgeschichte in den Text ein, gesehen von einem Menschen, der gar nichts verstanden hat oder nichts mehr versteht, einer Frau, die nur noch weiß, daß ihr (gefallener) Mann „sein Leben gegeben [hat] für ... für ..., wofür ist ihr entfallen." Daß der Brief, in dem ihr der ‚Heldentod' ihres Mannes mitgeteilt worden ist, bis 1945 „neben dem Kruzifix" hing, ist für Gstreins Andeutungstechnik so charakteristisch wie der im Schlußabsatz genannte Name der Tochter. Sicher ist diese Kalendergeschichte auch kritisch gegenüber der naiven Wahrnehmung der historisch-moralischen Katastrophe der Hitler-Zeit; doch ist er zugleich von Mitleid oder Verständnis für jene Menschen erfüllt, welche keine Chance hatten, die Geschichte zu verstehen, unter deren Räder sie geraten sind.

Auch die sprachlichen Mittel des Texts fühlen sich sehr genau in die beschränkten Artikulationsmöglichkeiten der alten Frau ein. Das gilt selbst für die Pointierung, die sich ein wenig, aber doch nicht völlig aus der Perspektive der Reflektorfigur löst:

> Ihre Tochter heißt Adolfine, geboren 1934. Dafür braucht sich niemand zu schämen.

Gerade der Schlußsatz deckt die Ambivalenz der Geschichte auf: Neben der darin anklingenden (und kritisch gesehenen) Haltung der Selbstverteidigung bringt er auch Skepsis gegenüber dem Urteilen über Menschen zum Ausdruck, die gar nicht recht verstehen können, warum sie sich eigentlich ihrer Vergangenheit schämen müßten. In diesem Sinn ist *Ihre Tochter heißt Adolfine* eine sehr realistische, aber nicht plakativ verurteilende kurze Erzählung über das 20. Jahrhundert in Mitteleuropa. Man sollte wohl hinzufügen, daß sehr viele Beiträge des „Thurntaler", vielleicht sogar die Mehrheit der nicht-literarischen Arbeiten, der Aufarbeitung der jüngsten Geschichte unter Tiroler Aspekt gewidmet sind.[37] Der letzte Text Gstreins für diese Zeitschrift, *Meine Freunde (5 Fragmente und 1 Klatsch)*, übrigens mit „Juli 1985" datiert, liefert *Von zwei Frauen die zweite* vergleichbare fiktive Portraits von Typen, zum Teil mit deutlich satirischem Charakter. Dieser Zug ist im 2. Abschnitt über eine ‚gutmenschige' junge Frau am stärksten ausgeprägt. Er ist aber auch strukturell insofern präsent, als die ersten vier dieser Porträts immer in einer Pointe über die Kleidung der Charakterisierten enden (im 5. Portrait ist der Parallelismus insofern abgeschwächt, als das ‚Kleider machen Leute'-Motiv, hier mit dem ‚Brillen machen Leute'-Motiv verknüpft, nicht am Ende, sondern in der Mitte des Texts vorkommt). Mit dem Bild der Selbstfindung über die Klamotten, die einer trägt oder auch nicht trägt, bis hin zur Auffälligkeit des Unauffälligen, trifft Gstrein gesellschaftlichen Konformismus auch bei jenen, die sich selbst als nicht-konform verstehen.

Der 6. Abschnitt, der im Untertitel mit „1 Klatsch" bezeichnete, führt nun zwar nicht die nur mit Initialen bezeichneten Figuren der „Freunde" zusammen, bietet aber ein wiederum satirisches Bild eines ‚Wer mit wem?' in einer nicht näher definierten Kulturszene – der Innsbrucker Hintergrund verschwindet allmählich aus dieser Kurzprosa –, der Urteile, die man da über einander fällt, des bösen Redens, eben des Klatsches. Und während einerseits von „daß der gut schreibt", „intellektuell" und „ein guter Zuhörer" die Rede ist, wird da sehr wohl auch von „A.s Figur" und einem „Traummann" gesprochen. Die Pointe reduziert dieses Geschwätz auf etwas so Elementares und keineswegs Intellektuelles wie die Eifersucht: „[…] und H. redet nicht über …, und schon gar nicht über Mario." (46) Möglich, daß hier auch an eine andere Emotion gedacht werden kann, aber daran, daß die Emotionen hier den Intellekt überlagern, ist nicht zu zweifeln.

Das Motiv des Tratschens und Klatschens wird sich bei Gstrein später ebenfalls wiederfinden, und ganz verschwinden auch die satirischen Elemente nicht aus seinem Werk, obwohl sie nie mehr dominant sein werden.

Der Blick auf frühe Texte eines wichtigen Autors ist immer interessant, weil er einen Blick auf seine Entwicklung gestattet, auch auf die Vielfalt der frühen Ansätze, von denen mancher später nicht mehr aufgenommen worden ist. Das Schreiben von Kurzprosa selbst hat der Autor aufgegeben, was man angesichts dieser dichten Texte zu bedauern geneigt ist, was man angesichts seiner großen Erzählungen und Romane aber sehr wohl versteht.

Der Sinn dieses Beitrags ist gleichwohl nicht gewesen zu zeigen, daß dies oder jenes aus den späteren Romanen schon beim ganz jungen Gstrein … oder umgekehrt, daß der reife Gstrein ganz anders als der frühe Gstrein … Vielmehr hat die hier knapp vorgestellte Kurzprosa Norbert Gstreins – genauer: haben die ausgewählten frühen Texte von ihm aus einer Tiroler Zeitschrift – ihren eigenen Wert und sollten vor allem deshalb zur Kenntnis genommen werden; sie sind weit mehr als bloße Fingerübungen.

Würden diese frühen Arbeiten noch einmal erscheinen, brauchte sich der Norbert Gstrein von 2006 ihrer so wenig schämen wie Adolfines Mutter des Namens ihrer Tochter. Das sei hier ohne die versteckte Ironie des Schlusses jener ‚Kalendergeschichte' gesagt.

Anmerkungen:

1   Claudia Kramatschek: *Norbert Gstrein*. In: *Kritisches Lexikon der Gegenwartsliteratur (KLG)*. Hrsg. v. Heinz Ludwig Arnold. 65. Nlg., München: edition text+kritik 2000, S. 3. Dort wird relativ eingehend von Gstreins Dissertation gesprochen, die frühen literarischen Texte werden dagegen nicht einmal erwähnt.

2   Vgl. aber Anm. 24.

3   Auch dieser Beitrag erhebt keinen Anspruch auf bibliographische Vollständigkeit, weshalb ich in der Datenbank „Literatur in Tirol" des Brenner-Archivs (http://www.uibk.ac.at/brenner-archiv/literatur/) nicht recherchiert habe. Sehr wohl benützt habe ich dagegen den für tirolische Belange in Tiroler Veröffentlichungen sehr vollständigen Zettelkatalog der Bibliothek des Tiroler Landesmuseums Ferdinandeum.

4   Einen Überblick über die genannten Zeitschriften und eine kurze Charakterisierung bietet Sigurd Paul Scheichl: *Deutschsprachige Literaturzeitschriften im Bundesland Tirol und in Südtirol*. In: Kulturberichte aus Tirol 58 (2004), H. 439/440: „Literatur und Film", S. 67-72. Vgl. auch die Bemerkungen über die Zeitschriften in dem in Anm. 23 zitierten Aufsatz. Ein derzeit am Innsbrucker Zeitungsarchiv erarbeitetes Projekt über Tiroler Literaturzeitschriften wird die erwähnten Zeitschriften bibliographisch genau beschreiben.

5   Den in Gstreins frühen Kurzlebensläufen (in den Zeitschriften) erwähnten Beiträgen für den ORF (wohl vor allem für Studio Tirol) konnte ich nicht nachgehen.

6   So die Ankündigungen auf dem jeweiligen Titelblatt.

7   Norbert Gstrein: *„Der kleine Prinz" – Versuch einer Fortsetzung des Märchens von Antoine de Saint-Exupéry*. In: Das Fenster (1984), H. 34/35, S. 3508f.

8   Norbert Gstrein: *Kapitel 21 aus einer Fortsetzung zum kleinen Prinzen*. In: InN (1984), H. 1, S. 21-23.

9   Norbert Gstrein: *Fortsetzung zum kleinen Prinzen*. In: Gaismair-Kalender (1985 [1984]), S. 140-144.

10   Ebda, S. 140.

11   Daran erinnere ich mich als damaliger Mitherausgeber des „InN".

12   Norbert Gstrein: *Ein Anruf*. In: Distel (1985), H. 1, Beiheft, S. 96f.

[13] Norbert Gstrein: *Wider euch*. In: Gaismair-Kalender (1986 [1985]), S. 122f. Wiederabdruck in: *Das Unterdach des Abendlandes*. Ein Lesebuch. Hrsg. v. Valentin Braitenberg. Schlanders: Wielander 1988. (= Arunda. 23.) S. 273-278.

[14] Norbert Gstrein: *Frauengeschichte, für Petra*. In: Gaismair-Kalender (1987 [1986]), S. 86.

[15] Norbert Gstrein: *4. Anmerkung zu den Frauen*. In: Sturzflüge (1986), H. 14, S. 48.

[16] Norbert Gstrein: *Plötzlich*. In: Sturzflüge (1986), H.14, S. 48f.

[17] Norbert Gstrein: *Eine Midlife-Crisis*. In: InN (1985), H. 6, S. 29.

[18] Norbert Gstrein: *Jakob*. In: InN (1986), H. 8, S. 30f.

[19] Norbert Gstrein: *Ein Anruf*. In: *Das Unterdach des Abendlandes* (= Anm. 13), S. 278-284 (Wiederabdruck).

[20] Allerdings erschien *Das Register* 1992 als Fortsetzungsroman in der „Tiroler Tageszeitung" (ab 12. Oktober), und 1994 (Nr. 228) druckte dieses Blatt aus Anlaß einer Neuveröffentlichung von *Einer* den von Suhrkamp dieser Neuauflage beigegebenen Prosatext *Die Bahnwärter*.

[21] Der etwas ältere „Thurntaler" hatte erst 1982 mit der Aufnahme literarischer Beiträge begonnen.

[22] Impressum von: Thurntaler 10 (1986), H. 14, 2. Umschlagseite. Der „Thurntaler" erschien halbjährlich. Zu dieser Zeitschrift vgl. die in Anm. 4 und 23 zitierten Arbeiten und speziell die umfangreiche Untersuchung von Ingrid Fürhapter: *Der „Thurntaler"*. Innsbruck, Dipl.arb. 2004.

[23] Walter Klier: *Heftln machen*. Die Wiedergeburt der Tiroler Literatur aus dem Geist von Widerstand und Journalismus. In: Kulturberichte aus Tirol 58 (2004), H. 439/440: „Literatur und Film", S. 65f., hier S. 66.

[24] Man vgl. die Liste der Mitarbeiter seit 1982 in: Thurntaler 10 (1986), H. 14, 2. Umschlagseite. Heft 14 ist das letzte Heft mit Beiträgen von Gstrein.

[25] Norbert Gstrein: *„Einer"*. In: Thurntaler 8 (1984), H. 11, S. 46-48. Wiederabdruck in: Wespennest (1985), H. 60, S. 5-7, ohne Verweis auf den Erstdruck. Vermutlich haben Zeitschrift und Autor damit gerechnet, daß der „Thurntaler" in Wien unbekannt ist. Ob die Texte völlig identisch sind, habe ich nicht überprüft.

[26] Der Autor selbst scheint diese Arbeit nicht in den Entstehungsprozeß seines ersten Buches einzuordnen, denn die Arbeit an diesem datiert er mit: „Dezember 86 – August 87", setzt also den Beginn zwei Jahre nach dem Erscheinen

des frühen Kerns an. Norbert Gstrein: *Einer*. Erzählung. Frankfurt a. M.: Suhrkamp 1988. (= edition suhrkamp. 1483.) S. 118.

[27] Seitenzahlen in Klammern beziehen sich, wenn nichts anderes angegeben ist, auf den jeweils behandelten und unten genau zitierten Beitrag von Gstrein.

[28] Ein Vergleich der frühen *Jakob*-Texte mit der knappen Analyse der selbständigen Erzählung bei Wolfgang Hackl: *Eingeborene im Paradies*. Die literarische Wahrnehmung des alpinen Tourismus im 19. und 20. Jahrhundert. Tübingen: Niemeyer 2004. (= Studien und Texte zur Sozialgeschichte der Literatur. 100.) S. 162-165, läßt exemplarisch erkennen, welche Möglichkeiten der Roman oder die lange Erzählung der Kurzprosa voraus hat; umgekehrt fasziniert deren Zwang zur Konzentration. Die Tourismus-Kritik etwa würde die kurzen Fassungen des ‚Stoffs' sprengen.

[29] Gstrein, *Einer* (= Anm. 26), S. 16 u. ö.

[30] Vgl. ebda, S. 86f.

[31] Vgl. ebda, S. 89.

[32] Von Gstrein selbst weiß ich, wie er sich über jene Interpreten ärgert, die genau wissen, was Jakob getan hat und weshalb die Polizei ihn abholt. Zu Recht.

[33] Die „MTH-Straße" ist, für einen Tiroler leicht verständlich, die Maria Theresien-Straße in Innsbruck, die Abkürzung vielleicht ein Zeichen, daß Gstrein an ein Tiroler Publikum gedacht hat. Das „dunkle Glas" könnte an den englischen Titel von Ingmar Bergmans thematisch verwandtem Film *Through a Glass Darkly* (1961, deutsch allerdings: *Wie in einem Spiegel*) erinnern, doch ist das möglicherweise eine sehr subjektive Vermutung.

[34] Norbert Gstrein: *Ihre Tochter heißt Adolfine*. In: Thurntaler 10 (1986), H. 14, S. 25. Zu diesem Text vgl. Sigurd Paul Scheichl: *Literatur fürs Tiroler Volk – Kalender und Verwandtes*. In: *Neue Bärte für die Dichter?* Studien zur österreichischen Gegenwartsliteratur. Hrsg. v. Friedbert Aspetsberger. Wien: Bundesverlag 1993. (= Schriften des Institutes für Österreichkunde. 56/57.) S. 201-223, hier S. 219. Mit dem Text der Erzählung.

[35] Norbert Gstrein: *Meine Freunde*. In: Thurntaler (1986), H. 14, S. 44-46.

[36] Gstrein, *Ihre Tochter* (= Anm. 34).

[37] In Heft 14 sind dies *Nicht nur in Rinn* von Andreas Maislinger (24), *Wie ein kleines Bergbauerndorf die Naziära fast heil überstanden hat* von Rudolf Trenker (26ff.), *Kinder schreiben 1975 über Hitler* (32f., zusammengetragen vom Herausgeber), mehrere auf frühere Beiträge mit einschlägiger Thematik reagierende Leserbriefe.

Johann Holzner

Attacken gegen die Ästhetik der Erfahrungsprosa

Den ersten Literaturpreis erhielt Norbert Gstrein, damals noch Student, 1985 für die Erzählung *Er.* Der Sender Bozen der RAI hatte einen Kurzge-schichten-Wettbewerb ausgeschrieben; aus der stattlichen Geschich-ten-Sammlung, die daraufhin zustande kam, einer Mappe mit 186 Texten, aus dieser Sammlung nach zwei oder drei Gesprächsrunden 15 Texte von ansprechender Qualität herauszuheben, fiel der Jury[1] nicht besonders schwer. Über die Frage, welcher Autor den ersten Preis erhalten sollte, konnte sie sich hingegen die längste Zeit nicht einigen. Denn es standen zwei Texte zur Debatte, einer, der unter dem Kennwort „Indigo", und ei-ner, der unter dem Kennwort „Oktava" eingereicht worden war.

Gstrein gegen Gstrein

Die Namen der Autorinnen und Autoren waren der Jury also nicht be-kannt. In der Diskussion über „Indigo" und „Oktava" aber tauchte all-mählich der Verdacht auf, die beiden Geschichten könnten von demsel-ben Autor stammen: keinesfalls nur die Buchstaben der Schreibmaschi-ne, auch und vor allem die Schreibstrategien und nicht zuletzt die zentra-len Figuren in beiden Geschichten, Außenseiter-Figuren, deuteten dar-auf hin, daß sie aus der gleichen Werkstatt kamen.

Als endlich die Entscheidung für „Oktava", für die Erzählung *Er* gefallen war, erhielten die Juroren die Bestätigung, daß der Autor, Norbert Gstrein, auch unter dem Kennwort „Indigo" eine Geschichte eingesandt hatte.

Und er hatte, unterm Kennwort „Maya", noch eine dritte Erzählung aus Innsbruck nach Bozen geschickt; diese Erzählung, *In einer Bar in Bozen*, war allerdings keinem der Juroren sonderlich aufgefallen: eine Erzählung über Vorurteile, über das Zusammenleben der deutsch- und der italie-nischsprachigen Bevölkerung in Südtirol, namentlich in Bozen, eine Ge-schichte, fast so (politisch bemüht) wie viele andere Gesinnungs-lesebuch-Geschichten aus der Region auch.

Er dagegen: alles andere als bloß eine Außenseiter- oder eine Aussteiger-Geschichte.[2] Nur auf den ersten Blick die Geschichte eines 30-jährigen Mathematikers, der das gewohnte Leben „von acht bis zwölf und von eins bis fünf vor dem Computer" aufgibt. Im Mittelpunkt dieser Geschichte steht vielmehr die Kraft der Phantasie.

Der Held der Erzählung, er hat keinen Namen, aber er könnte Homo faber II. heißen, entdeckt eines Tages, zunächst noch vertieft in seine Zahlenkolonnen, die Grenzen der Algorithmisierbarkeit: „Er denkt sich anstelle der Zahlen Menschen. Wenn eine Zahl aus dem Bild fällt, sagt er: Jemand ist gestorben. Wenn eine neue Zahl in der untersten Zeile erscheint, sagt er: Jemand ist geboren worden. Wenn die Zahlen an die Stellen der vor ihnen liegenden rücken, sagt er: Ersetzbarkeit, Vergänglichkeit." Er hat das Leben in den virtuellen Hochburgen kennen gelernt und nun satt, er unterbricht das „laufende Programm", er zögert nicht mehr länger, in die Praxis umzusetzen, was er sich vorstellt. „Nur mehr lachen könne er, denkt er, und nicht mehr aufhören. Nur mehr lachen kann er und nicht mehr aufhören."

Er hat sich längst daran gewöhnt, verschiedene Szenarien durchzuspielen und erst anschließend zu entscheiden, wo und wie er am besten die Grenze zwischen Fiktion und Wirklichkeit überquert:

> er steht auf, und er hämmert nicht wild oder wie wild auf den Bildschirm ein, er zerfetzt die Bücher nicht, nicht seine Notizblätter, er zerbricht die Kugelschreiber nicht, nicht seine Bleistifte, und überhaupt rast er nicht wie von Sinnen oder wahnsinnig, ruhig hat er sich erhoben, und er schaut sich noch einmal um im Raum und verweilt mit seinem Blick auf den vertrauten Maschinen und fremden Mitarbeitern.

Allerdings, zu laufen hat er verlernt, und nur mit Mühe findet er den Weg zum Bahnhof. Fast scheint es, als müßte er an allen Ecken und Enden sich gegen Stimmen wehren, die ihm zurufen: Gibs auf! Gibs auf!

Gstreins Held wird nicht von einem Schutzmann, sondern, denn er erreicht den Bahnhof, von einem Schalter-Beamten aufgehalten; kurz darauf aber verschwindet er von der Bildfläche und aus dem Blickwinkel des Erzählers, um endlich autonom, völlig frei sich weiter bewegen zu können:

Irgendwie ist er dann zum Bahnhof gekommen. Er hat die große Halle betreten, und im Brausen, das ihm entgegengeschlagen ist, hat er sich gespürt wie lange nicht. An einem Schalter hat er eine Karte bestellt, ein Ticket für den nächsten Zug, hat er gesagt, und als der Beamte eine Richtung wissen wollen hat oder ein Ziel und ihn befremdet angeschaut, hat er gelacht, wie verrückt hat er gelacht, oder geweint, vor Weinen geschüttelt hat es ihn, aber das soll der Regisseur entscheiden oder ein glücklicher Leser (Hörer) oder ein trauriger.

Ein Anruf, die Erzählung, die Gstrein dem Kennwort „Indigo" zugeordnet hat[3], handelt ebenfalls von einer Figur, die „wie verrückt" sich aufführt. Es ist niemand anderer als der Erzähler selbst. „Hallo. Wer ich bin, ist schwer zu sagen, wahrscheinlich ganz unmöglich, zumal für mich, der ich mich am besten kennen sollte." Mit diesen Worten eröffnet der Ich-Erzähler ein (circa 12 Minuten dauerndes) Telefongespräch, in dem er seinem Gegenüber – einer jungen Frau, die nie zu Wort kommt –,[4] zu erklären versucht, was ihm widerfahren ist, seit er sie zum ersten Mal beobachtet, „gesehen" hat:

> In der folgenden Nacht bin ich nicht schlaflos gelegen, ich habe mich nicht hin und her geworfen im Bett und das Leintuch naßgeschwitzt, ich bin nicht aufgefahren aus einem Dösen und auf den Balkon getreten, ich habe deinen Namen nicht in die stumme Nacht geschrien und keine Antwort erwartet. Aber ich habe mich am Morgen nicht mehr erkannt [...]. Ich habe meinen Kopf gezwungen dich aufzunehmen, und mein Denken sich mit dir zu befassen, und sie haben sich unterworfen und mit dir angefüllt, mit einer Gründlichkeit, die mir unheimlich ist. Das Denken, das sich wieder als meines erkannte, hat alles Unwichtige aus meinem Kopf gefegt, es hat Regale gestürzt, Archive verbrannt und Karteien durcheinandergebracht; weil es alles als unwichtig einsah, hat es meinen ganzen Kopf leergefegt, um Platz zu haben für dich.

Der Ich-Erzähler redet und redet, als müßte er fürchten, daß die Frau am anderen Ende der Leitung die kleinste Pause nutzen könnte, den Hörer aufzulegen und womöglich nie wieder abzunehmen; vor allem aber wohl auch, um sich in das beste Licht zu rücken. Ob ihm dies gelingt, bleibt freilich offen. Vieles spricht nämlich dafür, daß er mit seinem Geständnis sich um Kopf und Kragen redet, daß er sich nicht nur „wie verrückt" gebärdet, vielmehr tatsächlich in einen Rauschzustand versetzt, an dessen

Ende eine totale Gefühlsentleerung droht. So nämlich schließt diese Geschichte:

> Manchmal lasse ich mich über Nacht im neuen Unigebäude einsperren, von wo ich durch milchiges Glas schattenhaft sehe, wie du in die Badewanne steigst. Wenn der riesige Männerarm, der dich mit streichelnden Bewegungen einseift, mich aus Tagträumen reißt, laufe ich von einem Stockwerk ins andere, durch büchergefüllte Zimmer und leere, und all das Wissen und nichts kann mir helfen und keinem.

Johannes E. Trojer, der Herausgeber des „Thurntaler", der (von 1984 bis 1986) immer wieder Manuskripte von Gstrein erhielt, sie gelegentlich kritisch kommentierte und oft auch druckte, fand an dieser Erzählung „fast nichts mehr auszusetzen", vom letzten Absatz abgesehen; den, so schrieb er an Gstrein am 17. April 1985, „würde ich streichen".[5] – Gstrein hat ihn nicht gestrichen: Im Bild des Ich-Erzählers aus *Ein Anruf* bleibt damit, ähnlich wie im Bild des Mathematikers aus *Er*, überdeutlich ein Riß zurück, ein Riß, der jede einseitige Betrachtung der Figuren verhindert und (indirekt) darüber hinaus anzeigt, daß diese beiden Geschichten weder von wirklichen noch von idealen Bildern inspiriert sind, sondern ganz stark von dem Gefälle, das die wirklichen und die idealen Bilder gewöhnlich trennt.

An dieser Stelle sei nachgetragen, daß in dem eingangs erwähnten Kurzgeschichten-Wettbewerb insgesamt drei Preise zu gewinnen waren. Der zweite Preis ging an Sabine Gruber, der dritte an Maria E. Brunner.

Abschied von der Ästhetik der Erfahrungsprosa

Einer, die erste selbständig erschienene Erzählung Gstreins[6], liest sich auf einer ersten Ebene wie eine Kriminalstory. Vom ersten Satz an – „Jetzt kommen sie und holen Jakob" –, von allem Anfang an sorgt die Erzähltechnik für Spannung. Einer, Jakob, über den der Erzähler, sein Bruder, endlos reden könnte, tritt selbst nie in Erscheinung, kommt selber nie zu Wort. Dabei wird ununterbrochen seine Sache verhandelt, in den verschiedensten Erzählungen, Erinnerungen von Angehörigen und Bekannten, die immer wieder erklären sollen, aber doch nicht erklären können, warum Jakob abgeholt wird. So bleibt nicht nur völlig offen, was

Jakob getan und was seine Arretierung ausgelöst hat, es bleibt auch höchst ungewiß, was alles ihn zu dieser Tat getrieben haben könnte. Dabei knüpfen die Figuren, die erzählen und noch viel mehr erzählen könnten, ohne Unterbrechung, als ob auch sie Angst hätten vor jeder Erzähl-, vor jeder Atempause, ein dichtes Netz von Vermutungen, um das sie Beunruhigende zu bannen. So tragen sie ein Mosaiksteinchen nach dem andern zusammen, immer neu versuchen sie anzusetzen und fortzusetzen; ein geschlossenes Bild, das schließlich alle beruhigen und Jakobs Fall klar darlegen, verständlich machen könnte, entsteht jedoch nicht. Nur soviel wird sichtbar: Jakob ist immer schon anders gewesen als alle anderen, ein guter Schüler, anderen ein Vorbild, doch schon als Kind hat er unter Fremden kein Wort hervorgebracht. Im Haus, im Gasthaus, von den Eltern und Geschwistern kaum beachtet, im kleinen Dorf ein Außenseiter, entwickelt Jakob Verhaltensweisen, die alle als Signale deformierten Lebens deuten, ohne je zu reflektieren, daß sie selbst ein durch und durch deformiertes Leben führen könnten. Jakob kommt in die Stadt, ins Internat, aber auch dort will es ihm nicht gelingen, „die Sprache der anderen zu sprechen", so daß er bald verstört zurückkehrt, mit dem Vorsatz, den Heimatort nie wieder zu verlassen. Gelegentlich hilft er noch im Gasthaus mit. Meistens hüllt er sich in Schweigen. Er lernt Touristinnen kennen und vergißt sie. Mit dem einzigen Menschen, der ihm nahe steht, mit seiner Jugendfreundin, findet er nicht zusammen. Liebe ist ihm ein Wort, mit dem er nicht zurechtkommt. So lebt er hin, in ständig zunehmender Verwahrlosung.

Am Ende ist Jakob sprachlos, alle anderen sind es Grunde immer schon gewesen. Freilich: Die anerzogene Sprachlosigkeit der Dorfbewohner ist ein Gefängnis, in dem sie lebenslänglich vegetieren, ohne sich dessen je bewußt zu werden; Jakobs Sprachlosigkeit dagegen ist gleichsam ein Befreiungsakt, die Vorbedingung, eine eigene Sprache zu erlernen, autonom zu denken. Doch dieser Ausreißversuch mißlingt.

Erfahrungsprosa? Gstrein bedient sich einer Erzählform, die nirgends unterstellt, Wirklichkeit objektiv zu rekonstruieren, und die doch zugleich weit mehr vermittelt als bloß borniert subjektive Wahrnehmungen und Positionen. Was schon einmal ausgesprochen ist, wird häufig wieder relativiert, aber trotzdem bleibt es gegenwärtig. Was dagegen ausgespart bleibt, weil niemand es erzählt bzw. der jeweilige Erzähler sich mit

Andeutungen begnügt, ist immerhin vorstellbar. So kommt ein ganz und gar unfertiges Bild zustande, von Jakob und von der Welt, in der er umkommt, aber doch ein Bild, das jedem, der darangeht, es zu vervollständigen, nahezu die Hände bindet.

Der auktoriale Erzähler strengt sich nämlich in der Regel wohl an, Distanz zu wahren zum Dargestellten, auch und gerade, wo er in der Ich-Form sich erinnert: „Irgendwann davor oder danach, so könnten wir beginnen, in jenem Sommer, als wir die Fuchshöhlen entdeckten, war das Wetter immer schön, und sie verbrachten ganze Tage draußen, krochen unermüdlich in die schmalen Felsspalten und saßen während der heißen Stunden im Schatten zwischen den riesigen Blöcken, die übereinander lagen wie aus einer anderen Zeit." Doch diese Versuche, das Ich herauszuhalten und den Standort des Unbeteiligten zu sichern, scheitern immer wieder: „Ihre Spiele gewannen an Ernsthaftigkeit, sie waren richtige Indianer und die Geschichten, die wir uns erzählten, wirklicher als das Leben drunten im Dorf, das tausend Kilometer entfernt sein mochte und sie nichts mehr anging mit diesen Gästen, die unermüdlich einen Gipfel nach dem anderen bestiegen. Die Stunden im Wald blieben ihr Geheimnis, und wir wußten, daß wir nie darüber sprechen würden …" – alle Bemühungen um Abstand scheitern immer wieder kläglich, weil zuletzt sich doch die brüderliche Perspektive durchsetzt. Eine Perspektive, die sich gelegentlich mit der des Bruders völlig deckt: „Wie hätte er davon sprechen sollen? Hatte sie ihn, Mutter, hast du mich je die richtigen Worte gelehrt, oder der Vater? Es wären lediglich Andeutungen gewesen, sie ließen ihn nie in Ruhe, allgemeine Sätze, die in ihrer Abstraktheit harmlos blieben und ungreifbar, und du, Mutter, könntest dir dahinter nichts vorstellen oder nur die üblichen Zankereien." Diesem Erzähler ist es folglich ganz und gar nicht gleichgültig, wie Außenstehende das von ihm skizzierte Bild vollenden.

Anders als Jakob hat der, der dessen Geschichte … nicht nacherzählt, eher: entwickelt, erfindet, sehr wohl gelernt, sich mitzuteilen, ohne an jene Sprachregelungen sich zu klammern, die in der Gemeinde den Ton angeben. Daß er jetzt darauf verzichtet, selbst Sprachregelungen zu entwerfen und wiederum anderen aufzudrängen, ist nur konsequent.

Denn, auch wenn sich der Erzähler oft genug kämpferisch, parteiisch einmischt in die von ihm dargestellte Welt: In der Erzählung geht es keineswegs nur darum, ein neues Bild zu vermitteln von dieser Welt; sie lenkt, radikal anders als Erfahrungsprosa, die Aufmerksamkeit vielmehr immer wieder von der Ebene der erzählten Welt auf die Metaebene der Reflexion über die Erzählstrategien des Erzählers selbst.

Abschied vom laufenden Literaturbetrieb

In dem schon erwähnten Brief Johannes E. Trojers vom 17.4.1985 finden sich etliche gut-gemeinte Ratschläge, zum einen konkret im Hinblick auf einzelne Manuskripte, zum andern allgemein im Hinblick auf die Schwierigkeiten und Möglichkeiten, im Literaturbetrieb sich durchzusetzen.[7] Darunter auch die folgende Passage:

> wenn Du ernsthaft weiterschreibst, Dich freischreibst von allen guten und schlechten vorbildern und vor allem vom laufenden literaturbetrieb Dich nicht verderben läßt, haben wir leser von dir gute und wichtige texte und bücher zu erwarten.

Der Ton dieses Schreibens war Trojer wohl selbst nicht ganz geheuer. Am Ende blickt er denn auch selbstkritisch auf seine Auslassungen zurück: „hätte ich nun nix davon schreiben sollen, sondern es billig geben und verschweigen, was mir nicht gut gefällt. ich hoffe, Du fühlst dich nicht ‚belehrt‘." Indessen, wenigstens in dem einen Punkt teilt Gstrein von allem Anfang an ganz und gar die Meinung des „Thurntaler"-Herausgebers: Der laufende Literaturbetrieb sollte ihm möglichst wenig anhaben.

Sich vom Literaturbetrieb, genauer: vom heimischen Literaturbetrieb abzusetzen und auszugrenzen, ist ihm hin und wieder sogar wichtiger als das Festhalten am einmal eingeschlagenen literarischen Kurs. Das verraten, paradigmatisch, die Erzählung *Anderntags* (1989), die Rede *Anläßlich der Verleihung des Tiroler Landespreises für Kunst* (2000) und die Nachschrift zum *Handwerk des Tötens,* das Buch *Wem gehört eine Geschichte?* (2004).

Eine der frühesten Erzählungen Gstreins, *Es sind die wenigsten Menschen, nach denen Hähne krähen,* ist im Satiremagazin *Der Luftballon* erschienen.[8] Eine Erzählung, in der, ähnlich wie in *Ein Anruf,* ein Ich pausenlos redet und redet, ohne seinem Gegenüber auch nur die geringste

Chance einzuräumen, irgendeinmal etwas einzuwerfen: obwohl dieses Gegenüber ein Psychotherapeut ist. Eine Suada im Thomas-Bernhard-Ton, die alle Autoritäten auf die lange Bank der Angeklagten verbannt, nicht nur den Arzt, der wohl dauernd hofft, sein Patient möge endlich „zur Sache kommen", nicht nur den „Dorfpfarrer, der in Predigten für jedes Vergehen einen Bekannten zur Hand hat, als wäre er der Kopf der lokalen Unterwelt", sondern am Ende auch und vor allem den, der nicht aufhören kann zu reden und zu lamentieren, den Erzähler selbst.

Doch nicht eigentlich von dieser Geschichte soll hier weiter die Rede sein, sondern nur davon, daß sie zweifellos zu den besten Texten zu rechnen ist, die in der Zeitschrift „Der Luftballon" (1980-1985) erschienen sind. – Eine Zeitlang nimmt Gstrein an den Redaktionssitzungen dieser Zeitschrift teil. Aber lange hält es ihn nicht, hält ihn nichts und niemand. In *Anderntags* zieht er, verschlüsselt, versteht sich, unter diese Episode aus dem Innsbrucker Literaturbetrieb einen Schlußstrich.

> Dann fuhr ich nach Hause, ich sagte: nach Hause; stieß mich nicht am Begriff. Ich hatte etwas gegen Leute, die unentwegt klagten, wenn es um Daheim ging [...]. Das war unerträglich: ihr Gerede, wie entleert das Wort sei, aber der Fehler, das Unglück lag im Gegenteil; daß sie so viel hineingezwängt hatten, alles vollgepackt mit Hoffnung, mit möglichen Welten.

Diese Passage über den Begriff ‚Daheim'[9] wäre kaum als markante Stelle hervorzuheben, stünde sie nicht in einem diametralen Gegensatz zu jenen Ausführungen, mit denen Gstrein seine Rede anläßlich der Entgegennahme des Tiroler Landespreises für Kunst eröffnet hat.

> Die Meinung eines Autors muß nicht die seiner Figuren sein, wie manche Leser offenbar glauben, aber für einmal stimme ich dem tobenden Schriftsteller in meinem letzten Buch *Selbstportrait mit einer Toten* zu, und zwar, wenn er ausruft, Heimat sei etwas ganz und gar Unsägliches, das Wort überhaupt nicht mehr in den Mund zu nehmen, außer für einen Tourismusdirektor oder Kleinkunstveranstalter auf dem Land.

Heimat, Tirol im Besonderen, ist für Gstrein, wie er in dieser Rede später ergänzt, nichts anderes als „eine Leerstelle"; eine Leerstelle, in die er schließlich alles hineinschiebt, „was ich nicht bin und doch bin, was ich hätte werden können und was ich nicht sein kann und zu meinem Glück auch nicht sein muß, was mich am Schreiben hindert und was mich, fürchte ich, überhaupt erst dazu gebracht hat [...]."[10]

Der Widerspruch zwischen beiden Passagen ist eklatant; er könnte sich, gewiß, unter Umständen auch daraus erklären, daß die zweite Begriffsbestimmung ein gutes Jahrzehnt jünger ist als die erste. Aber weit schwerer dürfte ins Gewicht fallen, daß der Erzähler in *Anderntags* ganz andere „Leute" ins Auge faßt als der Preisträger Norbert Gstrein im Tiroler Landhaus: Während dieser offensichtlich Beamte oder Politiker und deren Heimatbegriff attackiert, wendet jener sich ab von Kolleginnen und Kollegen, die den (lokalen) Literaturbetrieb zu besetzen und zu dirigieren versuchen, indem sie, jedenfalls aus der Perspektive des Erzählers, den politischen Diskurs satirisch unterlaufen – und sich damit schon vollkommen begnügen.

Der tobende Schriftsteller in seinem Buch *Wem gehört eine Geschichte?*, der in einem grotesken Rundumschlag alle seine Kritiker sowie Kolleginnen und Kollegen, die ihm augenscheinlich den ersten Rang streitig machen könnten, unablässig beschimpft, alle diese „skandalsüchtigen Halb- und Dreiviertelalphabete"[11], „diese paar Aufrechten und ihre Handlanger"[12] und gleich dazu noch alle „Informanten unter den schreibenden Anhängseln von österreichischen Kulturbehörden"[13] – dieser Schriftsteller steht jedoch, anders als die Zentralfiguren in den eben besprochenen Kurzgeschichten und Erzählungen, nie unter Verdacht, nie vor dem Verdikt, ausschließlich sich selbst zu sehen.

Anmerkungen:

[1] Mitglieder der Jury: Dr. Degle und Dr. Tschrepp (zwei Mitarbeiter der RAI) sowie Reinhold Janek und Johann Holzner.

[2] Norbert Gstrein: *Er*. In: Sturzflüge (1985), H. 12, S. 44 f.

[3] Ich zitiere im Folgenden aus dem Manuskript.

[4] Auf den Titel *Ein Anruf* folgt im Manuskript, als Untertitel oder auch als Widmung zu lesen, „für Birgit".

[5] Brief von Johannes E. Trojer an Gstrein, 17.4.1985. Nachlass Trojer (Forschungsinstitut Brenner-Archiv).

[6] Norbert Gstrein: *Einer.* Erzählung. Frankfurt a. M.: Suhrkamp 1988. (= edition suhrkamp. 1483.) – Der folgende Abschnitt enthält einen (überarbeiteten) Auszug aus meinem Aufsatz: *„Einer", „wir" und nicht „sie".* Über Norbert Gstrein. In: Pannonia (Wien) 17 (1989), H. 3, S. 37f.

[7] Vgl. Anm. 5. Im Nachlaß Trojers befindet sich, versteht sich, nur ein Durchschlag dieses Schreibens. Daß Gstrein das Original erhalten hat, bestätigt aber seine Antwort, ein Brief an Trojer vom 23.4.1985, der ebenfalls im Nachlaß Trojer liegt.

[8] Norbert Gstrein: *Es sind die wenigsten Menschen, nach denen Hähne krähen.* In: Der Luftballon (Innsbruck) (1983/84), H. 15, S. 26-28.

[9] Norbert Gstrein: *Anderntags.* Erzählung. Frankfurt a. M.: Suhrkamp 1989. (= edition suhrkamp. 1625.) S. 40.

[10] Norbert Gstrein: *Die Leerstelle Tirol.* Anläßlich der Verleihung des Tiroler Landespreises für Kunst. In: Mitteilungen aus dem Brenner-Archiv (2000), H. 19, S. 12f.

[11] Norbert Gstrein: *Wem gehört eine Geschichte?* Fakten, Fiktionen und ein Beweismittel gegen alle Wahrscheinlichkeit des wirklichen Lebens. Frankfurt a.M.: Suhrkamp 2004, S. 10.

[12] Ebda, S. 21.

[13] Ebda, S.36.

Heribert Kuhn

Wer das Sagen hat

Norbert Gstreins Anverwandlung des Anti-Heimatromans in sprachkritischer Absicht[1]

Als Nobert Gstreins Erzählung *Einer* 1988 erschien, war das Lob der Kritik einhellig. Die Bedeutung der Erzählung wurde vor allem mit der formalen Bewältigung des Stoffes und ihrer sprachlichen Artistik begründet.
Man konnte den Eindruck gewinnen, die Fabel, moderner gesprochen:
der „plot", sei ein letztlich beliebiger Auslöser für die Entstehung eines
auf ästhetische Autonomie zielenden Sprachkunstwerks gewesen. Mit
der Betonung des Formalen ließ die Kritik den Eindruck entstehen, es
handle sich bei der Debüt-Erzählung Gstreins um ein solitäres literaturge-
schichtliches Ereignis. Möglicherweise erschien manchen Kritikern ein
Verweis auf die Gattung des Heimatromans unvereinbar mit der Güte des
Textes. Dennoch stehen die formalen Mittel der Erzählung in Abhängigkeit von der Gattung des „Heimat-" bzw. „Anti-Heimatromans", und nur
wenn diese Abhängigkeit der Erzählweise Gstreins verstanden wird,
kann auch die in späteren Werken fortgesetzte Emanzipation seiner Ästhetik zu einer eigenen Sprech- und Darstellungsform angemessen ge-
würdigt werden.
Wenige Monate, nachdem Gstreins Erzählung erschienen war, starb im
Februar 1989 Thomas Bernhard. Mit dem Roman *Auslöschung. Ein Zer-
fall* hatte Bernhard 1986, zumindest was dessen immanente Logik an-
geht, den Schlußpunkt seines Werks gesetzt. Die Aktion der „Auslöschung" galt dabei ein letztes Mal dem vom Autor so genannten
„Herkunftskomplex", einem definitorisch nicht leicht zu fassenden Gegenstand, mit dem er die historische, aber auch psychische und physische Determination des Einzelnen durch sein Herkommen, die Heimat
und die Kindheit umschrieb.
Die „Auslöschung des Herkunftskomplexes" ist von literaturgeschichtli-
cher Relevanz, weil Bernhard mit dieser Formel die seit Hans Leberts
Roman *Die Wolfshaut* (1960) in der österreichischen Literatur als Anti-

Heimatroman perpetuierte Beschreibung des provinziellen Unglücks in ihrer inneren Dynamik bloßlegte und aus ihr ein sprachlich artifizielles und im Anspruch militantes Selbstbehauptungsritual ableitete. Schon Bernhards Romandebüt *Frost* von 1963 übernahm wichtige Motive und Themen Leberts, so dessen „Befund der österreichischen Nachkriegsgesellschaft", und steigerte sie zu einer bereits hier die bloß regional bedingte Befindlichkeit überschreitenden existenziellen Verfluchung. In *Auslöschung* wurden dann diese, durch das gesamte Werk hindurch variierten Themen noch einmal ausführlich entfaltet und in Bernhards typischem Sprachduktus „rhythmisiert". So darf denn Bernhards „literarisches Testament"[2] gleichzeitig als der Abgesang auf die Gattung des Anti-Heimatromans gelten.

Vor dem Hintergrund dieser ansatzweisen literaturgeschichtlichen Einordnung von Bernhards Werk und der mit *Auslöschung* gesetzten Zäsur läßt sich besser ermessen, was es bedeutete, wenn sich Ende der achtziger Jahre ein österreichischer Autor der Gattung des Anti-Heimatromans bedienen wollte: Willentlich oder nicht lud er sich die ganze Last des von Bernhard thematisch und motivisch ausgereizten Genres auf, das zudem bereits von einer Anzahl anderer namhafter Autoren bedient worden war.

I.

Im Heimatroman wird von Identitätsbildungsprozessen erzählt, und auch im Anti-Heimatroman bildet „Identität" das Thema, indem dieser von ihrem Mißglücken und Scheitern handelt. Soziologie und Psychologie verstehen die Identität als eine persönliche „Signatur", die das Produkt vollzogener lebensgeschichtlicher Übergänge darstellt. Der Identitätsprozeß ist aber kein Vorgang, der sich restlos in sozialtechnologischer Begrifflichkeit erfassen ließe, seine Beschreibung muß sich vielmehr – wie die Stichworte „Initiation", „Passage" und „Ritual" anzeigen – auf mythologische Denkfiguren beziehen. Das zentrale Element, welches bildlich-mythologisches Verständnis und sozialpsychologische Reflexion verbindet, ist dabei das der *Schwelle*. Die Schwelle bezeichnet Augenblick und Ort einer Verwandlung, markiert die Grenze zwischen zwei Zuständen und verlegt in ihrer Funktion als Symbol der Initiation dem Initianten den Rückweg in den abgelegten und abgelebten Zustand.

Das signifikante Merkmal des Heimatromans besteht in der Entgegensetzung von Land (Dorf) und Stadt, die gleichzeitig eine Topographie der Moral festlegt. Danach wird „das Land" mit positiven Werten, „die Stadt" mit negativen besetzt: Die Stadt droht mit moralischen Gefahren, Land und Dorf, weil den Rhythmen der Natur verbunden, stehen dem „Leben" nahe und gewähren dadurch moralischen Halt.

Dieses Konzept stellt eine zur Zeit des Naturalismus, also zum Ende des 19. Jahrhunderts entstehende Variante von Jean-Jacques Rousseaus Kulturmodell dar, demnach die glückliche, mit der Natur in Einklang befindliche Frühstufe menschlicher Gesellschaft durch die im Städtischen verdichtete Zivilisation korrumpiert worden sei. Die Romantitel *Erdsegen* (1900) und *Weltgift* (1903) des aus kleinbäuerlichem Milieu stammenden österreichischen Schriftstellers Peter Rosegger benennen den Gegensatz in aller Prägnanz. Die Ideologisierung von Stadt und Land zu Polen moralischer Befindlichkeit ist bei Rosegger derart deutlich, daß das Schema nicht viel mehr als ein literarisches Harmonisierungsrezept zu sein scheint, das zu Anfang des 20. Jahrhunderts einem von sozialen und wirtschaftlichen Umbrüchen geängsteten Lesepublikum Trost verschaffte.[3]

Im Anti-Heimatroman nun, der mit Leberts *Die Wolfshaut* in der deutschen Literaturgeschichte seit 1960 eine wichtige Rolle spielt, wird die soziale und seelische Entfremdung, die der Heimatroman noch als Folge urbanen Lebens darstellte, auf das ländlich-dörfliche Milieu selbst bezogen. Die Szenerie dumpfer Enge der Provinz mit ihrer Hoffnungs- und Auswegslosigkeit wird in fast spiegelbildlicher Verkehrung der mit dem Heimatlichen verbundenen Heilsversprechen zu einem paradigmatischen Ort verfehlter menschlicher Existenz, ja des menschlichen Daseins überhaupt gemacht.

So sehr dieser Vorgang bloßer Verkehrung einleuchten mag, die Hartnäckigkeit, mit welcher der Anti-Heimatroman seit den siebziger Jahren in der österreichischen Literatur zum Format für existenzielle Anklage, aggressive Daseinskritik und ästhetische Experimente avanciert, kann sich schwerlich allein aus dem Affekt gegen Kitsch und Ideologie speisen. Tatsächlich geht es weniger um die aufwendige Zerstörung einer als unzeitgemäß erkannten Gattung, sondern um deren Funktionalisierung für ein verändertes Bild des Subjekts oder – mit dessen narratologischer Spiegelung benannt – des Helden.

Heimatroman und Anti-Heimatroman inszenieren zwei grundlegend verschiedene, dennoch eng miteinander verflochtene Identitätsbildungsmodelle. Im idealtypischen Heimatroman wird ein Werdegang des Helden beschrieben, der auf einem *triadischen* Modell beruht; sein Urbild ist das biblische der Vertreibung aus dem Paradies: die Vorstellung eines verlorenen (A) und nach Fährnissen und Prüfungen (B) wiedergefundenen Paradieses (C). Der Prozeß der „Vertreibung" und „Rückkehr" ist durch Schwellen markiert, über die der Held in die einzelnen Stationen seiner Entwicklung eintritt und die seinen Werdegang nach und nach „besiegeln".

Im Anti-Heimatroman nun wird dieses triadische in ein Erzählmodell der *Differenz* verwandelt. Der Held durchläuft hier nicht mehr einen von Schwellen markierten Weg, vielmehr verharrt er auf der Schwelle oder, genauer noch: die Schwelle verläuft durch ihn selbst. Wie immer die medizinisch-psychologische Begrifflichkeit seit dem Ende des 19. Jahrhunderts die Phänomene der „Spaltung" bezeichnet haben mag, bei „Depersonalisation", „Schizothymie" und „Dissoziation" handelt es sich stets um Störungen des Identitätsbildungsprozesses. Auf Seiten des Helden zeigt sich dies in einer Schwellen-Problematik, denn er bleibt auf die Schwelle gebannt und wird von den Zuständen hin und hergerissen, die durch die Schwelle voneinander getrennt sein sollten.

Der Anti-Heimatroman transformiert so den Gegensatz von Land und Stadt, mit dessen Hilfe sein „positives" Vorbild die Geschichte von Verlust und Wiedererlangung des Paradieses inszeniert, in einen unaufhebbaren Zwiespalt im Inneren des Subjekts selbst. Der triadische Prozeß reduziert sich auf einen ständig wiederholten Wechsel von Transgression und Regression: die Überschreitung eines Zustands und die Rückkehr in diesen. So wird aus dem christologisch geprägten Modell ein existenzialistisches. Aus Adam, vertrieben, aber angetrieben von der Hoffnung auf Rückkehr, wird Sisyphos, der dazu verurteilt ist, in unausgesetzter Wiederholung von Trans- und Re-gression eine einzige Schwelle nie endgültig zu überwinden. Typisch für die Protagonisten des Anti-Heimatromans ist, daß sie zwischen die Fronten geraten. „Heimat" bedeutet eine existenzielle Ortlosigkeit und macht sich geltend in Form widersprüchlicher Affekte und Effekte von Anziehung und Abstoßung. Die Spannung zwischen einem Helden, der Schwellen passiert (Heimatroman), und einem Helden, der auf die Schwelle gebannt bleibt (Anti-Heimatroman), erhält aber erst ihre ganze Bedeutung, wenn man sie auf jene literaturgeschichtliche Epoche bezieht, deren verschiedene Programme und Tendenzen die Sprengung der traditionellen Kategorien des Subjekts gemeinsam haben. Gemeint ist die Zeit des ausgehenden 19. Jahrhunderts und der Wende zum 20., deren kulturelles Kräftefeld meist unter der Perspektive des „Naturalismus", des „Expressionismus" und der „Décadence" betrachtet wird.

II.

Die Literatur des Naturalismus ist gekennzeichnet durch gegenläufige und sich gegenseitig steigernde Bewegungen, welche sich vom Stichwort „Milieu" ausgehend darstellen lassen. Die Beeinflussung von Entwicklung und Eigenart des Menschen durch seine jeweilige geschichtlich-gesellschaftliche Umwelt veränderte den Blick der Schriftsteller auf den Schauplatz des zu schildernden Geschehens grundlegend. Der Raum, der bis dahin als Spiegel romantischer Bewegung oder postromantischer Entfremdung gedient hatte, wurde nun zu einer naturwissenschaftlich erklärbaren Prägestätte menschlichen Schicksals; er zerlegte sich in Wirkungsbereiche sozialer und historischer Determinanten und in Parzellen psychophysisch bedeutsamer Faktoren. Entscheidend für die Milieu-Theorie ist dabei das Versprechen der Veränderung, das sich aus der prinzipiellen Aufklärbarkeit und Beeinflußbarkeit der im jeweiligen Milieu verdichteten Lebensumstände ergibt. So gerät unter dem Blick des naturalistischen Schriftstellers der als „Milieu" wahrgenommene Schauplatz in ein Zwielicht aus kalter Ausleuchtung und dem utopischen Vorschein des Versprechens auf den „neuen Menschen".
Dies ändert sich grundsätzlich auch dann nicht, wenn sich der auktoriale Blick durch Vererbungs- und Evolutionstheorie, jenes andere die zweite Hälfte des 19. Jahrhunderts weltanschaulich revolutionierende Wissenschaftssystem, anleiten läßt. Obwohl die Wirkungen der dadurch aufgedeckten Gesetze die Dauer eines einzelnen Menschenlebens weit überschreiten, scheint damit doch die Möglichkeit der Einwirkung auf das

Schicksal der gesamten Gattung verbürgt. Seine Wissenschaftsgläubigkeit führt im Ergebnis zu einer enormen Ausweitung, ja Entgrenzung der Zuständigkeiten des Erzählers. Dementsprechend ist das „Milieu" der Naturalisten bei aller programmatischen Wirklichkeitsversessenheit immer auch ein Welttheater, auf dem es um nichts weniger geht als das Schicksal des ganzen Menschengeschlechts.

Der Naturalismus – und dies verbindet ihn teilweise mit der Décadence – will eine Wirklichkeit als Instanz anerkennen, der man mit naturwissenschaftlicher Analyse und sensorischer Differenzierung gerecht werden kann. Dieses betont rezeptive Verhältnis zur Wirklichkeit kündigt der Expressionismus auf. Für den Expressionismus typisch ist der aktivistische Gestus. Die Expressionisten kritisieren die deterministische Gängelung der Kunst und rücken das schöpferische Individuum in den Mittelpunkt. Es handelt sich hier um eine Umkehr der Instanz, von der her das „Gesetz" erwartet wird. Die Naturalisten in ihrer Fixierung auf „Evolution" und „Milieu", die Décadence in ihren Versuchen einer Wahrnehmungssymbiose mit der diffundierenden Realität – sie lokalisieren das letztlich immer rätselhafte „Gesetz" „gegenüber": im Objekt oder in der Transzendenz. Die Expressionisten aber verlegen die gesetzgebende Instanz in das Subjekt selbst. Es ist eine bedingungslose Selbstermächtigung, die auf die Zumutung einer sich zerlegenden Wirklichkeit antwortet, indem sie selbst „zerlegen" und zerstören will. Die Expressionisten fordern Produktion statt Reproduktion, wollen auf Determination mit Destruktion antworten. Ihr Anspruch ist auch ein dezidiert politischer. In der Haltung des aktivistischen Engagements für den „Neuen Menschen" artikuliert sich das Bewußtsein, daß die analytische Einstellung des Naturalismus und die sensualistische der Décadence über die Auseinandersetzung mit dem Entwicklungs- und Fortschrittsgedanken auf die Ideologie der Väter bezogen bleiben. Diese Komplizenschaft zwischen Kunst und staatlichem Ziel wollen die Expressionisten durch das Ideal eines „neuen", evolutionär und milieutheoretisch nicht ableitbaren, vielmehr ganz in schöpferischer und unberechenbarer Produktivität aufgehenden Menschen sprengen.

Vor diesem Hintergrund erhält der Heimatroman, der in der Epoche entsteht, in welcher die Literatur mit naturwissenschaftlichem und Erlösungsanspruch zugleich auftritt, eine andere, seiner üblichen literaturgeschichtlichen Trivialisierung widerstreitende Bedeutung. Denn die Idylle des Heimatromans behauptet bloß als bereits vorhanden, was die naturalistische Milieustudie als gesellschaftliches Ziel suggeriert: die Aufhebung der Entfremdung. Wenn die Helden des Heimatromans vom urbanen Milieu an der Seele versehrt in das heimatliche Dorf zurückkehren, um dort Trost, moralischen Halt und schließlich ihr Glück zu finden, so ist damit lediglich als sentimentaler Heilsweg inszeniert, was der Naturalismus in vermeintlich aufgeklärterer Haltung an den wissenschaftlich gesicherten Fortschritt delegiert. Im expressionistischen „O Mensch!"-Pathos aber artikuliert sich ein titanischer Erlösungswille, den der Heimatroman ebenfalls „vorab" mit dem Kleinformat der rettenden Idylle bedient.

Allein wenn man die unterschwellige Verbindung der Idyllen des Heimatromans mit dem zeitgenössischen literarischen Kräftefeld um 1900 mitbedenkt, welches krasse Realität und hoch gespannten Veränderungswunsch vereinigt, wird auch die Gewalt verständlich, mit der sich später der Heimatroman in den Anti-Heimatroman verkehrt. Denn von der in der Idylle vorweggenommene Utopie des über den Weg der Evolution und des gesellschaftlichen Fortschritts aus der Entfremdung heimkehrenden Menschen bleiben nach Verlust des verklärenden Scheins nur noch die Schrecken der Überforderung und Verfehlung.

Die systematische Verhäßlichung des Heimatlichen wie sie in der österreichischen Literatur von 1960 an eine über vierzigjährige Konjunktur erlebt, ist also nur zu verstehen, erkennt man in ihr eine Verdichtung des ganzen *säkularen Erlösungsprojekts*, das der wissenschaftsgläubige und dabei gesellschaftskritische Naturalismus während der zweiten Hälfte des 19. Jahrhunderts ins Werk setzte und zu dem der Expressionismus, in nur oberflächlicher Opposition, das hohe Pathos lieferte.

Der deutsche Naturalismus hat im Gegensatz zur französischen Literatur der Zeit kein genuines und bleibendes Romanwerk hervorgebracht. Wie dieser fand auch der Expressionismus seine Domäne auf dem Feld der Lyrik und des Dramas, nicht auf dem des Romans. Der Held, der dem gleichzeitigen Anspruch von sensibilistischer Wirklichkeitserfahrung und asketischem Überwindungswillen „genügt", findet sich denn auch nur in der Philosophie; es ist der „Übermensch" Friedrich Nietzsches, den dieser aus den Aporien des Fin de siècle ableitete. Ein Phantom, das die Überwindung der Spaltung des überforderten Subjekts in Aussicht stellte, aber nicht leistete.

Die Gattung des Anti-Heimatromans hat diese Überforderung des Helden auf eine historisch umwegige und eigentümliche Art wieder aufgenommen. Im Heimatroman fanden sich jener Gattungsprozeß und Erlösungsanspruch aufgehoben, welche bar ihrer idyllischen Verbrämung den Schauplatz in eine Arena existenziellen Ungenügens und Mangels verwandelten. Im Anti-Heimatroman werden Heimat und Dorf zu exemplarischen Orten übermächtiger Determination und gleichzeitig überspannten existenziellen Anspruchs. Eine kerkerhafte Existenz bei größtem Aus- und Aufbruchswillen, der aber fixiert bleibt auf das Objekt der Fluchtbewegung, ist denn auch typisch für die Protagonisten der Anti-Heimat- und Dorfromane.

III.

Dieses ambivalente Affektgemisch, welches sich abwechselnd in deterministischer Verfallenheit *an* die Heimat und in befreienden „Auslöschungs"-Aktionen *gegen* die Heimat äußert, wird in Thomas Bernhards Werk mit dem Begriff des „Herkunftskomplexes" umschrieben. Fast in einer Art Travestie des naturalistischen Verfahrens wird der Schauplatz zum deterministischen Milieu, in dem alpines Klima, inzestuös ruiniertes Erbgut, Verbrechen und Alkoholismus zum Kerker der Menschen werden und gleichzeitig zur Rechtfertigung für die „Auslöschung" dieses „Herkunftskomplexes" dienen.

Die Auslöschung richtet sich dabei nicht konkret gegen das Milieu, sondern erfolgt im Medium der (wissenschaftlichen) „Studie". Die Studie ist ein ultimatives Projekt, in dem nichts weniger als letzte Fragen der Wissenschaft und Kunst, Absolutes demnach, verhandelt und gelöst werden sollen. Also scheitern sie und dies in Serie. Im seriellen Scheitern und dem dauernden Neubeginn der Studien wird die Auslöschung in Permanenz vollzogen. Die Studie soll den, der sie betreibt, von der Determination seiner Existenz befreien und führt ihn dabei immer wieder in diese hinein; die regelmäßige Vernichtung der Studie schenkt Energie für den nächsten Akt einer Überschreitung der Herkunft und so fort.

Die zentrale Referenz für das Motiv des Scheiterns bei Bernhard bildet die Sprachtheorie des Philosophen Ludwig Wittgenstein. Auf sie bezogen besteht das Ziel von Bernhards Romankunst darin, die letztliche Unzuständigkeit von Philosophie und Wissenschaft für Fragen der Existenz *erfahrbar* werden zu lassen, indem er das Versagen seiner Wissenschafts- und Künstler-Größen vorführt, die mit ihren „Studien" und Werken scheitern.[4]

Zum poetologischen Kern der Prosakunst Bernhards gelangt man indes, wenn man die Wiederholungssequenz von Determination und Auslöschung, Scheitern und Revolte mit der Dynamik der stimmlichen Äußerung in Beziehung setzt. Der deklamatorische Zug von Bernhards Sprache ist evident. Die eigentliche Geschichte wird schließlich nur noch durch eine „Stimme" kommuniziert, welche das Ergebnis einer ganz der Affektlogik hingegebenen, dabei hochgradig stilisierten Sprache ist. Erzählen durch Affektansteckung mittels „stimmlicher" Intensitäten bei gleichzeitiger Erschöpfung aller Inhalte durch infinite Wiederholung – so könnte denn auch der Schlußbefund lauten für die Möglichkeiten des Anti-Heimatromans zum Zeitpunkt des Todes von Thomas Bernhard.

IV.

Will man Norbert Gstreins Erzählung *Einer* literaturgeschichtlich gerecht werden, ist es hilfreich, sie vor dem Hintergrund der aporetischen Struktur der Prosa Bernhards zu analysieren. Allgemein gesprochen kommt Gstreins Text die Bedeutung eines Schlüsselwerks der jüngsten deutschsprachigen Literatur zu, weil es ihm gelang, die Hermetik, in die Bernhard das Erzählen getrieben hatte, zu öffnen und die existenzielle Dramatik, zu der er gelangt war, zu enteroisieren. Die Bedeutung von *Einer* besteht darin, die Form des selbstbezüglichen, an die Dynamik stimmlicher Äußerung gebundenen „Erzählens" rezeptionsästhetisch zu „öffnen". Selbstverständlich folgte Gstrein nicht bewußt der Intention, auf Bernhard zu „antworten". Allein dadurch, daß die Erzählung auf die Gattung des Anti-Heimat-/Dorf-Romans zurückgreift, stellt sie sich in eine literarische Tradition, welche die österreichische Literatur des ausgehenden 20. Jahrhunderts geprägt hat und die im Werk Bernhards ihre Zuspitzung erfuhr. Ebensowenig suchte Gstrein auch nach einer „Antwort" auf die Literaturgeschichte. Sein Debüt steht außerhalb derartiger Ambitionen, wenn überhaupt solche als Motiv literarischer Arbeit in Frage kommen.

Verblüffenderweise entspricht aber die Situation, welche die Erzählung *Einer* hervorgebracht hat, der für Bernhard typischen des isoliert an einer Studie laborierenden „Geistesmenschen": Gstrein arbeitete in Stanford (USA) an einer mathematisch-logischen Studie, als er mit der Niederschrift des Textes begann. Bernhards Lieblingsfiktion wurde hier also auf ungeplante und völlig unprätentiöse Weise Wirklichkeit. Die in seinem Werk mit dem Begriff des „Herkunftskomplexes" umschriebene und gesetzte Spannung realisierte sich bei Gstrein im Nebeneinander der Studie und des „Heimat"-Textes. Führt die Studie den Studienschreiber bei Bernhard zum Scheitern und damit in die Abhängigkeiten des Herkunftskomplexes zurück, so verwandelte Gstrein – Protagonist und Beobachter des Vorgangs zugleich – die Umkehr der „studienweisen" Entfernung in „heimatliche" Nähe selbst zu Literatur. Der in der Studie ausgeführten Abstraktion ging die geographische Entfernung voraus, die zusammen zu intensiver Erfahrung des „Herkommens" – der Heimat, des eigenen Anfangs, des Milieus – invertierten. Ein dramatischer, aber für die Tätigkeit des Vorstellungsvermögens und der Einbildungskraft exemplarischer Vorgang.

Dem Wechsel zwischen Studie und Dorfgeschichte, wie der Autor ihn betrieb, entspricht innerhalb der Erzählung die Schwellenexistenz des Protagonisten. „Ich bin kein Stadtmensch, ich bin kein Landmensch, ich stoße überall an."[5] Mit Bernhards Selbstcharakteristik läßt sich das Schicksal des Helden in *Einer* gut zusammenfassen: Jakob scheitert in der Stadt, wohin man ihn auf das Internat schickt, und er wird auch, als er ins Dorf zurückkehrt, seines Lebens nicht mehr froh. Jakob ist „einer", der überall – in der Stadt und auf dem Land – „anstößt" und Anstoß erregt. Es gelingt ihm nicht, sich von seiner Herkunft zu lösen, umgekehrt bietet ihm aber sein Herkommen auch keine Heimat mehr.

Während Bernhard die Schwellenexistenz zur Daseinsform verabsolutiert, indem er „Stadt" und „Land" zu Umkehrpunkten und inhaltsfreien Polen einer leeren Suchbewegung entwirklicht,[6] schenkt Gstrein den literaturgeschichtlich zum Milieu verzeichneten Schauplätzen wieder eine das Detail nicht scheuende Aufmerksamkeit.

Daraus hätte eine Wiederaufnahme der je nach auktorialem Temperament kalten oder affektbestimmten Deskription alpiner, dörflicher Lebenswelt werden können. So hat etwa Josef Winkler, ein knappes Jahrzehnt älter als Gstrein, die Milieubeschreibung immer wieder in Exzesse der Auflistung getrieben, ein rituell und liturgisch gebändigter Dokumentarismus, dessen Analyse als Radikalisierung naturalistischer Techniken noch aussteht. Gstreins Herangehensweise ließ hingegen keine Verselbständigung der Deskription zu, weil für ihn die Voraussetzungen der Deskription selbst in Frage stehen; eine Skepsis, welche sich nicht auf Wahrnehmung und Perspektive allein beschränkt, sondern das basale Mittel jeder Deskription, die Sprache, auf die von ihr verursachten Entstellungen hin befragt.

So führt Gstrein an einer zentralen Stelle der Erzählung seine Hauptfigur als Leidensmann der Sprache vor. Er schildert die Anstrengung Jakobs, die Sprache zu einem Instrument authentischer Mitteilung zu machen. Die herausgehobene Bedeutung dieser Passage wird durch den Einschub eines Lexikonartikels markiert, der das Wort „Liebe" erläutert. Denn Jakob kann das Wort „Liebe" nicht lesen oder aussprechen, ohne daß er dadurch mit sich und der Welt zerfällt. Das Wort steckt in den gedruckten Sätzen fest wie ein „Fremdkörper", der ihn irritiert und die geläufige Aufnahme der Wortfolge unterbricht: „Weil es das Wort im Dialekt nicht gab, stand es geschrieben wie losgelöst von den anderen und nicht dazugehörig [...]."[7]

Jakobs Kampf um die Aneignung des in reiner Schriftsprachenexistenz seinem Gebrauch entzogene Wort läuft ab als Versuch einer elementaren Rückaneignung, die den Prozeß Sprechenlernen – Lesenlernen umkehrt; das Wort muß erst mühsam aus seinem Schriftstatus gelöst und in die Mundhöhle zurückversetzt werden:

> er bestaunte es [das Wort] von allen Seiten und hätte am liebsten die flache Hand unter die Tintenstriche geschoben, die Druckerschwärze, es loszulösen vom fesselnden Papier und so zu drehen, daß kein Geheimnis mehr bliebe [...] Durch Augen und Ohren drang es in seinen Kopf und nistete sich lange und unausgesprochen im Mund ein, manchmal mit der Zungenspitze vom Gaumen abgerollt oder sanft gegen die Schneidezähne gedrückt, den Geschmack zu prüfen [...]. (41)

Die Anstrengung ist darauf gerichtet, eine ganz und gar subjektive Empfindung mit dem „sagenhaften" Wort zu verschmelzen. Das Wort soll aus seiner Existenz als Zeichen gelöst, tastend in sinnliche, dreidimensionale

Gestalt rückverwandelt und in physische und psychische Daten aufgelöst werden. Psychologisch gesehen handelt es sich um einen regressiven Akt, um den radikalen Versuch, die sprachliche Abstraktion aufzuheben; umgekehrt ist die Rückversetzung des Wortes in den Vorzustand psycholinguistischen Materials – sein Abtasten und Abschmecken – eine primäre Operation lyrischer Sprachfindung. Jakob sucht die befremdliche Wortanmutung der Schriftsprache so umzuschmelzen, daß eine unbedingte Selbstbezüglichkeit der Äußerung entsteht und das Wort „Liebe" ihn künftig nicht mehr reflexhaft auf die Geschichten anderer verweist, sondern zur ureigenen physischen Sensation wird: er „träumte von einer neuen Buchstabenkombination, einer, die nicht zu finden war in den Tausenden von Dudenseiten, die weich über die Lippen fließt ins Ohr oder unter sich das Papier leise zittern macht" (42). Jakob kritzelt das Wort zusammen mit „hundert Mädchennamen" (89) an die Wand seines Zimmers oder schreibt „ich-liebe-dich" „in riesigen Buchstaben" über die Seiten aller Gebetbücher in der Kirche (93). Nicht das problematische Verhältnis zu Hanna scheint Jakob letztlich an der „Liebe" zu hindern, sondern die mißlingende Beschwörung und Aneignung des entsprechenden Wortes, in denen sich Jakobs Wunsch nach einer „neuen", außerhalb jeder lexikalischen Ordnung stehenden „Buchstabenkombination" geltend macht. Der performative Charakter seines „weich über die Lippen" kommenden und ins Ohr „fließenden" Wunschgebildes ist evident, weil Äußerung und Vernehmen in einem Subjekt und Objekt sinnesorganisch verschmelzenden Vorgang beschrieben sind.

Diesem Wunsch nach absoluter Präsenz entspricht Jakobs Sehnsucht nach dem Schauplatz des kindlich unbeschwerten Zusammenseins mit Hanna – dem Paradiesort seiner Kindheit. Der locus amoenus unschuldig-abenteuerlicher Spiele, der jede Handlung voll Bedeutung sein ließ, und der kein Anderswo kannte und brauchte, darf als die Intensität bestimmt werden, die auch das „Heimat"-Gefühl in seinem Kern für sich in Anspruch nimmt.

Wenn Jakob es liebt, von einer Anhöhe auf das Dorf zu schauen, und, danach befragt, über diese immer wieder gesuchte Sensation nichts zu sagen weiß, als alte Spruchweisheiten zu zitieren, die er in seiner Kindheit gelernt hat, zeigt sich darin das Vertrauen in die Sprache und der Anspruch an sie, im Wort vergangene Bedeutung wiederauferstehen und Gegenwart werden zu lassen:

> Es begann harmlos, oft mit demselben Begriff, dessen Bedeutung er von Kind an gelernt hatte in den Worten: man müsse das Heu eintun, wenn es dürr ist, und die Kuh melken, solange sie Milch gibt. Und er habe daran geglaubt, hätte sie mit geschlossenen Augen nachgeplappert [...]. (66)

Das Paradies aber läßt sich nicht mehr heraufbeschwören. Wunsch und Sehnsucht kommen nur in negativer Form, nämlich in Jakobs defizientem Sprachgebrauch, seinen Selbstgesprächen, den wirren Reden und Blödeleien zum Ausdruck. Seine Anstrengung, den Worten die Bedeutung abzupressen, führt zur methodischen Sinnentleerung der Sprache:

> Wenn er irgendwo saß, kam es vor, daß er mit den Gedanken an einem Wort hängen blieb und jedesmal wieder staunte; wie lächerlich, sobald man länger darüber nachdachte, ganz gleich, wofür es steht oder wie ernsthaft das ist. Er brauchte es nur ein paar Mal vor sich hinzuplappern, und je öfter, um so mehr verlor es, war schließlich ohne Bedeutung (70).

Aus der Sehnsucht nach einem Gebrauch der Worte, als wären diese reine Musik, wird krude Wortklauberei; das Abschmecken der Worte läßt diese abgeschmackt werden. Das Stereotype und Banale der Sprache offenbart sich. Jakobs Leiden an der Sprache besteht darin, daß er sich der *möglichen* („heimatlichen") Intensität der Worte vergewissern will und sich dabei ihrer Taubheit und Entleertheit gegenüber findet. Seiner Umgebung teilt sich dieses Leiden in Jakobs mimischem „Ausdruck" mit, der „bedeutungsschwer [...] wie nur etwas [ist] und gleichzeitig leer wie nichts" (46). Für jemanden, der ein Rolle spielen soll im Leben des Dorfes und als Akteur eines Fremdenverkehrsorts, keine gute Voraussetzung. Schon als Kind, so heißt es nämlich, hielt Jakob sich die Ohren zu, um sich den Versuchen des Vaters zu verschließen, ihn vor den Fremdenverkehrsgästen als Musterschüler und Sport-As in Szene zu setzen (vgl. 52). Es spricht für die subtile Präzision der Erzählung, daß das Ohr auch hier als Schwelle zwischen Eigensinn und Fremdanspruch in Erscheinung tritt, ist es doch als die entscheidende sinnliche Instanz benannt für die „neue Buchstabenkombination", die Jakob sich ersehnt. In Anspielung darauf thematisiert die Szene den Zusammenhang von Sprache und Rollen-Zumutung. Jakob verweigert die Rolle als hoffnungsvoller Nachwuchseinheimischer; er will keine Rolle spielen, und er will kein Theater aufführen.

Entscheidend ist, daß es sich bei der von Jakob zurückgewiesenen Rolle nicht um eine beliebige handelt, welche die Wahl einer anderen offen lie-ße, sondern um die „Rolle der Rollenlosigkeit". Denn die Erwartung der Fremden an die Einheimischen besteht darin, das Theater der Unmittel-barkeit vorgeführt zu bekommen: die Übereinstimmung von Existenz und Leben, Handeln und Beruf, Privatem und Öffentlichem, Wohnort und Ort der Träume. Die Gäste, die Ferien vom eigenen Leben nehmen, indem sie sich für Wochen des beruflichen Habitus und ihrer sozialen Umgebung entledigen, erwarten, in der Alpenregion, dem „Stammland" aller Heimat, echte Einheimische vorzufinden. „Sie fielen nie aus der zugedachten Rol-le, keiner", heißt es denn auch von den im Fremdenverkehrsbetrieb täti-gen Dorfbewohnern; sie „waren den Gästen zu Gefallen und animierten [...], animierten um ihr Leben und animierten sich zu Tode." (56)

Ein „Animateur" ist bekanntlich ein „Spielleiter", ein Organisator, der die Freizeitaktivitäten anderer plant und leitet. Im Zusammenhang der Erzäh-lung kommt dem Verb „animieren" herausgehobene Bedeutung zu. Vom frz. „animer" = „ermutigen, Mut machen" abgeleitet, geht es auf lat. „animare" = „beseelen, beleben" zurück. So ergibt sich eine Parallele zwi-schen den Wiederbelebungsversuchen, die Jakob mit Hilfe der Worte unternimmt, denen er die vergangene Intensität abzuschmecken sucht, und der Tätigkeit der anderen Dorfbewohner, die darauf gerichtet ist, die Gäste mit „echter" Heimat und „wahrem" Leben zu „beseelen".

Gstrein installiert keinen probaten Gegensatz zwischen dem „Heimat-sucher" Jakob und den „Heimatdarstellern" seiner Umgebung. Er führt das Verhältnis von Außenseiter und Gemeinschaft als ein vielschichtiges Spiegelverhältnis vor, bestimmt von der Rollenerwartung, -zumutung und -verweigerung. Dabei handelt es sich für beide Seiten nicht um einen einfachen Konflikt zwischen Selbstbild und Rolle; Jakobs Passion und die Profession der Einheimischen kommen darin überein, daß sie dem Zwang zur dauernden Selbst-Überschreitung folgen und ihm gleichzeitig Einhalt gebieten müssen. Denn Sehnsucht nach der Unmittelbarkeit kindlicher Erfahrung und Zwang zur Authentizität des Heimatlichen verausgaben und erschöpfen sich darin, die Rolle der Rollenlosigkeit aufrecht zu erhalten. In fast analytischer Prägnanz wird dies für Jakobs Absencen, seine Aufenthalte im „Anderswo", dargestellt: Er

> hätte manchmal geschaut wie von ganz woanders, daß es geradezu erstaunlich schien, wenn er wieder zurückkam. Oder kam er nicht zurück, nicht wirklich, war mit seinen Geschichten in eine Phantasiewelt entrückt, deren Rollen er annahm, längst nicht mehr zu spielen brauchte – oder nur die eine, wenn wir dachten, jetzt ist er normal? (85)

Ist es eine Rolle, oder ist es keine Rolle? Spielt Jakob mit seiner Identität oder ist er identisch mit dem Spiel? Dem Titel der Erzählung *Einer* entspricht im Text ein dialektischer Wechsel von Identität (Einer) und Nicht-Identität (Keiner), dem sowohl der Außenseiter wie das Kollektiv unterworfen sind. So haben Jakobs Absencen, in denen er scheinbar „bei sich" ist, ihr Kehrbild in den Exzessen, mittels derer die männlichen Dorfbewohner sich ihrer Existenz und Anwesenheit versichern. Etwa bei den Trinkereien und in den hitzigen Debatten, in denen „zur Sache" gesprochen wird und starke Affekte die Kommunikation beherrschen. Typisch für diese Form der Selbst-Behauptung ist der Spruch „Mir sein mir" (68), eine aggressive Bekundung des kollektiven Selbstgefühls, das aber in Momenten der Stille, des Alleinseins und angesichts der sich plötzlich aufdrängenden Leere einer fremd gewordenen Umgebung in Sprachlosigkeit und Einsamkeit umschlägt (vgl. 95). Dann erweist sich die auf das vertraute Heimische gestützte Exklusivität als leere Tautologie, wirksam nur für die Dauer kollektiver Suggestion.

Die Kippfigur „authentischer Identität", wie sie in der Erzählung immer wieder in Erscheinung tritt, gerät in grelles Licht, wenn sich der Eindeutigkeitsanspruch der kriminalistischen Frage „War er es?" auf sie richtet. Die Rätsel um Jakob, mit denen die Dorfgemeinschaft zu leben gelernt hat, verdichten sich zum Geheimnis eines Verbrechens, dessen Aufklärung kein Ausweichen mehr ermöglicht. Schon vor seiner „Abholung" macht Jakob deutlich, daß er sich jeder Möglichkeit der Identifizierung entzogen glaubt; das „Anderswo" seiner Sehnsucht scheint ihm ein Refugium, das von niemandem eingenommen werden kann: „Ihn könne niemand holen, sagte er, nicht einmal die Polizei, und legte damit den größt vorstellbaren Machthaber fest" (85). Greifbar wähnt Jakob sich allenfalls körperlich; seine zunehmende Verwahrlosung macht sichtbar, daß er auf seine äußere Erscheinung, die augenfälligste Repräsentationsform einer Person, keinen Wert mehr legt. Autodestruktive Identifikationsverweigerung und machtbewehrter Identifikationszwang stehen sich gegenüber.

Indem Gstrein seine „Dorfgeschichte" im Rahmen einer Kriminalgeschichte erzählt, verleiht er dem Geschehen nur ganz vordergründig die für das Genre spezifische Spannung des „Whodunnit"; tatsächlich sind beide Gattungen so verschränkt, daß sie sich gegenseitig überschreiten und aufheben. Dreht sich die Dorfgeschichte um die „Liebe" (zwischen Jakob und Hanna), so die Kriminalgeschichte um das (mögliche) „Verbrechen" (Jakobs an Hanna). Das Verbrechen setzt der Beliebigkeit des verworrenen und prinzipiell unendlich fortsetzbaren „Liebes"-Diskurses innerhalb des Dorfes ein Ende, die Antworten auf die polizeilichen Fragen aber steigern das Rätsel um Jakobs Liebe erst recht ins Ungreifbare.

So nimmt in der Erzählung eine vom speziellen Heimat- und Dorfschauplatz unabhängige Thematik Gestalt an, die rein sprachlicher Natur ist. In Echos, Verkehrungen und Spiegelungen entwickelt der Text Korrespondenzen zwischen einer Sprache der Macht und einer Sprache der Liebe. Sprachentzug und Sprachlosigkeit werden vorgeführt in ihrer Verschränkung mit den mannigfachen Formen der Sprachgewalt; so erscheint etwa Jakobs mikrophonbewehrter Kneipenauftritt wie der Beweis seiner völligen Hilflosigkeit, ist dabei aber auch ein lärmend-berauschter Gewaltakt, in dem sich seine Sehnsucht nach einer anderen, den Gesetzen der Musik folgenden „Buchstabenkombination" in Form eines sentimentalen Lallgesang artikuliert. In dieser Situation hat Jakob das „Sagen"; sonst jedoch ist er derjenige, der „nichts zu sagen" hat (73). Die zahlreichen Spruchweisheiten und Allgemeinplätze, die im Gerede und Gespräch reproduziert werden, laufen auf die generelle Botschaft hinaus, daß, wer das Sagen hat, weiß, wer er ist. Diese selbstgewisse Form des Sagens, wird aber deutlich, ist ein Reden in Sprüchen, das vor allem eins zum Ziel hat: die Vermeidung und Verhinderung wirklichen Sprechens. Das Sprüchemachen stützt sich auf das Unabänderliche, indem es das „Etwas haben" und das „Etwas sein" als unabänderliche Bedingungen des Lebens behauptet und beschwört.

V.

So läßt sich in der Erzählung *Einer* ein dreipoliges Spannungsfeld erkennen, innerhalb dessen die Sprache der Liebe und die Sprache der Macht sich ununterscheidbar durchdringen. Da ist zum Ersten das *Geheimnis*, das die Beziehung von Jakob und Hanna umgibt; sie stellt für die Dorfbewohner wie auch für die Betroffenen selbst einen Raum unbekannter Möglichkeiten dar, aus dem sich das spekulative Reden speist, und der auch alle Suchbewegungen auslöst, seien es die der Liebenden selbst oder die des untersuchenden „Inspektors". Geheimnis der Liebe und Geheimnis des Verbrechens sind schließlich nicht mehr zu unterscheiden.

Da fällt zum Zweiten auf jene hervorgehobene Bedeutung des *Hörens*, mittels dessen Jakob der utopischen „neuen Wortkombination" innezuwerden hofft, dem er sich aber auch verweigert, wenn es um die Rolle geht, die ihm zugedacht ist. Umgekehrt müht sich Jakob vergeblich, *Gehör zu finden* für seine Phantastereien; und schließlich durchdringen sich während des *Verhörs* diffus bedeutungsvolle Geräusche im Haus, die Assoziationen an vergangene Ereignisse und Auftritte Jakobs hervorrufen, mit dem Wechselspiel von Fragen und Antworten, in dem Jakobs Motive laut werden sollen.

Zuletzt ist es das *Geständnis*, in dem Sprache der Liebe und Sprache der Macht sich verschränken. „Was ich hartnäckig will, ist: *das Wort bekommen*", so bestimmt Barthes den innersten Antrieb der von ihm lexikalisierten Sprache der Liebe. Das Begehren des Liebenden richtet sich auf das „Geständnis". Nicht anders wird aber auch das sprachliche Ereignis bezeichnet, auf das in letzter Konsequenz der Wille des Kriminalisten sich richtet: der Verdächtige soll *gestehen*. Auch die Polizei will „das (entscheidende) Wort bekommen". Alles Reden ist auf Ereignis ausgerichtet, daß zu Tage tritt und offenbar wird, was bis dahin Geheimnis geblieben ist.

Die *Latenz* des Geheimnisses, die *Situation* des Hörens / des Verhörs sowie das *Ereignis* des Geständnisses sind die drei Elemente, mittels derer Gstreins Erzählung Liebes- und Kriminaldiskurs sich gegenseitig in der Schwebe hält. Es handelt sich hier, dies ist entscheidend, um eine exemplarische Konstellation, die in *Einer* noch unauffällig im Rahmen einer „Dorfgeschichte" entfaltet wird, aber schon das Grundmuster bereitstellt, durch welches es Gstrein gelingt, sein Erzählen von der Gattung des (Anti)Heimatromans zu emanzipieren.

Denn als Leidensmann der Sprache, der seine „paradiesischen" Intensitäten zu Gehör bringen will und dessen möglicherweise kriminelle Entwicklung im Verhör zur Sprache kommt, steht Jakob im Zentrum des Spannungsfelds von Geheimnis und Geständnis. „Bedeutungsschwere" und „Leere" vereinigen sich in seiner Erscheinung und der habituellen Wirkung auf die anderen; in dieser Beschreibung geht die physiognomische Intuition des Erzählers bereits in zeichenhafte Prägnanz über. Jakob – Geheimnis, das alles verspricht und alles befürchten läßt – fungiert als „Leerstelle", die einer Totalität möglicher Bedeutungen Raum gibt.

Die Not des Sprechens und die Entfremdung durch die Sprache, welche auf den ersten Blick ganz als regionales und Problem der Provinz erscheinen können, finden sich also bei genauerer Betrachtung in ein sprachkritisches Erzählmodell verwandelt und verallgemeinert. In der Beziehung von Geheimnis und Geständnis stellt sich das in jedem Sprechakt gegebene Zeichenverhältnis nur in besonders dramatischer Anspannung dar: Im Sprechen wird aus dem prinzipiell unendlichen Fond von Bedeutungen eine bestimmte aktualisiert und artikuliert. Nichts anderes als dieses abstrakte Verhältnis von Äußerung und Latenz bildet aber auch den Kern jeder Dramaturgie der Enthüllung, die von der Kriminalgeschichte nur besonders zugespitzt wird.

Berücksichtigt man die späteren Werke Norbert Gstreins, erscheint Jakob wie der frühe Platzhalter der dann beharrlich ausgearbeiteten auktorialen Position, welche sich als die eines „Schwellenwächters" beschreiben läßt. Wird bei Bernhard die „Schwelle des Sagens" hörbar, so will Gstrein den Widerstand dieser Schwelle in den Rezeptionsprozeß einbringen. Es geht ihm darum, eine „Leserbewegung" in Gang zu setzen, bei welcher die durch bestimmte Namen und Begriffe ausgelösten Assoziationen verzögert, verlangsamt, irritiert und problematisiert werden. Der sozialen und psychologischen Erfahrung von Übergängen liegt die sprachliche der (Ver-)Äußerung zu Grunde, die von den vielfältigen Formen des Gewohnten, der Konventionen und des Klischees überdeckt wird, vom literarischen Schreiben aber aufgedeckt werden kann. Ziel ist ein Text, der „statt mit Signalwörtern" mit „Leerstellen" „gespickt" ist und zu „einem bewusste[n], vielleicht auch bewusst abwehrende[n] Lesen im

Gegensatz zu einem Abhaken – weiß ich schon, weiß ich schon" veran-
laßt.[8]

„Abhaken" bedeutet hier den automatischen Übergang, das Nichtwahr-
nehmen des Übergangenen, bedeutet in letzter Konsequenz die reflex-
hafte Übernahme einer Bedeutung und Rolle und damit die Bestätigung
eines bestimmten Wirklichkeitsstatus. Die „Leerstellen" realisieren aber
meint, das bewußtlose Fortlaufen von Klischee und Jargon zu unterbre-
chen und dem Übergangenen Raum zu geben, d.h. zusätzliche und andere Bedeutungen zu realisieren. So finden in Gstreins „Wunschtext" das
Verharren auf der Schwelle (wie es Jakob mit dem gewissen Wort aus dem
Lexikon widerfährt) und die Insistenz auf dem Übergang (wie sie sich in
Bernhards Prosa zum Sprachduktus verfestigt hat) ihre rezeptions-
ästhetische Entsprechung und Nutzanwendung.

Anmerkungen:

[1] Dieser Beitrag ist eine überarbeitete und gekürzte Fassung eines Teils meines
    Kommentars zu: Norbert Gstrein: *Einer.* Erzählung. Frankfurt a. M.: Suhr-
    kamp 2005. (= Suhrkamp BasisBibliothek. 61.) S. 111-133.
[2] Joachim Hoell: *Thomas Bernhard.* München: Deutscher Taschenbuch-Verlag
    2000. (= dtv. 31041.) S. 78 bzw. S. 128.
[3] Peter Zimmermann: *Heimatkunst.* In: *Deutsche Literatur.* Eine Sozialge-
    schichte. Hrsg. v. Horst Albert Glaser. Bd 8: *Jahrhundertwende.* Vom Natura-
    lismus zum Expressionismus. 1880-1918. Hrsg. v. Frank Trommler. Reinbek:
    Rowohlt 1982. (= rororo. 6257. rororo-Handbuch.) S. 154-168, hier S. 160.
[4] Vgl. dazu Oliver Jahraus: *Das monomanische Werk.* Eine Strukturanalyse des
    Œuvres von Thomas Bernhard. Frankfurt a.M. [u. a.]: Peter Lang 1992. (=
    Münchener Studien zur literarischen Kultur in Deutschland. 16.)
[5] Thomas Bernhard: *In der Höhe. Rettungsversuch, Unsinn.* Frankfurt a.M.:
    Suhrkamp 1997. (= Suhrkamp-Taschenbuch. 2735.) S. 126.
[6] Vgl. dazu z.B. Thomas Bernhard: *Wittgensteins Neffe.* Frankfurt a.M.: Suhr-
    kamp 1982. (= Bibliothek Suhrkamp. 788.) S. 142ff.
[7] Norbert Gstrein: *Einer.* Erzählung. Frankfurt a.M.: Suhrkamp 2003. (= edi-
    tion suhrkamp. 2423.) S. 41. Aus dieser Ausgabe wird im folgenden im Text
    mit einfacher Seitenangabe zitiert.
[8] Julia Encke und Ijoma Mangold: *Ich werde bei jeder Berührung mit der Wirk-
    lichkeit beklommen.* Ein Gespräch mit dem Schriftsteller Norbert Gstrein
    über Jugoslawien, Peter Handke und den Schreibtisch als gefährlichen Ort. In:
    Süddeutsche Zeitung v. 28.4.2004.

Michael Braun

Luftschiffer, Aeronauten, Höhenflieger

Norbert Gstreins postutopische Novelle O_2

Luftschiffer in der Literatur sind traditionell traurige oder komische Helden. Vom Absturz bedroht, den Elementen ausgeliefert, hängen sie zwischen Himmel und Erde, und nur selten gelingt es ihnen, dem Ikarus-Schicksal zu entrinnen, an dem der Mythos die göttliche Strafe für Hybris und Größenwahn statuiert. Der Fall des Ikarus oder des Euphorion symbolisiert dabei auch das Scheitern des Künstlers, der zu hoch hinaus will mit seinem Werk. Neben dieser tragischen Motivgeschichte gibt es einen zunächst schmalen, mit dem Siegeszug der Naturwissenschaften dann zusehends stärkeren Traditionsstrang, in dem aeronautische Projekte als Stoff für Abenteuergeschichten fungieren und wichtige Motive vor allem für die utopische Romanliteratur des 19. Jahrhunderts stiften.[1] Nach einer technikbegeisterten Phase der Literaturgeschichte am Anfang des 20. Jahrhunderts, die von den populären Flugschauen inspiriert ist[2] und in Gabriele d'Annunzios Fliegerroman *Forse che sì forse che no* (1910) einen Höhepunkt fand, kommt es zu einer „Transformation" des utopischen Romans.[3] Zwar gibt es noch die romantisierende Version vom verschollenen Flieger, wie sie Antoine Saint-Exupéry in seiner Geschichte *Le petit prince* (1943) verewigt hat, aber in der Science-Fiction-Literatur haben längst Weltraumfahrer den Platz der Luftschiffer eingenommen, die Stratosphäre ist terra cognita, und aus den einstigen Herausforderungen für Flugpioniere sind in den etwa 70 Jahren, die zwischen den stotternden Flugversuchen der Gebrüder Wright in Kitty Hawk (1903) und dem ersten kommerziellen Concorde-Flug (1976) liegen, Routineangelegenheiten für Billig- und Vielflieger geworden.
Um so mehr verwundert, dass Norbert Gstrein 1993 mit seiner Novelle O_2[4] den Ballonfahrerstoff wiederbelebte und damit sowohl beim Publikum wie auch bei der Kritik Erfolg hatte.[5] Versucht wird keine Ehrenrettung der entzauberten Utopie der Luftfahrt. Das Thema kehrt zurück in eine Medienwelt nach den Utopien, in der alles als machbar erscheint.[6]

Das historische Ereignis, der Ballonaufstieg in die Stratosphäre aus dem Jahre 1931, wird in den vielfältigen – fiktiv ausgeschmückten – Reaktionen der Beteiligten in der Luft und auf der Erde gespiegelt. Auf diese Weise ist die Novelle eine epische Lektion über das Verhältnis zwischen Fakten und Fiktion. Sie demonstriert die Frage, wem eine Geschichte gehört – den Medien, den Historikern, den Dichtern – und was diese aus ihr machen.

Geschichten und Gegengeschichten

Verzerrung und Verfälschung einer Geschichte durch die Perspektiven von Gegengeschichten ist von Anfang an ein Thema der erzählerischen Werke Gstreins. Das Motto von Thomas Bernhard, das über Gstreins erstem Roman *Das Register* (1992) steht, deutet auf die Herkunft dieses Themas: „Wie viele unserer Talente hätten wir zu erstaunlicher Größe in uns entwickeln können, wären wir nicht in Tirol geboren worden und aufgewachsen." Tirol und die Alpen, die dörfliche Enge und die zerstörerische Wirkung des Massentourismus sind die Koordinaten von Gstreins ersten Büchern. Doch es gibt mehr zu entdecken als den negativen Heimat-Roman und die Anti-Idylle. Gstreins Debüterzählung *Einer* (1988), die vom Leben eines Gastwirtssohnes am Rande der Dorfgesellschaft handelt, entwickelt die Pathographie einer Persönlichkeitszerstörung. Jakob ist „Einer", der immer der Prügelknabe ist, ungeliebtes Kind, mißhandelter Internatsschüler, gehemmter Liebhaber, verspotteter Skilehrer und schließlich apathischer Trinker, ein Fremder sogar im eigenen Elternhaus, in dem seine Geschichte aus den Perspektiven wechselnder Personen rekonstruiert wird. Das Rätsel bleibt: Jakob wird von einem Inspektor abgeholt, „nach einer begangenen Untat oder einem Mißgeschick" (E 113).

Identitätsverlust durch gesellschaftliche Zwänge aber ist nur die eine Ebene der Erzählung. Das wahre Seelenelend, von dem Gstreins Erzählungen wie von einem Spitalgeruch durchtränkt sind, spiegelt sich in der Sprachnot seiner Figuren. „Der Sprache fehlten die Worte" (A 32), heißt es programmatisch in der Erzählung *Anderntags* (1989), in der es um unglückliche Selbstfindung und allmähliches Verstummen geht. Der dreißigjährige Ich-Erzähler Georg versucht die Liebesbeziehung zu seiner tödlich verunglückten Freundin aufzuarbeiten. Doch die „Mißverständnisse im Sprechen" führen unausweichlich zu einer „wachsenden Brutalität [...] – auch in der Sprache" (A 96ff.). Jorge Semprún hat präzise beschrieben, wie diese Sprache Gstreins

> die konventionellen Redensarten und Sprachroutinen zerstört, um alles, was zum Schweigen – also zum Verlust und zum Verschwinden – verurteilt schien, im fabelhaften Licht des Ausgesprochenen darzustellen, wenn es auch, möglicherweise, ein zweideutiges, sogar zwiespältiges Licht bleibt.[7]

Unübersehbar gaukeln sich Gstreins Protagonisten eine heile Welt vor, hinter deren Kulissen sich wahnhafte und mörderische Vorgänge abspielen. Vielstimmigkeit und Zeitenwechsel sind deshalb adäquate epische Mittel, um die Dorfgemeinschaft als „Gerüchtegesellschaft" bloßzustellen.[8] Dieser bruchstückhafte Erzählzusammenhang soll – wie der Autor schreibt – die „Kluft zwischen den Fakten und dem, was dann daraus gemacht wird", aufdecken.[9] Auch die für Gstrein so charakteristischen kaskadenartigen Satzkonstruktionen dienen einem bestimmten Zweck: die „klassische Erzähllinie, jenen ,roten Faden' als etwas Zittriges" darzustellen.[10]

Geschichten aus der österreichischen ,Provinz'

Einen entscheidenden Schritt zu der Thematik von O_2 markiert der Roman *Das Register*. Wiederum erscheinen die Leitmotive der vorangegangenen Erzählungen, das Scheitern am Österreichischen,[11] Welt- und Selbstekel, Identitätsverlust und Sprachnot; wiederum führt die Handlung in die Talwelten Tirols, in denen „Generationen auf demselben Fleck lebten, nicht aus dem Dorf herauskamen" (A 13), wo sonntags „das Klappern der Touristenfiaker tief im Magen weh tat" (A 52). Doch Gstrein distanziert sich – deutlicher als zuvor – von klischeehafter Tourismuskritik und larmoyanter Österreichschelte. Er präsentiert, der Poetik des Romans entsprechend, einen größeren Weltausschnitt, erweiterte historische Kontexte und psychologisch differenzierte Figuren. Erzählt wird im Stil einer Tiroler Familienchronik von einem ungleichen Brüderpaar, das in die Welt aufbricht, um „Erfolg um jeden oder fast jeden Preis" (R 125) im Skisport zu suchen bzw. um sich in den Biographien berühmter Mathematiker zu vergraben. Es fällt nicht schwer, dahinter Daten aus Gstreins eigener Familiengeschichte auszumachen. Sein Bruder war erfolgreicher Skisportler, er selbst studierte Mathematik in Stanford, Erlangen und Innsbruck.

Das Register ist zweifellos Gstreins autobiographischstes Buch, „eine Art fiktive Autobiographie", wie der Autor selbst sagt. Der Titel spielt an auf die Gewohnheit des Vaters, peinlich genau über alle Ausgaben „seit der Geburt" Buch zu führen, woran sich die selbstquälerische Frage knüpft: „Ob wir so viel wert waren?" (R 83) Durch die Aufarbeitung eines Vaterkomplexes stößt der Roman zu einer „Soziologie des Provinzlebens" und zu einer „Wesensbestimmung der österreichischen Mentalität" vor,[12] als deren Kern sich ein patriarchalisches Muster ergibt, das sich in der politischen Geschichte des Landes manifestiert. Gegenüber dem Großvater, einem jener neureichen „Fremdenverkehrspioniere", ist der Vater, ein verkrachter Lehrer, nur ein „domestizierter, degenerierter Abkömmling" (R 62).

„Vorgeschichten": Ballonfahrten in der Literatur

Es hat durchaus Methode, wenn sich O_2 buchstäblich aus dem vertrauten Ambiente der österreichischen Gegenwartsliteratur erhebt und der in den vorhergehenden Werken Gstreins angesprochenen Hoffnung, „weiterzufahren, über alle Grenzen hinaus" (R 17), Gestalt gibt. Symbol der Distanzierung von der ‚klassischen' Österreichthematik ist der Ballon, mit dem Piccard am 27. Mai 1931 zu jenem „legendären Stratosphärenflug" (K 53) aufbricht, von dem später in dem „Bericht" *Der Kommerzialrat* (1995) im Stil der „Bauernkitsch- und -lügenliteratur" (O 74f.) erzählt werden wird – eine nachholende intertextuelle Selbstreferenz.

Piccards Ballonfahrt hat eine Vorgeschichte, die als rekurrierendes, intertextuelles Element mitspielt, „weil jede Geschichte eine Vorgeschichte hatte, und jede Vorgeschichte wieder eine, wieder und wieder" (O 22). Diese Vorgeschichte beginnt – wenn man einmal absieht von den Experimenten Leonardo da Vincis, der 1513 in Rom heißluftgefüllte Heiligenfiguren gen Himmel steigen ließ, und Francesco Graf Lana di Terzis, der 1670 ein Vakuumluftschiff erfand – schon am 5. Juni 1783 in Annonay mit dem ersten öffentlichen (noch unbemannten) Ballonaufstieg durch die Gebrüder Jacques-Étienne und Joseph-Michel Montgolfier, nur wenige Monate später gefolgt von Jacques Alexandre César Charles' Wasserstoffballon in Paris. Die Reaktionen auf die Weltsensation reichten „von tiefster Verehrung vor den Leistungen der Entdecker bis zu triefendem Spott über die Folgewirkungen, von religiösen Zweifeln bis zu euphorischen Zukunftserwartungen"[13] und ergriffen auch Goethe, der sich nicht nur für die naturwissenschaftlich-technischen Aspekte der Ballonflüge in Frankreich und in deutschen Städten interessierte und selbst an Experimenten teilnahm, sondern ihnen auch eine ästhetische Seite abgewann: als Gleichnis für Größe und Grenze des Künstlertums:

> Wer die Entdeckung der Luftballone miterlebt hat, wird ein Zeugnis geben, welche Weltbewegung daraus entstand, welcher Anteil die Luftschiffer begleitete, welche Sehnsucht in soviel tausend Gemütern hervordrang, an solchen längst vorausgesetzten, vorausgesagten, immer geglaubten und immer unglaublichen, gefahrvollen Wanderungen teilzunehmen [...].[14]

Die Balloneuphorie der Zeit wurde von Wieland 1783 im *Teutschen Merkur* als „Aeropetomanie" verspottet. Jean Paul ließ seinen Luftschiffer Giannozzo – im „komischen Anhang" seines Romans *Titan* (1802) – über Deutschland kreisen und aus dieser neuartigen, grenzunabhängigen Perspektive seine Landsleute mit Spott und Trauer bedenken. In der Literatur des Realismus gehen die Höhenflüge mit einem metaphysischen Schauder einher, der bereits auf die Technikkritik des 20. Jahrhunderts vorausweist. Die Luftschiffer in Stifters Novelle *Der Kondor* (1840) ertragen am Ende den „Himmel nicht".[15]
Der wohl berühmteste Luftschiffer in der deutschen Literatur ist der Schneider von Ulm. Albrecht Ludwig Berblinger hatte am 31. Mai 1811 versucht, die Donau mit einem selbstgebauten Fluggerät im Gleitflug zu überqueren. Als er vor dem Start aus Furcht zögerte, stieß ihn ein Polizeidiener in die Donau, der Schneidermeister überlebte, verzichtete aber auf künftige Flugexperimente. Brecht hat den vielfach traktierten Stoff in den Jahren seines dänischen Exils aufgegriffen und daraus ein Kinderlied mit doppeltem Boden gemacht. Indem er schon im Titel des Gedichts *Ulm*

1592 das Ereignis um zwei Jahrhunderte zurück datiert, stiftet er eine „literarische Genealogie" des Stoffes.[16] 1592 war die Zeit der Inquisition. Brecht macht den verhinderten Flugkünstler im Streit mit dem Bischof – den es in der seit 1530 protestantischen Stadt nicht gab – zum agent provocateur und zum Pionier des Fortschritts, den der Kirchenmann mit seinen letzten Worten „Es wird nie ein Mensch fliegen"[17] nicht bremsen kann. Auf dieses Wissen seiner Leser vertrauend, macht Brecht aus der absurden Posse eine kirchenkritische Tragikomödie und gewinnt dem historischen Vorfall in der aufklärerischen Tradition der Exempla-Literatur eine Lehre ab, die auf die Autonomie des Denkens und die Unaufhaltsamkeit des Fortschritts zielt.

Ballonfahrt als Fiktion

Diese didaktische Intention liegt Gstreins Luftfahrergeschichte fern. Der Flug, die Vorbereitungen, die Vorversuche und die Auswertung der Ergebnisse, die Piccard in seinen Erinnerungsbüchern *Zwischen Erde und Himmel* (1946) und *Über den Wolken, unter den Wellen* (1954) im trockenen Jargon des Fachwissenschaftlers beschrieben hat,[18] liefern nur das Gerüst der Novelle. Denn es geht Gstrein nicht um dokumentarische Wiedergabe gesicherter Daten und Fakten, sondern darum, „wie beim Erzählen eine neue Art von Realität konstruiert wird" (W 10). Ein Indiz für die Fiktionalisierung des Stoffes ist die Aussparung des Namens von Piccard, der in der Regel mit „Professor" (15, 18, passim) tituliert wird. Ein von der Presse multiplizierter Lebenslauf stellt ihn vor:

> „Gebürtig in Basel, studierte er an der ETH Zürich und war dort Privatdozent und Professor, vor seiner Berufung nach Brüssel. Den Ausschlag, sie anzunehmen, gab nicht nur, daß er Vorstand des Physikalischen Instituts wurde, sondern vor allem die Zusicherung eines Freibudgets [...] Davor hatte er selbst die ersten Ballonflüge unternommen, als Mitglied des Schweizerischen Aeroklubs, und war dabei, sich in Fliegerkreisen einen Namen zu machen, nicht zuletzt mit seinen vielbeachteten Vorträgen ‚Die Stabilität der Flugzeuge' und ‚Theorie der Höhenflüge und maximale Geschwindigkeiten'." (O 22f.)

Der Flug, der am frühen Morgen in Augsburg begann, 17 Stunden dauerte und gegen 21 Uhr auf einem „zerschrundeten Gletscher" auf dem

Gurglferner in Tirol endete,[19] wird in Gstreins Novelle als Kette von Malheurs, als „Geschichte mancher Mißverständnisse" (O 19f.) geschildert, von dem „Leck" (O 14) in der Kabinenwand über die verhangene Ventilleine (O 33), die Sauerstoffknappheit (O 59) und die beständige Kontrolle des Druckausgleichs bis zu der beinahe verunglückten Landung. Neben den technischen Details fallen die Naturbeschreibungen besonders auf, etwa der Flug über ein Alpenrelief:

> [...] in alle Himmelsrichtungen breiteten sich unter uns Ketten von Gipfeln aus, es war ein richtiges Meer, schneebedeckt, oder ohne Schnee, an den schroffsten, abweisendsten Stellen, ein Anblick, tatsächlich zum Atemanhalten, und es gab keine Worte, die ihm gerecht werden konnten." (O 114f.)

Die Wahrnehmung der Welt aus der ungewöhnlichen Perspektive aus 16 Kilometern Höhe wechselt zwischen Bewunderung und Neugierde, „anstrengende[m] Schauen" (O 17) und Erschauern (O 143) angesichts der von oben erblickten Bergketten, Wolkenformationen und Himmelsausschnitte. Dieser Wahrnehmungswechsel wird meist als bedrohlich erfahren, als Verlust des vertrauten Standpunkts, als Verlassen des Raum- und Zeitkontinuums, in das zurückzukehren wie die Landung auf einem „anderen Planeten" anmutet (O 146). Eine Sprache für die „Beschreibung des Transparenten"[20] jenseits defizitärer Beobachtungen und Mangelerfahrungen (etwa der Sauerstoffnot) zu finden, ist schwierig. Die Besatzung des Ballons verliert sich, beeinflußt durch die Höheneuphorie, in der Lektüre von Fortsetzungsgeschichten aus der Zeitung und in der Trivialität von selbstmitleidigen oder prahlerischen Liebesgeschichten, „amourösen Anekdoten" (O 62) und „billigsten Klischeebildern" (O 132), über die der Professor kurz vor der Landung Stillschweigen zu wahren befiehlt.

Luftfahrt als Himmelfahrt

Gleich anfangs wird der Ballon als „überraschender Mond" beschrieben (O 8). Diese zwischen Romantik und Astronomie schillernde, an Robert Walsers visionär-postromantische Ballongeschichte erinnernde Metaphorik ist Ausdruck einer Grenzerfahrung. Auch bei Gstrein führt die Ballonfahrt in „eine zauberische, schwindelerregende Höhe",[21] in eine „Welt ohne Menschen" (O 149). Religiöse Bilder werden in der transzendental obdachlosen Welt der Lufteroberer strikt abgelehnt. Gleichwohl wirken sie gerade in der Negation unterschwellig fort, etwa wenn Piccard „gottähnlich in [s]einem Unvermögen" (O 39) beschrieben wird oder wenn die neue Wahrnehmung Anlaß ist, „wenn schon nicht an Gott, so doch an die Vierdimensionalität des Raums zu glauben" (O 72f.). Piccards Ballonreise ist eine Himmelfahrt ohne Gott und ohne Religion (vgl. O 120f.). Sie reflektiert die Austreibung der Fantasie aus der Luftfahrt, die seit 1900 in der „Hand der Denker und Attentäter" zusehends ökonomischen und militärischen Zwecken dienstbar gemacht wurde, wie Karl Kraus festhält: *„Den Weltuntergang aber datiere ich von der Eröffnung der Luftschiffahrt".*[22] In einem grandiosen, wiederum an Robert Walsers Sprache geschulten Bild hat Gstrein im sechsten Kapitel der Novelle diese Entzauberung der Luft dargestellt. Das Gewitter, das sich am Abend über Augsburg abspielt, steigert sich zu einem apokalyptischen Strafgericht des Himmels, das Augsburger Münster erscheint wie „ein riesiges Schiff, kieloben, eine Arche Noah, gekentert" (O 152). Nur an dieser Stelle schaltet sich ein auktorialer Erzähler ins Geschehen ein, der aus einer metasprachlichen Perspektive den Vergleich dieses „ganz gewöhnliche[n] Unwetter[s]" (O 149) mit der Apokalypse kommentiert. Es geht um das Prinzip des ‚richtigen' Erzählens, bei dem es auf Wahrheit, nicht auf Faktentreue, auf die Darstellung der „Konstruiertheit der Realität" (W 10), nicht auf abbildenden Realismus ankommt. Deshalb sind der Geschichte „Heils- und Rettungsphantasien" (O 152) fremd. Piccard bleibt den Elementen – und seinen eigenen elementaren Bedürfnissen – ausgeliefert, die er vergeblich zu vermessen und zu berechnen sucht.[23] In den Lüften, einer „anderen Welt", herrschen andere Gesetze.

Entzauberung der Luft

Peter Sloterdijk hat – unter dem Eindruck der Luftattacken auf das World Trade Center am 11. September 2001 – in seinem Essay *Luftbeben* (2002) nachgewiesen, wie die Praxis des Terrors mit den Angriffen auf die Atemräume zusammenhängt, in denen der moderne Mensch lebt. Im Zeitalter der atmosphärischen Gifte, der von Pasteur und Koch entdeckten Mikroben und der erstmals in Form von Chlorgasen im Ersten Weltkrieg (1915) eingesetzten ABC-Waffen habe „die Luft ihre Unschuld verloren"[24]. In der Literatur findet Sloterdijk einen Schlüsseltext, der diesen Verlust der Vorstellung der ‚freien Lüfte' beschreibt: Elias Canettis Wiener Rede aus Anlaß des 50. Geburtstages von Hermann Broch (1936). Canetti erblickt in Broch den prophetischen Warner vor einer Zerstörung der lebenserhaltenden Atmosphäre:

> Die größte aller Gefahren aber, die in der Geschichte der Menschheit je aufgetaucht ist, hat sich unsere Generation zum Opfer erwählt. Es ist die Wehrlosigkeit des Atems [...]. Man macht sich von ihr schwer einen zu großen Begriff. Für nichts ist der Mensch so offen wie für die Luft. In ihr bewegt er sich noch wie Adam im Paradies [...] Die Luft ist die letzte Allmende. Sie kommt allen gemeinsam zu. Sie ist nicht vorgeteilt, auch der Ärmste darf von ihr nehmen [...] Und dieses Letzte, das uns allen gemeinsam war, soll uns alle gemeinsam vergiften.[25]

Aufschlußreich in unserem Kontext ist weniger die Kritik an der Utopie der Gleichheit, sondern das aus diesen Überlegungen hergeleitete Prinzip der atmosphärischen Vielheiten in Brochs Romanpoetik. Broch legitimierte sein multiperspektivisches Schreiben mit einer neuen Interpretation des „entfremdungskritischen Motivs der Moderne": der „atmosphärischen Getrenntheit der Menschen untereinander".[26]

Auch in Gstreins Novelle wird diese atmosphärische Konstellation von Anfang an als grundlegend störanfällig inszeniert. Nicht in den Ballon, der „frei in der Luft" steht wie ein „phantastisch großer Tropfen", und seine „Gondel" werden die ersten Einblicke gegeben. Dieses Geschehen über den Köpfen der Zuschauer ist abgehoben von dem „Stimmengewirr", das sich auf dem Boden unter den Vertretern verschiedener sozialer Gruppen abspielt:

> [...] Fabrikvorstand und Direktion – Direktor und Direktorstellvertreter –, Wissenschaftler, allen voran Meteorologen und Physiker, Luftfahrtsachverständige, Aeronauten, Piloten oder wie sie sich nennen, Militärs sind darunter, in Uniform und in Zivil, Geheimdienst, Behördenvertreter, Honoratioren, und nur der Schickeria ist es noch zu früh. (O 8)

Der später folgende Bericht über das Geschehen im Innern der Aluminiumkapsel ist erzählperspektivisch verfremdet durch den Wechsel von
der personalen Sichtweise eines „wir" – als dessen Sprecher man aufgrund der teils unterwürfigen, teils kritischen Bemerkungen ohne weiteres den Assistenten des Professors identifizieren kann – zu einer
auktorialen Erzählweise. Dieser Wechsel erfolgt plötzlich und häufig, um
die „Seh- und Wahrnehmungsgewohnheiten" (W 65) des auf Identifizierung mit den Gondelinsassen bedachten Lesers zu brechen. Die rezep-
tionssteuernde Strategie zielt auf Sprachkritik. Es soll bewußt werden,
wie die Insassen der luftdichten Aluminiumkapsel von nur 2,10 Metern
Durchmesser an ihren Wortblasen zu ersticken drohen.
Der Roman ist wie „ein molekulares Gewebe" aufgebaut.[27] In sieben Kapiteln wechseln sich die Entdecker der Stratosphäre mit den Bewunde-
rern und Neidern ab, die ihren Flug begleiten und kommentieren. Diese
Parallelhandlungen sind verklammert durch die Ballonfahrt, aber auch
durch die Versuche, eine Sprache für die ungewohnten Wahrnehmungen
in der Stratosphäre zu finden. Ob es die amourösen Abenteuer sind, von
denen die Aeronauten ebenso schwärmen wie ihr vermeintlicher Retter
Schatz, oder ob es der Neid der Angestellten ist, mit dem sowohl der
Assistent des Professors wie auch der Chauffeur der Honoratioren das
Treiben ihrer Vorgesetzten verfolgen: immer werden die Unterschiede
zwischen den Perspektiven in der „Ballongeschichte" (O 72) so ver-
wischt, daß nicht der Standort des Erzählers wichtig ist, sondern sein
Status. Gstreins Figuren sind unzuverlässige Chronisten, Verfasser kon-
jekturaler Geschichten, weil es die eine und richtige Geschichte nicht
gibt.
Deshalb bleiben alle Beteiligten Statisten eines grotesken Geschehens.
Sie möchten etwas sagen: der prestigesüchtige Direktor der Augsburger
Firma, von deren Boden der Ballon startet, die sensationsgierigen Journalisten, die Herrenriege der Honoratioren, die mit dem Chauffeur Zeeh
den Ballon verfolgen, der angeheiterte Pädagoge, der in Begleitung von
zwei Dorfschönheiten zum unfreiwilligen Entdecker der notgelandeten
Aeronauten wird. Alle Figuren wollen mehr sein, als sie sind: der Direktor
versucht sich als Verfasser einer Jubelbroschüre, der Chauffeur spielt
sich als Rennfahrer auf, der Lehrer als Lebensretter und Frauenheld.

Auch das Bild Piccards als „Himmelsstürmer, Hochstapler oder Held" (O 21) bleibt diffus. Kein Expeditionsmut, sondern ein fragwürdiger, ja suspekter Forschungsheroismus scheint dahinter auf, der die fatalen Aspekte des utopischen Denkens offenbart: „der projektive Größenwahn, der Anspruch auf Totalität, Endgültigkeit und Neuheit".[28]

„Lebensstellvertreter"

In einem Gespräch mit dem Österreichischen Rundfunk vom 17.11.1993 hat Gstrein seine Helden als „Lebensstellvertreter" bezeichnet. Anders als die meisten, denen dies als lebensunmöglich erscheint, vertreten sie eine Utopie, die den Himmel auf Erden verspricht. Man glaubt nicht unbedingt an diese Helden, aber „man *braucht* sie".[29] Bezeichnenderweise jedoch endet der Höhenflug der Forscher mit einer unsanften Landung, „ohne Heils- und Rettungsphantasien" (O 152). Sie finden am Himmel nichts, was nicht schon in ihnen selbst zu finden wäre. So ist der Ballon eine im wahrsten Sinne ‚leere' Metapher, leer und auf den ersten Blick nichts-sagend wie der Novellentitel.

O_2 ist die chemische Formel für (molekularen) Sauerstoff, eines „farb-, geschmack- und geruchlos[en]" Gases (O 14), das als größter Bestandteil der Luft das irdische Leben ermöglicht und sichert. In der Ballonfahrt ist ab einer bestimmten Höhe die Sauerstoffzufuhr für die Passagiere ebenso überlebensnotwendig wie der Druckausgleich in der Kabine. Dies ist aber nur der äußere Grund für den Novellentitel, auf den in immer wiederkehrenden Verweisen auf Meteorologie, Temperatur, Luftdruck angespielt wird.

Die formelhafte Verkleidung des Sauerstoffs dient auch der Entzauberung der Luft, die sich in den mehrfachen Geschehen auf dem Boden und am Himmel als schleichender Prozeß vollzieht. In den buchstäblich atemraubenden Tätigkeiten im Ballon und den nicht minder atemlosen ‚irdischen' Jagden nach Erfolg, Berühmtheit und Liebe wird die Luft zum Raum, der mit unbedachten „Gesprächen über Banalitäten" (O 118), Verdächtigungen, Übertreibungen und Mutmaßungen gefüllt und nur noch in plötzlicher Stille wahrgenommen werden kann.

Ballon und Medien

Deshalb erzählt die Novelle auch von der Luft als einem Medium. Medien sind Instanzen der Vermittlung von Nachrichten und haben bei der Übertragung auditiver, visueller und dann auch audiovisueller Signale immer auch eine quasi-militärische Rolle gespielt.[30] Mit dem Ballon hat die Luft in Gstreins Novelle die vornehmliche Aufgabe, Nachrichten zu transportieren. Die Landung der Stratosphäreneroberer wird deshalb auf den letzten Seiten der Novelle als grandioses Medienereignis beschrieben. Aus der *Augsburger Zeitung* wird ein (vermutlich historischer) Bericht wiedergegeben, der in erster Linie nicht von der Ballonfahrt, sondern von der Berichterstattung handelt, die sich im Rausch der beschleunigten Moderne vollzieht:

> „Außergewöhnliches [...] leistete die Filmberichterstattung der Ufa. Mit den ersten Reportern war am Tag nach der Landung auch einer ihrer Kameramänner an Ort und Stelle, und er zögerte nicht, es ging ruck, zuck, Aufstieg zum Gletscher, Aufnahme, und am Abend raste er zurück nach München. Das Flugpostflugzeug war schon weg. Sonderflug am nächsten Morgen, Start um 10, Landung in Berlin um 2 Uhr. Film entwickeln, Film kopieren, Film schneiden und zusammensetzen. Text auf Tonband sprechen, Ton entwickeln, Ton kopieren. Originaltonaufnahmen waren aus technischen Gründen nicht möglich. Als in der Hauptstadt die Lichter angingen und die Leute in die Filmpaläste strömten, waren, tatsächlich nicht einmal achtundvierzig Stunden nach der Landung in einem weltvergessenen Alpental, die ersten Bilder in der Tonwoche, verwakkelt, verschwommen, zugegeben, von Ballon und Gondel, von dem müde lächelnden Fliegern vor einer Haufen von Neugierigen, und es war ein Triumph der Technik, es war mehr, es war etwas Amerikanisches, es war Hollywood mit seinem Glanz." (O 170f.)

Die Pointe dieses Epilogs liegt nicht nur darin, daß es dem Kameramann dank modernster Transportmittel gelingt, die Nachricht binnen 48 Stunden aus dem Alpental in die Metropole zu bringen und einem neugierigen Publikum vorzustellen; dabei scheint die Leistung des Flugzeugs die des Ballons zu übertrumpfen. Bemerkenswert ist auch die Hervorhebung der 1917 als Gemeinschaftsunternehmen des deutschen Militärs gegründeten Universum-Film-Aktiengesellschaft. Es war die von der Ufa nationalistisch eingefärbte Wochenschau, die seit dem Januar 1932 mit einem Tonsystem, das damals als das beste galt, „die ersten Bilder in der Tonwoche" lieferte. In kunstvoller Brechung macht Norbert Gstrein das neue Medium zum Thema: Wenn es eine Wahrheit gibt, dann nur „in der Unscheinbarkeit der Randzonen und der Zufälligkeiten der Staffage",[31] in der Vielfalt von Gerüchten und Vermutungen, Zeitungsberichten und Filmaufnahmen. So ist O_2 nicht nur historische Novelle und phantastische Erzählung, sondern auch ein Lehrstück aus der Frühgeschichte der modernen Medien über das Zusammenspiel von Fakten und Fiktion.

Anmerkungen:

[1] Zu nennen sind vor allem Jules Verne (1873 erschien der Ballonfahrer-Roman *Le Tour du monde en quatre-vingts jours / Reise um die Erde in 80 Tagen*; schon 1851 die Kurzgeschichte *Un drame dans les airs / Ein Drama in den Lüften*) und H.G. Wells, der (in der Erzählung *Argonauten der Lüfte*, 1895) einen praktisch realisierbaren Flugapparat in die Literatur einführte; vgl. Felix Philipp Ingold: *Literatur und Aviatik. Europäische Flugdichtung 1909-1927.* Basel und Stuttgart: Birkhäuser 1978, S. 99. – Vgl. auch A. Alvarez: *Einsame Leidenschaft. Das Fliegen, die Literatur, Saint-Exupéry.* In: Merkur 49 (1995) H. 6, S. 487-496. Einen guten Überblick vermitteln außerdem der Katalog *Die Kunst des Fliegens. Malerei – Skulptur – Architektur – Fotografie – Literatur – Film.* [Ausstellung im Zeppelin Museum Friedrichshafen.] Ostfildern-Ruit: Hatje 1996; Michael Stoffregen-Büller: *Himmelfahrten. Die Anfänge der Aeronautik.* Weinheim: Wiley/VCH 1983; Robert Wohl: *A Passion for Wings. Aviation and the Western Imagination. 1908-1913.* New Haven: Yale Univ. Press 1994.

[2] Vgl. als herausragendes Beispiel Franz Kafkas Bericht *Die Aeroplane in Brescia* (in: F. K.: *Drucke zu Lebzeiten.* Hrsg. von Wolf Kittler, Hans-Gerd Koch u. Gerhard Neumann. Frankfurt a.M.: S. Fischer 2002 [KKA], S. 401-408, bes. S. 412), in dem sich schon das Problem des ,irdischen' Publikums mit der ,himmlischen' Perspektive abzeichnet; zu den technik- und geistesgeschichtlichen Kontexten vgl. die gründliche Studie von Peter Demetz: *Die Flugschau von Brescia. Kafka, d'Annunzio und die Männer, die vom Himmel fielen.* Aus dem Englischen von Andrea Marenzeller. Wien: Zsolnay 2002.

[3] Das positive Ideal der Utopie gerät ab 1900 unter Totalitarismusverdacht und entpuppt sich als ,dystopisches' Schreckbild. Vgl. Hans-Edwin Friedrich: *Utopie.* In: Reallexikon der deutschen Literaturwissenschaft. Bd. 3. Hrsg. von Klaus Weimar. Berlin/New York: deGruyter 2003, S. 739-743, hier S. 741.

⁴ Norbert Gstreins Werke werden mit folgenden Siglen zitiert: A = *Anderntags. Erzählung.* Frankfurt a.M. 1989. (= edition suhrkamp. 1625.); E = *Einer. Erzählung.* Frankfurt a.M. 1988. (= edition suhrkamp. 1483.); K = *Der Kommerzialrat.* Bericht. Frankfurt a.M.: Suhrkamp 1997; O = O_2. Novelle. Frankfurt a.M.: Suhrkamp 1993; R = *Das Register.* Roman. Frankfurt a.M.: Suhrkamp 1994; W = *Wem gehört eine Geschichte? Fakten, Fiktionen und ein Beweismittel gegen alle Wahrscheinlichkeit des wirklichen Lebens.* Frankfurt a.m.: Suhrkamp 2004.

⁵ Kritische Bedenken meldete allein Hubert Winkels (*Literarischer Jugendstil. Die Sprache des Luftballons: Norbert Gstreins Novelle* O_2. In: Die Zeit vom 8.10.1993) gegen die deskriptive und metaphorische „Künstlichkeit" des Textes an.

⁶ In diesem utopiekritischen Sinn hat Herbert Marcuse 1967 als einer der ersten ein „Ende der Utopie" postuliert: als Ende der „Denunziation von geschicht-lich-gesellschaftlichen Möglichkeiten". Nach den Utopien ist die beste, aber auch die schlimmste Wendung der Geschichte möglich (Herbert Marcuse: *Das Ende der Utopie.* Hrsg. von Horst Kurnitzky u. Hansmartin Kuhn. Berlin: v. Maikowski 1967, S. 11). – Andreas Breitenstein bezeichnet in diesem postutopischen Sinne Gstreins Novelle als eine „Parabel auf die Dialektik der technischen Zivilisation" und als einen „Abgesang auf die menschliche Suche nach Transzendenz" (*Ein überraschender Mond.* Norbert Gstreins Ballon-Novelle O_2. In: Neue Zürcher Zeitung vom 1.10.1993).

⁷ Jorge Semprún: *Wunder und Geheimnisse des Alltags. Laudatio auf Norbert Gstrein.* In: *Literaturpreis der Konrad-Adenauer-Stiftung 2001: Norbert Gstrein.* Hrsg. v. Günther Rüther. St. Augustin: Konrad-Adenauer-Stiftung 2001, S. 8-11, hier S. 9. Wiederabgedruckt unter dem Titel *Wovon man nicht sprechen kann.* In: Norbert Gstrein, Jorge Semprún: *Was war und was ist.* Reden zur Verleihung des Literaturpreises der Konrad-Adenauer-Stiftung am 13. Mai 2001 in Weimar. Frankfurt a.M. 2001. (= edition suhrkamp. Sonderdruck.) S. 7-17, hier S. 12.

⁸ Kurt Bartsch: *„Das produktiv Negative zur eigenen Heimat". Eine Momentaufnahme österreichischer Literatur 1995 und eine Korrektur.* In: *Begegnung mit dem Nachbarn: Aspekte österreichischer Gegenwartsliteratur.* Hrsg. v. Michael Braun u. Birgit Lermen. St. Augustin: Konrad-Adenauer-Stiftung 2003, S. 43-66, hier S. 61.

⁹ Gunther Nickel: *Die richtige Sprache finden. Ein Gespräch mit dem österreichischen Schriftsteller Norbert Gstrein über den Holocaust in der Literatur.* In: Die Welt vom 26.8.2000.

[10] Wolfgang Holz: *Eine Art Natürlichkeit*. Gespräch mit Norbert Gstrein. In: NZZ vom 31.1.1995.

[11] Konrad Paul Liessmann: *Verteidigung der Lämmer gegen die Schafe. Ein Spaziergang durch die österreichische Literaturweide*. In: *Deutschsprachige Gegenwartsliteratur. Wider ihre Verächter*. Hrsg. v. Christian Döring. Frankfurt a.M.: Suhrkamp 1995. (= edition suhrkamp. 1938.) S. 82-118, hier S. 89.

[12] Ernst Fischer: *Die östereichische Literatur im letzten Drittel des 20. Jahrhunderts*. In: *Geschichte der Literatur in Österreich von den Anfängen bis zur Gegenwart*. Bd. 7: *Das 20. Jahrhundert*. Hrsg. v. Herbert Zeman. Graz: ADEVA 1999, S. 484.

[13] Manfred Wenzel: *„Buchholz peinigt vergebens die Lüffte... "*. Das Luftfahrt- und Ballonmotiv in Goethes naturwissenschaftlichem und dichterischem Werk. In: Jahrbuch des Freien Deutschen Hochstifts 1988, S. 79-111, hier S. 84. Vgl. auch die Sammlung zeitgenössischer Quellen und Berichte in dem e-book des Haff-Verlags: *Ballonfahrten um 1800 – Montgolfieren und Charlieren*. Hrsg. von David Gill. Grambin 2006 (http://www.haff-verlag.de/ Ballonfahrt.htm).

[14] Johann Wolfgang von Goethe: *Maximen und Reflexionen*. In: J.W.v. G.: *Werke*. Hamburger Ausgabe in 14 Bänden. Bd. 12: *Schriften zur Literatur. Maximen und Reflexionen*. Hrsg. von Erich Trunz. 10. Aufl. Hamburg/München: Beck 1982, S. 391.

[15] Adalbert Stifter: *Der Kondor*. In: A. S.: *Gesammelte Werke*. Bd. 1: *Novellen* I. Hrsg. von Dietmar Grieser. 2. Aufl. München: Nymphenburger 1982, S. 17-41, hier S. 30.

[16] Heinrich Keulen: *Ulm 1592*. In: *Brecht Handbuch*. Bd. 2: *Gedichte*. Hrsg. von Jan Knopf. Stuttgart/Weimar: Metzler 2001, S. 261-264, hier S. 263; Winfried Woesler: *Brechts Kinderlied „Der Schneider von Ulm (Ulm 1592)"*. In: Euphorion 85 (1991), H. 2, S. 182-191. Das Thema ist auch in einem Hörspiel von Barbara Honigmann (SDR 1981) und in einem Film von Edgar Reitz (BRD 1978) behandelt. – Noch in Burkhard Spinnens Kurzgeschichte *Ballon über der Landschaft* wird die Luftfahrt ironisch als Fluchtmittel aus einem erdenschweren Leben in Szene gesetzt (in: B. S.: *Dicker Mann im Meer*. Geschichten. Frankfurt a.M.: Frankfurter Verlags-Anstalt 1991, S. 109-125). Vgl. auch Fritz Rudolf Fries: *Das Luft-Schiff. Biografische Nachlässe zu den Fantasien meines Großvaters*. Roman. Rostock: Hinstorff 1974.

[17] Bertolt Brecht: *Ausgewählte Werke in 6 Bänden*. Jubiläumsausgabe zum 100. Geburtstag. Bd. 3: *Gedichte* 1. Frankfurt a.M.: Suhrkamp 1997, S. 284.

18 Auguste Piccard: *Zwischen Himmel und Erde. Tatsachen, Zukunftsträume.* Lausanne: Ouchy 1946, und ders.: *Über den Wolken, unter den Wellen.* 2. Aufl. Wiesbaden: Brockhaus 1958, bes. S. 39-41.

19 Piccard, *Über den Wolken* (Anm. 18), S. 40f.

20 Olaf Breidbach: *Bilder des Wissens.* Zur Kulturgeschichte der wissenschaftlichen Wahrnehmung. München: Fink 2005, S. 150, verweist auf die Visualisierung theoretischer Wahrnehmung am Beispiel der Luft, deren Qualität schon in der Mitte des 18. Jahrhunderts mit standardisierten Verfahren (der Farbgebung) gemessen werden konnte.

21 Vgl. Robert Walser: *Ballonfahrt* (1908). In: R. W.: *Sämtliche Werke in Einzelausgaben.* Bd. 3: *Aufsätze.* Hrsg. von Jochen Greven. Zürich, Frankfurt a.M.: Suhrkamp 1985. (= suhrkamp taschenbuch. 1103.) S. 82-85, hier S. 85; dazu Ingold (Anm. 1), S. 122-124.

22 Zit. nach Ingold (Anm. 1), S. 266 (aus Karl Kraus: *Die letzten Tage der Menschheit,* 1915/19) und S. 129; an anderer Stelle sagt Kraus: „*Weil die Luft ,erobert' ist, wird die Erde bombardiert*" (zit. ebd., S. 130). Vgl. auch Dirk Blübaum: *Der Blick von oben.* In: *Die Kunst des Fliegens* (Anm. 1), S. 30-35.

23 Auch Daniel Kehlmanns Roman *Die Vermessung der Welt* (2005) demonstriert, daß die Welt zu quantifizieren nicht bedeutet, sie auch zu verstehen. Es geht Gstrein wie Kehlmann um die Ambivalenz des Wissen: Es kann durch Weltkenntnis befreien, aber auch durch rigorose Bindung an die Macht des Faktischen den Blick verengen oder trüben.

24 Peter Sloterdijk: *Luftbeben.* An den Quellen des Terrors. Frankfurt a.M.: Suhrkamp 2002. (= edition suhrkamp. 2286.) S. 109.

25 Elias Canetti: *Hermann Broch.* In: E. C.: *Das Gewissen der Worte.* Essays. Frankfurt a.M. 1981. (= Fischer TB. 5058.) S. 10-24, hier S. 23f.

26 Sloterdijk (Anm. 24), S. 99.

27 Claudia Kramatschek: *Norbert Gstrein.* In: *Kritisches Lexikon zur deutschsprachigen Gegenwartsliteratur* 65. Nlf. 2000, S. 1-9, hier S. 6.

28 Hans Magnus Enzensberger: *Gangarten. Ein Nachtrag zur Utopie* (1990). In: H. M. E.: *Zickzack.* Aufsätze. Frankfurt a.M.: Suhrkamp 1997, S. 64-78, hier S. 69.

29 Brigitte Schwens-Harrant: *Erlebte Welten – Erschriebene Welten.* Theologie im Gespräch mit österreichischer erzählender Literatur der Gegenwart. Innsbruck/Wien: Tyrolia 1997. (= Salzburger Theologische Studien. 6.) S. 93.

30 Vgl. Jochen Hörisch: *Der Sinn und die Sinne.* Eine Geschichte der Medien. Frankfurt a.M.: Eichborn 2001. (= Die Andere Bibliothek. 195.)

[31] Paul Ingendaay: *Die Legenden zerfallen, es bleibt der Ballon*. In: Frankfurter Allgemeine Zeitung vom 5.10.1993.

Robert Leucht

Die Gestalt der Abwesenheit

Emigrantenfiguren in Norbert Gstreins *Die englischen Jahre*
und *Nachwelt* von Marlene Streeruwitz

In seiner Wiener Rede *Fakten, Fiktionen und Kitsch beim Schreiben
über ein historisches Thema* hat Norbert Gstrein angedeutet, daß das
Exil vielleicht schon vor den *Englischen Jahren* sein Thema gewesen
sei: „[...] weil auch die Figuren meiner früheren Bücher sich am ehesten
durch ihre Nichtzugehörigkeit definieren ließen, und Nichtzugehörigkeit,
ins äußerste Extrem getrieben, sei nichts anderes als Exil."[1] Gemeint ist
das Exil hier nicht in seiner konkreten, realgeschichtlichen, sondern in
seiner metaphorischen Bedeutung: als eine Position der Nichtzugehörigkeit. Gstreins Begriffsentfaltung läßt an die Figur Jakob aus dem Debüt
Einer denken oder an den Kommerzialrat aus dem gleichnamigen Prosatext. Außenseiterfiguren, die nicht nur im übertragenen Sinne als Exilierte
zu lesen sind, sondern auch vor dem geschichtlichen Kontext, den die
literarischen Texte aufrufen, finden sich bei Hans Lebert und Thomas
Bernhard. Der Matrose in Leberts *Wolfshaut* ist Remigrant und zugleich
Außenseiter. Als er ein Jahr nach Kriegsende in seine – wie er an einer
Stelle sagt – „sogenannte Heimat"[2] zurückkehrt, deckt er die Mitschuld
einiger Dorfbewohner an der Ermordung von Fremdarbeitern auf und
wird dadurch noch mehr zur Randfigur. Der Bergmann Schermaier in
Bernhards *Auslöschung*, der während der NS-Zeit in einem Konzentrati-
onslager interniert war, ist ebenso eine Figur, die sich durch ihre Nichtzugehörigkeit zu ihrer Umwelt auszeichnet und für den Ich-Erzähler gerade deshalb zur einzigen Bezugsperson während seiner Aufenthalte im
verhaßten Wolfsegg wird: „Der Schermaier ist weder ein katholischer,
noch ein nationalsozialistischer Mensch, dachte ich. Es gibt nicht viele
solche Schermaier, dachte ich, aber es gibt sie."[3]
Als Gstrein in den *Englischen Jahren* zum ersten Mal das Thema Exil in
seiner realgeschichtlichen Bedeutung aufgreift, verzichtet er auf die Darstellung einer Emigrantenfigur, die sich durch ihre Nichtzugehörigkeit zu

einer Gemeinschaft definieren ließe, und deshalb an die Außenseiter-
figuren seiner früheren Texte erinnern könnte. Der vermeintlich vertriebe-
ne Gabriel Hirschfelder ist die abwesende Emigrantenfigur, die ähnlich
wie der aus dem englischen Exil zurückgekehrte Professor Josef Schu-
ster, um dessen Selbstmord Thomas Bernhards *Heldenplatz* aufgebaut
ist, den Mittelpunkt des Textes bildet. Das Exil verbindet sich in den *Englischen Jahren* nicht mit einer Position der Nichtzugehörigkeit, sondern
mit Abwesenheit.

Diese Erzählanordnung, bei der das Geschehen um eine abwesende Figur zentriert wird, ist eine für Gstreins Texte typische. Sie ist es auch, die
Die Englischen Jahre mit einigen der früheren Texte verbindet: Im Zentrum von *Einer*, *Der Kommerzialrat*, *Das Register* und *Die Englischen
Jahre* steht nicht nur jeweils eine Figur, die, obwohl sie auf der Hand-
lungsebene abwesend ist, den Text strukturiert, sondern damit verbunden auch etwas Geheimnisvolles, das sich am Ende des Textes als mora-
lisches Vergehen herausstellt. In *Einer* und *Die Englischen Jahre* ist dieses Geheimnisvolle schon im ersten Satz enthalten: „Jetzt kommen sie
und holen Jakob"[4], heißt es in der Erzählung und in den *Englischen Jahren*: „Am Anfang stand für mich der Mythos, Hirschfelder, die Schriftsteller-Ikone, der große Einsame, der Monolith, wie es hieß, der seit dem
Krieg in England ausharrte und an seinem Meisterwerk schrieb."[5] Erst
am Ende des Textes stellt sich heraus, daß der Grund für Jakobs Verhaf-
tung vermutlich ein Gewaltverbrechen ist und daß sich hinter dem „Mythos Hirschfelder" eine vorsätzliche Identitätsvertauschung verbirgt. In
ähnlicher Weise setzt der erste Satz des *Kommerzialrats* das Zerwürfnis
zwischen der Hauptfigur und der Dorfgemeinschaft in Szene, indem von
dem schlecht besuchten Begräbnis des Kommerzialrats erzählt wird. Die
Hintergründe und Entwicklungen des Konflikts werden aufgerollt und
münden in den Verdacht, der Kommerzialrat Alois Marsoner habe sich an
seinen Töchtern vergangen. In Gstreins erstem Roman *Das Register* hingegen sind die Hinweise auf die Mitschuld der beiden Brüder Moritz und
Vinzenz am Unglück der erst im Epilog in Erscheinung tretenden Magda
über den ganzen Text verteilt. Obwohl die Schwester der beiden eine
Konfrontation mit der Vergangenheit einfordert, bleibt die Entdeckung
des Geheimnisses bis zum Schluß aufgeschoben. Hirschfelder ist für die
Englischen Jahre was Jakob für *Einer*, Alois Marsoner für den *Kommer-*

zialrat und Magda für *Das Register* ist: das abwesende Zentrum des Textes, das ihn strukturiert und ein Geheimnis birgt. Es ist diese strukturelle Gemeinsamkeit, die Hirschfelder zu einer Variation einer für Gstrein typischen Erzähltechnik macht. Eine entscheidende Differenz zu den genannten früheren Texten besteht darin, daß die Abwesenheit Hirschfelders eine systematische Suche in Gang setzt. Während sich das Geheimnis in *Einer*, *Der Kommerzialrat* und *Das Register* in einem komplex gestalteten Erzählvorgang entfaltet, kommt in den *Englischen Jahren* – ebenso wie in Gstreins bislang letztem Roman *Das Handwerk des Tötens* – eine Figur hinzu, deren erklärtes Ziel es ist, den „Mythos Hirschfelder" beziehungsweise den „Fall Allmayer" zu rekonstruieren und aufzuklären. Daraus ergibt sich für die *Englischen Jahre* eine Roman-Anordnung, in der sich eine Protagonistin auf die Suche nach den Spuren eines Abwesenden macht. Dieselbe Konstellation weist Marlene Streeruwitz' im selben Jahr erschienener Roman *Nachwelt. Ein Reisebericht* auf, in dem das biografische Objekt, Anna Mahler, ebenfalls eine Emigranten-Figur ist.[6] In beiden Romanen dient die biografische Arbeit der Ich-Erzählerinnen dazu, eine Lebensbeschreibung herzustellen und das Abwesende zu vergegenwärtigen.

Trotz dieser identischen Ausgangskonstellation ist das Verhältnis zwischen Erzählerin und biografischem Objekt ein jeweils anderes. Zunächst ist in beiden Texten eine Verschränkung zwischen dem Beziehungsleben der Protagonistin und ihrer biografischen Arbeit zu beobachten. Diese manifestiert sich aber in unterschiedlicher Intensität: Während der Beziehungs-Plot in den *Englischen Jahren* nur den Rahmen des Romans bildet (der Ex-Freund der Assistenzärztin, Max, ist der Auslöser für ihre Suche nach Hirschfelder), löst die Recherche zu Anna Mahlers Leben in Margarethe einen Reflexionsprozeß aus, der sie und ihre Beziehungen verändert. Da Margarethe ihr biografisches Unterfangen nicht zu Ende führt, steht am Ende von *Nachwelt* keine fertige Lebensbeschreibung, dafür aber eine veränderte „Biographin", die sich aus der Abhängigkeit ihrer Beziehung gelöst hat. Diese Loslösung zeigt sich exemplarisch an Margarethes zunehmender Gleichgültigkeit gegenüber den Anrufen ihres Freundes Helmuth. Während sie zu Beginn ungeduldig auf seine Anrufe wartet, reagiert sie am Ende des Romans nicht mehr auf seine Nachrichten.[7] Die Arbeit an einem fremden Leben führt hier zu keiner Biographie, aber zu einer Veränderung des eigenen. Im Gegensatz dazu verändert sich in den *Englischen Jahren* nicht die Erzählerin selbst, sondern ihr Bild von Hirschfelder. Diese Akzentuierung der biografischen Arbeit gegenüber der persönlichen Entwicklung manifestiert sich mitunter darin, daß die Informationen über sie vergleichsweise knapp sind. Während es in *Nachwelt* neben jenen Figuren, die Margarethe bei ihren Recherchen in Los Angeles als Gesprächspartner dienen, noch eine Reihe von Nebenfiguren aus ihrem Privatleben gibt (ihr Lebensgefährte Helmuth Kovačić; Franz Wagenberger, ihr Vorgesetzter beim Theater; ihre Tochter Friedl etc.), ist Max in den *Englischen Jahren* die einzige Figur, die mit dem Privatleben der Erzählerin verbunden ist. Zugleich ist Max aber ein Biograf Hirschfelders und damit ein Konkurrent: Seine „Hommage à Hirschfelder", die von der Erzählerin als „verunglückt"[8] bezeichnet wird und auch in der Kritik auf Ablehnung stößt, ist jedoch Ausdruck einer naiven Bewunderung für Hirschfelder. Max' Zugang zu Hirschfelder zeichnet sich durch eine Form von Überidentifikation aus, die sich in einer anderen Metaphorisierung des Exils, nämlich in der Inanspruchnahme des Exil-Begriffs für seine eigene Position als Schriftsteller, offenbart.[9] Im Gegensatz dazu stehen die Recherchen seiner Ex-Freundin, durch die die wahren Zusammenhänge über den vermeintlichen Emigranten Hirschfelder freigelegt werden und der „Mythos Hirschfelder" nicht genährt, sondern aufgebrochen wird. Die gegensätzlichen biografischen Zugangsweisen der beiden Figuren unterstreichen ihre von Beginn des Romans an bestehende Distanz: Als die Erzählerin in der Schlußszene ihre Recherche-Ergebnisse an Max übergibt, hat sie sich nicht nur von Hirschfelders Geschichte losgesagt, sondern auch ihren Ex-Freund endgültig hinter sich gelassen.

Anders als in *Nachwelt* treten in den *Englischen Jahren* eine Reihe von Biografen in Erscheinung, so daß neben der biografischen Arbeitsweise der Protagonistin auch andere, mit ihrem Verfahren konkurrierende, Zugangsweisen zu Hirschfelder dargestellt sind: Die wahre Geschichte über Hirschfelder hat die Erzählerin von Madeleine, einer Ex-Frau Hirschfelders, erfahren, die an einer Biographie über ihn arbeitet. Hirschfelders Lebensgeschichte wird so von einem zum anderen weitergegeben: von Madeleine an die Erzählerin und von dieser an Max. Während sich die Erzählerin Hirschfelders Lebensgeschichte bloß vorstellt und auch am

Ende des Romans signalisiert, daß sie die Ergebnisse ihrer Recherchen nicht aufschreiben wird,[10] spricht Madeleine davon, eine nicht-chronologisch erzählte Biographie verfassen zu wollen[11] und Max von seiner Idee, einen Roman aus der Perspektive einer weiblichen Figur zu schreiben. Max' Vorhaben, „aus deiner Sicht [zu] schreiben"[12] (der Sicht der Erzählerin), deutet an, daß sich hinter ihm zumindest teilweise der Autor des vorliegenden Romans verbirgt. Neben den Annäherungen von Max, Madeleine und der Erzählerin, werden noch andere Zugangsweisen zu Hirschfelder und dem Exil beschrieben, die durchwegs kritisch dargestellt sind. Das gilt zum einen für die mediale Stilisierung Hirschfelders durch Journalisten, die ihn in England besuchten und nach ihrer Rückkehr „ihre rührseligen Geschichten über ihn zu Papier brachten"[13]. Zum anderen für eine wissenschaftliche Form des Erinnerns, die durch einen Historiker verkörpert wird, den die Erzählerin trifft, als sie sich über das „Enemy Alien-Camp" informieren will, in dem Hirschfelder interniert war. Über die Arbeit dieses Historikers heißt es:

> Ich habe mich seither bemüht, seine Arbeiten zu lesen, und bin nach ein paar Seiten gescheitert, so sehr verstellt ihm seine Art, jedes Fitzelchen und Krümelchen zu würdigen, das er in irgendwelchen Archiven aufgestöbert hat, den Blick, und ich weiß nicht, ob ich ihm wünschen soll, möglichst bald die Reise zu machen, damit er wenigstens eine Ahnung davon bekommt, wie es auf der Insel ist, oder den Bewohnern dort, daß er nie auftaucht und ihnen erklärt, was sie zu tun und zu lassen haben, oder sie mit seinem Schweigen dafür straft, daß sie wirkliche Leute mit einem wirklichen Leben sind und nicht bloß seine Figuren, die er beliebig hin- und herschieben kann.[14]

Die Kritik an den ausschließlich auf archivarischen Quellen fußenden Arbeiten des Historikers dienen ebenso wie die auf keinerlei Recherche basierenden Stilisierungen Hirschfelders in den Medien und in Max' Hommage unter anderem dazu, die von der Erzählerin eingesetzten biografischen Verfahren zu profilieren. Es sind zwei Verfahren, auf die sie ihre biografische Arbeit gründet: zum einen ein Recherche-Verfahren, das sich vorwiegend auf „erzählte Erinnerung" stützt; zum anderen ein imaginatives Verfahren, bei dem die Recherche-Ergebnisse zu fiktiven Szenen verdichtet werden. Diese beiden Verfahren spiegeln sich in der Makrostruktur des Romans, in den sich abwechselnden Recherche- und

Imaginations-Kapiteln, wider.[15] Auch für die Protagonistin aus *Nachwelt* ist die Befragung lebender Zeugen der zentrale Aspekt ihrer Recherchearbeit. Neben einem Zitat aus Franz Werfels Nachlaß und einem aus Anna Mahlers Briefen sind die transkribierten Tonbandaufnahmen der Erinnerungen von persönlichen Bekannten Anna Mahlers die einzigen Quellen. Da diese transkribierten Erinnerungen – fast unbearbeitete Passagen aus Interviews, die Streeruwitz selbst geführt hat[16] – vom restlichen Romantext klar getrennt sind, wird das Disparate zwischen den einzelnen Erinnerungsspuren weniger offensichtlich als in den *Englischen Jahren*, wo die Gespräche mit den Zeugen von der Erzählerin direkt verarbeitet und in Relation zu anderen, oft gegensätzlichen Zeugnissen gesetzt werden. Die folgende Passage aus den *Englischen Jahren* illustriert einerseits das Ineinander-Setzen der verschiedenen Erinnerungsspuren und andererseits die zwischen diesen bestehenden Widersprüche:

> Das Bild, das ich von Hirschfelder hatte, schien um so unschärfer zu werden, je mehr Catherine mir von ihm erzählte, verschwommen wie das Photo, das sie wie zufällig aus ihrer Mappe hervorgeholt hatte, eine Aufnahme, die ihn in einer Drillichuniform vor einem nicht erkennbaren Hintergrund zeigt, und ich erinnere mich, wie ich es angeschaut habe, ohne Ähnlichkeiten mit meinem Photo zu entdecken, dem Photo, das jetzt über meinem Schreibtisch hängt.[17]

Unstimmigkeiten ergeben sich in den Recherche-Kapiteln nicht nur in bezug zu mündlichen und bildlichen Quellen, sondern auch zu schriftlichen, etwa zu Hirschfelders Tagebuch, dessen Verlauf und Inhalt nicht den Erkenntnissen der Interviews entspricht: „ich erinnere mich noch genau, wie erstaunt ich bereits bei der ersten Durchsicht war, daß sich darin nichts über Clara findet. Denn nach allem, was Catherine mir erzählt hat, müßte er sich Tag und Nacht mit ihr beschäftigt haben."[18] Das Recherche-Verfahren führt in keinem der beiden Romane zu einer konsistenten Figur. Während Margarethe aus *Nachwelt* ihr biografisches Vorhaben abbricht, bedient sich die Protagonistin der *Englischen Jahre* ihrer Imagination, um die Leerstellen und Widersprüche zu beseitigen und dennoch ein konsistentes Ich zu erzeugen. So werden in den Imaginations-Kapiteln, die formal dadurch verbunden sind, daß Hirschfelder

stets als „Du" apostrophiert wird, die Vorstellungen der Erzählerin dargestellt, wie es ihm zwischen dem 17. Mai und dem 2. Juli 1940 ergangen
sein könnte: die Zeit vor der Emigration, die familiäre Situation in Wien
und die Zeit der Internierung. Man könnte bis zum letzten Romankapitel
annehmen, daß die Imagination die Recherche ergänzt und die beiden
biografischen Verfahren in einem komplementären Verhältnis zueinander
stehen. Die Offenbarungen Madeleines im letzten Recherche-Kapitel,
daß sich hinter dem gesuchten Hirschfelder in Wirklichkeit eine zweite
Identität verbirgt, haben aber zur Folge, daß am Ende nicht eine aus Recherche und Imagination zusammengesetzte Lebensgeschichte steht,
sondern eine auf Recherchen basierende Biographie, die die von der
Erzählerin imaginierte Lebensgeschichte widerlegt. Wegen dieser
Schlußpointe wäre es auch ungenau zu behaupten, daß in den *Englischen Jahren* die Zuverlässigkeit von „oral-history" problematisiert würde, denn schließlich sind es nicht die Erinnerungsschwächen der Befragten, die zu den Widersprüchen führen, sondern allein die vorsätzliche
Identitätsvertauschung, die für den Leser – der Dramaturgie eines Krimi-
nalromans entsprechend – erst am Ende erkennbar wird. Die *Englischen
Jahre* inszenieren die Schwierigkeit, ein Leben zu rekonstruieren, als Folge einer Identitätsvertauschung, die das biografische Projekt lange zu
untergraben vermag. Dabei wird mit der Übereinkunft, daß das Leben als
solches eine kohärente Gesamtheit sei, nicht gebrochen: Sowohl
Hirschfelders als auch Harrassers Leben sind im letzten Kapitel erzählbar
geworden.

Der Einsatz von subjektiv erzählter Erinnerung als biografisches Verfahren führt in beiden Romanen dazu, daß die private Lebensgeschichte für
die Erzählerinnen im Vordergrund steht. Das ist deshalb bemerkenswert,
weil die beiden abwesenden Emigrantenfiguren auch Künstlerfiguren
sind, und eine stärkere Fokussierung auf das Werk ebenso denkbar wäre.
Die Akzentuierung des Biografischen vor dem Werk ist tatsächlich ein
Merkmal der frühen Exilforschung, die besonders um das Sichern von
Daten und Materialien und weniger um deren Interpretation bemüht war.
Der Hintergrund für diese Vorgehensweise ist in der durch die Vertrei-
bung verursachten schwierigen Quellenlage begründet. In ähnlicher
Weise spielen in den *Englischen Jahren* verschollene Objekte wie zum
Beispiel Hirschfelders Manuskript *Die englischen Jahre* eine Rolle. Die-

ses wird im Text ebenso wie eine verschwundene Fotografie als ungelöstes Rätsel eingesetzt, das die Spannung des Lesers bis zum Schluß aufrecht erhält. Die Betonung des Persönlichen fällt besonders in *Nachwelt* auf, wo die Spekulationen der Erzählerin immer wieder um persönliche Fragen kreisen, etwa ob Anna Mahler geraucht oder ein Alkoholproblem gehabt hätte.[19] Der Hinweis, daß die Biographie für Margarethe ein Versuch sei, einen Ausweg aus einer finanziellen Krise zu finden, ist so auch als ein Indiz dafür zu lesen, daß der Protagonistin zu Beginn des Romans eine Biographie vorschwebt, die des guten Absatzes wegen auf die Enthüllung persönlicher Details zählt. Ihre Entscheidung, das Projekt abzubrechen, wäre in diesem Sinne als zunehmend kritische Haltung gegenüber dieser Form des Genres zu deuten.

Die Englischen Jahre und *Nachwelt* lassen sich schließlich als Antworten zweier Gegenwartsautoren auf die Frage lesen, wie sich als Nachgeborener – Gstrein wurde 1961 geboren, Streeruwitz 1950 – über eine Vergangenheit schreiben läßt, die in der eigenen Erinnerung abwesend ist. Das Abwesende wird in den beiden Texten mit jeweils unterschiedlichen literarischen Strategien vergegenwärtigt. Die Differenzen, die sich hier zeigen, sind vor dem Hintergrund der theoretischen Überlegungen zu deuten, die von beiden Autoren in Reden und Interviews geäußerten wurden. Für Streeruwitz ergibt sich aus ihrer Situation als Nachgeborene eine Form von Nachstellungsverbot, wenn sie in einem Interview für „The German Quaterly" sagt:

> Ich habe z.B. als lange nach dem Krieg geborene Person die Pflicht, diese überfüllten Tabustellen entschlüsselbar, lesbar zu machen. Ich kann aber keinen Primärbeitrag leisten, und ganz entschieden darf ich das auch nicht, ich darf das auch nicht in meiner Literatur. Auf *Nachwelt* bezogen verwende ich authentische Interviews als Berichte aus jener Zeit und erfinde nicht selbst Geschichten, die in diese Zeit hineinragen. Das ist eine für mich ganz wichtige und schwierige Entscheidung gewesen und ein langer Prozeß des Nachdenkens, wie das nun zu bewältigen wäre.[20]

Streeruwitz plädiert dafür, über die nicht selbst erlebte Zeit keine Geschichten zu erfinden, sondern sie im Roman durch Zeugnisse aufzurufen. Die im Text strikt gezogene Grenze zwischen Gegenwart und Vergangenheit, Erfundenem und Authentischem manifestiert sich in der Art und

Weise, in der die Interview-Transkriptionen vom übrigen Romantext getrennt sind. Streeruwitz' Position ist jener der dokumentarischen Literatur über den Holocaust ähnlich, die innerhalb eines fiktiven Rahmens auf die Stimme derjenigen zurückgreift, die „empirisch und nicht nur durch die Phantasie mit diesen Erfahrungen verbunden"[21] sind. Ein Effekt dieser Erzähltechnik besteht darin, einen gewissenhaften Umgang des Autors mit der Vergangenheit zu signalisieren, da er in jenem Moment, in dem der Leser der Authentizität am dringendsten bedarf, die Erzählung weiterdelegiert. In *Nachwelt* tritt dieser Moment immer dann ein, wenn der Text Auskunft über das biografische Objekt Anna Mahler gibt. In der Literatur über den Holocaust werden dokumentarische Verfahren zur Darstellung besonders schrecklicher Greuel der NS-Verbrechen eingesetzt, für die jenes Nachstellungs- und Phantasieverbot gilt, das sich Streeruwitz auferlegt.[22] Ihre Entscheidung für eine dokumentarische Form der Darstellung ist auch vor dem Hintergrund der Tatsache zu sehen, daß Anna Mahler eine reale Person ist, die in die Erinnerungsbücher einiger Zeitgenossen wie Elias Canetti, Albrecht Joseph und Ernst Krenek Eingang gefunden hat.[23] Indem Streeruwitz ihrem Roman Erinnerungen dieser Zeitgenossen (Albrecht Joseph, Ernst Krenek und anderen) aneignet, vermeidet sie es, mit dem zum biografischen Objekt des Romans vorliegenden authentischen Material in Konkurrenz zu geraten.[24]

Während Streeruwitz das Sprechen über eine nicht selbst erlebte Vergangenheit weiterdelegiert und sich untersagt, darüber selbst Geschichten zu erfinden, weist Gstrein in seinen Reden *Über Wahrheit und Falschheit einer Tautologie* und *Fakten, Fiktionen und Kitsch beim Schreiben über ein historisches Thema* auf die Notwendigkeit von Erfindung hin. Wie sehr sich reale und fiktive Räume in den *Englischen Jahren* durchdringen, zeigt er in *Über Wahrheit und Falschheit einer Tautologie*, wenn er vergleicht, was an jenen Daten, die er zu wichtigen Stationen im Leben seines fiktiven Gabriel Hirschfelder macht, in den Leben realer Emigranten wie Walter Benjamin und Jorge Semprún passiert ist. Gstreins Plädoyer, die Fakten über die Vergangenheit als Ausgangspunkt für Fiktionalisierung zu nehmen, ist Bestandteil seiner Arbeitsweise, über die er in seiner Wiener Rede erklärt, daß das „systematische Wissen" ihm zur „Absicherung der Ränder"[25] diene, um beim Schreiben nicht beliebig vorzugehen; daß aber zugleich bestimmte Kenntnisse der Gestaltung abträglich wären, weshalb er beispielsweise das Zusammentreffen mit Lagerhäftlingen vermieden habe.[26] Gstreins Bekenntnis zur Fiktionalisierung verbindet sich mit einer Forderung nach Erzählreflexion. Indem er Romane von anderen Nachgeborenen als Negativbeispiele anführt, weil in ihnen auf Reflexion verzichtet und nur naiv abgebildet würde, grenzt er sein eigenes Schreibprogramm von vorgängigen Schreibweisen ab. Über die Darstellung der Verbrechen des Nationalsozialismus in diesen Romanen sagt er, daß „die meisten [scheitern], weil in ihnen die Beziehung zwischen Fakten und Fiktion nicht geklärt ist, weil sie an eine naive Abbildbarkeit glauben und zugunsten einer sympathetischen Haltung auf Reflexion verzichten."[27] Gstrein fordert, beim Schreiben statt dessen „die Risse zwischen Fiktion und Wirklichkeit sichtbar zu machen"[28]. Man könnte seine Poetik prägnant als ein Plädoyer fassen, die Fakten über die NS-Zeit für eine Fiktionalisierung „freizugeben", die sich als solche zu erkennen gibt. Die Radikalität von Gstreins Position anderen Gegenwartsautoren gegenüber (die Behauptung des Scheiterns und der Naivität) zeigt, daß er nicht nur für eine Schreibweise plädiert, sondern zugleich andere Darstellungsformen verwirft. Auf der Ebene des theoretischen Sprechens über die literarischen Möglichkeiten der Beschreibung des Nationalsozialismus, auf die sich Gstrein in seinen Reden begibt, bedeutet eine solche Polemik auch, eine der Komplexität des Gegenstandes angemessene Differenzierung einzubüßen. Die Diskussion um die adäquate Darstellbarkeit des Nationalsozialismus zeigt, daß jede Darstellungsform auf ihre Vorzüge und Probleme hin diskutierbar bleibt und die Frage nach ihren Stärken und Schwächen nicht im Sinne eines Entweder-Oder zu entscheiden ist.[29]

Eine Besonderheit von Gstreins Position besteht darin, daß er sich zur Erklärung seines theoretischen Standpunkts auf Jorge Semprún beruft, einen Autor, der selbst Opfer des NS-Terrors war, während Gstrein zugleich seine eigene Schreibposition und ihre Schwierigkeiten als die eines Nachgeborenen markiert. Er weist darauf hin, daß Semprún, obwohl er die Nähe zu den NS-Verbrechen erlebt hat, in seiner Erzählweise Distanz einnehme, indem er die Frage, wie sich das Erlebte darstellen lasse, stets miterzähle. In der Herstellung dieser Distanz, die Gstrein bei Semprún beobachtet und in Texten Nachgeborener vermißt, sieht er eine

Notwendigkeit für das gegenwärtige Erzählen über die NS-Zeit, denn „es ist genau diese Distanz, glaube ich, und eine langsame Annäherung, die am ehesten die Erinnerung wachhält, eine Distanz, die offenbar manchmal weniger aushaltbar ist als die vermeintliche Nähe"[30]. Die Wirkung, die Gstrein der Reflexion des Vermittlungsvorganges zuschreibt, ist eine Pointe seiner Überlegungen und deshalb so bemerkenswert, weil sie im Gegensatz zu Überlegungen steht, die gerade die Unmittelbarkeit der Zeugnisse als adäquates Mittel einschätzen, der durch die Flut an NS-Darstellungen entstandenen Indifferenz des Rezipienten zu begegnen.[31] Auch das Plädoyer für die Erfindung ist eines, das sich bei Semprún findet. In *Schreiben oder Leben*, jenem autobiographischen Werk, auf das Gstrein in *Über Wahrheit und Falschheit einer Tautologie* am häufigsten Bezug nimmt, erklärt Semprún, daß er beispielsweise den „Jungen aus Semur", der den Protagonisten aus *Die große Reise* nach Buchenwald begleitet, erfunden habe. Bei seinem Nachdenken über eine adäquate Form der Darstellung entscheidet sich der Protagonist von *Schreiben und Leben* dafür, die eigene Erinnerung zu fiktionalisieren: „die Wirklichkeit braucht oftmals die Erfindung, damit sie wahr wird. Das heißt wahrscheinlich. Damit sie den Leser überzeugt und bewegt."[32] Es ist freilich etwas kategorial anderes zu erfinden, um der eigenen Erinnerung an das schwer Vorstellbare besser Gehör zu verschaffen, denn als Nachgeborener auf Fakten zurückzugreifen und diese zu fiktionalisieren. Gstrein ist sich dessen bewußt, wenn er die Differenz zwischen seiner Sprecherposition und der Semprúns deutlich markiert.[33] Gstreins Bezugnahme auf Semprún ist zum einen als Ausdruck seiner Wertschätzung zu deuten, zum anderen als Strategie, seine eigene Position zu stärken: Seine Anlehnung an Semprún ermöglicht ihm in Allianz mit einem Überlebenden, einer Kritik zu begegnen, die ihm als Nachgeborenen vorhalten könnte, daß man die NS-Zeit nicht fiktionalisieren dürfe, weil empirische Exaktheit das einzige adäquate Mittel sei, um Geschichtsrelativismus zu begegnen. Wie sehr sich Gstrein dieses Problems bewußt ist, signalisiert er in seiner Wiener Rede, wenn er darauf hinweist, daß die Erfindung stets in einem abgesteckten Rahmen bleiben müsse und Beliebigkeit eine Katastrophe wäre.[34] Vor allem aber gelingt es ihm, dieser Kritik in seiner Literatur dadurch zu begegnen, daß das Mißtrauen gegen die Fiktion über die NS-Zeit stets miterzählt wird: Am Ende der *Englischen Jahre* bleibt schließlich eine Differenz zwischen den Vorstellungen der Protagonistin und dem, was sie herausgefunden hat, bestehen, womit die Grenze zwischen Fakt und Fiktion innerhalb des fiktiven Rahmens markiert bleibt.

Es ist bemerkenswert, daß die theoretischen Positionen von Gstrein und Streeruwitz zu den Arbeitsweisen ihrer fiktiven Protagonistinnen in einem analogen Verhältnis stehen: Streeruwitz' Nachstellungsverbot spiegelt sich darin wider, daß die Erzählerin in *Nachwelt* die Zeugnisse nicht zu einer Lebensgeschichte gestaltet, sondern daß diese als einzige Stimme über die Vergangenheit stehen bleiben. Dasselbe gilt für Gstreins Erzählerin, die von den Recherchen ausgehend eine Lebensgeschichte erfindet und sich dieser Erfindung stets bewußt bleibt. Den theoretischen Standpunkten der beiden Autoren ist vor allem eines zu entnehmen: eine Auseinandersetzung und Positionierung gegenüber der Autorität der Zeugnisse. Während Streeruwitz deren Autorität unberührt läßt, setzt Gstrein auf Fiktion, die er – so Sigrid Weigel in ihrer Laudatio zur Verleihung des Johnson-Preises – als Mittel einsetzt, „um den Pathosformeln von Authentizität, von Unmittelbarkeit und Augenzeugenschaft zu entkommen und zu begegnen"[35]. Eine Zwischenposition stellt hier vielleicht Christoph Ransmayr dar, der in seinem Roman *Morbus Kitahara*, der dem Emigranten Fred Rotblatt gewidmet ist[36], das Zeugnis eines NS-Opfers, Jean Amérys *Die Tortur*, in die Gestaltung der fiktiven Figur Ambras einarbeitet[37]. Mit dieser intertextuellen Praxis zollt Ransmayr Améry Tribut und erzählt zugleich die Geschichte von dessen Folter in einer literarischen Konkretisierung weiter. Ransmayrs Verfahren ist eine weitere Positionierung gegenüber einer gegenwärtigen Aporie des Erzählens zu entnehmen, die darin besteht, über eine abwesende Erinnerung zu schreiben. In den Romananordnungen der *Englischen Jahre* und von *Nachwelt*, in dem Versuch, das Leben eines abwesenden Emigranten zu rekonstruieren, kommt dieses Darstellungsproblem, für das Gstrein und Streeruwitz in ihren literarischen Texten und theoretischen Überlegungen gegensätzliche Antworten finden, exemplarisch zum Ausdruck.

Anmerkungen:

[1] Norbert Gstrein: *Fakten, Fiktionen und Kitsch beim Schreiben über ein historisches Thema*. Wiener Rede. Frankfurt am Main: Suhrkamp 2003. (= Suhrkamp Taschenbuch.) S. 9. Gstrein weist darauf hin, daß sein Interesse am realen Exil damit nur unzureichend erklärt würde. Ebda.

[2] Hans Lebert: *Die Wolfshaut*. Hamburg: Claassen 1960, S. 426.

[3] Thomas Bernhard: *Auslöschung*. Frankfurt am Main: Suhrkamp 1988. (=Suhrkamp-Taschenbuch. 1563.) S. 449.

[4] Norbert Gstrein: *Einer*. Erzählung. Frankfurt am Main: Suhrkamp 1994. (= Literatur heute.) S. 7.

[5] Norbert Gstrein: *Die englischen Jahre*. Frankfurt am Main: Suhrkamp 2001. (= Suhrkamp-Taschenbuch. 3274.) S. 9.

[6] In ihrem 1994 erschienenen Theaterstück *Tolmezzo. Eine symphonische Dichtung* tritt eine Emigrantenfigur in Erscheinung, die den selben Namen (Manon) wie eine Figur aus *Nachwelt* trägt. Vgl. Marlene Streeruwitz: *Tolmezzo. Eine symphonische Dichtung*. In: M. St.: *Waikiki-Beach. Und andere Orte*. Die Theaterstücke. 2. Aufl. Frankfurt am Main: Fischer Taschenbuch Verlag 2002. (= [Fischer Taschenbuch.] Theater. 14693.) S. 293-344.

[7] Marlene Streeruwitz: *Nachwelt. Ein Reisebericht*. Roman. Frankfurt am Main: S. Fischer 1999, S. 18 und S. 345.

[8] Gstrein, *Die englischen Jahre*, S. 10.

[9] Ebda, S. 366. Über die Stilisierung des Exils zur Schriftstellerpose schreibt Edward Said in seinem Essay *Reflections on Exile*. In: E. S.: *Reflections on Exile and other Essays*. Cambridge, Massachusetts: Harvard University Press 2001. (= Convergences.) S. 173-187.

[10] Ebda, S. 386.

[11] Ebda, S. 348f. und S. 359.

[12] Ebda, S. 387. Eine anderes Indiz hierfür ist die zu Beginn des Romans geäußerte Kritik an Max, er hätte bei seinen Dorfgeschichten bleiben und nicht über das Exil schreiben sollen. Hier antizipiert Gstrein in der Figur Max eine mögliche Kritik an den *Englischen Jahren*, Gstreins erstem Text, der außerhalb eines dörflichen Schauplatzes angesiedelt ist. Vgl. ebda, S. 10.

[13] Ebda, S. 377.

[14] Ebda, S. 255f. Auch in seiner Wiener Rede beschreibt Gstrein die Begegnung mit einem Exilforscher, die wie im Roman in einem Szenelokal in der Wiener

Innenstadt stattgefunden hat. Vgl. Gstrein, *Fakten, Fiktionen und Kitsch*, S. 34f.

[15] Kapitel eins, drei, sechs und acht sind Recherche-Kapitel. Kapitel zwei, vier, fünf und sieben Imaginations-Kapitel.

[16] Claudia Kramatschek: *Zeigt her eure Wunden!* – oder: Schnitte statt Kosmetik. *Vorentwurf zu einer (weiblichen) Ästhetik zwischen Alltagsrealismus und „trivial pursuit of happiness".* In: Text + Kritik (2004), H. 164 (Marlene Streeruwitz), S. 37-47; S. 43.

[17] Gstrein, *Die englischen Jahre*, S. 140.

[18] Ebda, S. 265.

[19] Streeruwitz, *Nachwelt*, S. 55 bzw. S. 370.

[20] Helga Kraft/Dagmar C.G. Lorenz: *Schriftsteller in der zweiten Republik Österreichs. Interview mit Marlene Streeruwitz.* 13. Dezember 2000. In: The German Quaterly 75 (2002), H. 3, S. 227-234; S. 228. Aus dem Verlauf des Gesprächs geht hervor, daß mit den "überfüllten Tabustellen" die lange Zeit ausgebliebene und dann stark einsetzende Thematisierung der NS-Zeit gemeint ist.

[21] James Young: *Beschreiben des Holocaust. Darstellung und Folgen der Interpretation.* Frankfurt am Main: Suhrkamp 1997. (= Suhrkamp-Taschenbuch. 2731.) S. 98.

[22] Vgl. ebda, S. 9-106.

[23] Vgl. Ursula Seeber: *Der Kult des rastlosen Überschwangs. Anna Mahler als literarische Figur.* In: *Anna Mahler. Ich bin in mir selbst zu Hause.* Hrsg. v. Barbara Weidle und U. S. Bonn: Weidle 2004, S. 153-167.

[24] Zur Kritik an der dokumentarischen Literatur im allgemeinen, daß der Einsatz authentischer Quellen nur eine Strategie sei, um Authentizität zu suggerieren, und daß die Auswahl und Anordnung von Zeugnissen eine Form von Sinnproduktion sei, die verschleiert würde, vgl. Young, *Beschreiben*, S. 110-135.

[25] Gstrein, *Fakten, Fiktionen und Kitsch*, S. 31f.

[26] Ebda, S. 29.

[27] Norbert Gstrein: *Über Wahrheit und Falschheit einer Tautologie.* In: N. G., Jorge Semprún: *Was war und was ist.* Reden zur Verleihung des Literaturpreises der Konrad-Adenauer-Stiftung am 13. Mai 2001 in Weimar. Frankfurt am Main: Suhrkamp 2001. (= Edition Suhrkamp. Sonderdruck.) S. 32f.. Ähnlich äußert er sich in: G., *Fakten, Fiktionen und Kitsch*, S. 10f.

[28] Gstrein, *Fakten, Fiktionen und Kitsch*, S. 11.

[29] Vgl. Geoffrey Hartman: *Der längste Schatten. Erinnern und Vergessen nach dem Holocaust*. Berlin: Aufbau 1999. Hartmans Buch bietet eine Auseinandersetzung mit den verschiedenen philosophischen Positionen sowie eingehende Analysen der Stärken und Schwächen einzelner Darstellungsweisen (Zeugnis, Spielfilm, literarische Genres, Audio Visual History etc.), wobei er den Werken der „Generation danach" besonderes Augenmerk schenkt.

[30] Gstrein, *Über Wahrheit und Falschheit*, S. 31f.

[31] Vgl. Geoffrey Hartman: *Holocaust-Zeugnis, Kunst und Trauma*. In: H., *Der längste Schatten*, S. 216-238. Hartman bezieht sich in diesem Punkt besonders auf visuelle Medien und unterstreicht die Stärke der Video-Interviews als Darstellungsform.

[32] Jorge Semprún: *Schreiben oder Leben*. Frankfurt am Main: Suhrkamp 1997. (= Suhrkamp-Taschenbuch. 2727.) S. 309.

[33] Gstrein, *Über Wahrheit und Falschheit*, S. 26.

[34] Gstrein, *Fakten, Fiktionen und Kitsch*, S. 32.

[35] Sigrid Weigel: *Norbert Gstreins hohe Kunst der Perspektive: Fiktion auf dem Schauplatz von Recherchen*. Laudatio zur Verleihung des Johnson-Preises an Norbert Gstrein. Nordbrandenburg 27. 9. 2003. In: manuskripte (2003), H. 162, S. 107-110; S. 108f.

[36] Die Widmung von *Morbus Kitahara* lautet: „Für Fred Rotblatt und in Erinnerung an meinen Vater Karl Richard Ransmayr."

[37] Die beiden Stellen finden sich in: Christoph Ransmayr: *Morbus Kitahara*. 3. Aufl. Frankfurt am Main: Fischer Taschenbuch Verlag 2001. (= [Fischer Taschenbuch.] 13782.) S. 173-175; Jean Améry: *Die Tortur*. In: J. A.: *Werke*. Hrsg. v. Irene Heidelberger-Leonard. Bd. 2: *Jenseits von Schuld und Sühne. Unmeisterliche Wanderjahre. Örtlichkeiten*. Hrsg. v. Gerhard Scheit. Stuttgart: Klett-Cotta 2002, S. 72-85.

Veronika Leiner

Fakten und Fiktionen bei der „Herstellung" von Lebensgeschichten

Ich habe darüber nachgedacht, ob Erkenntnis (cognition) und Imagination
einander nicht nur widersprechen, sondern einander ausschließen. Oder
ob Erkenntnis ohne Imagination unmöglich ist. Das hoffe ich zu ergrün-
den, obgleich ich vielleicht gar nicht weiß, was Erkenntnis ist. Ist es der
Akt des Erkennens oder sein Resultat?[1]

Gegen Ende der 1990er Jahre erschienen mehrere deutschsprachige Romane, die sich kritisch an der als standardisiert empfundenen Auseinandersetzung mit Geschichte – insbesondere an der des Nationalsozialismus und seiner Opfer – in den vorangegangenen Jahrzehnten abarbeiten. Marlene Streeruwitz' Roman *Nachwelt*[2], Anna Mitgutschs *Haus der
Kindheit*[3] oder Lilian Faschingers *Wiener Passion*[4] versuchen jeweils,
sich aus einer neuen Perspektive mit Holocaust, Vertreibung und der kollektiven wie persönlichen Erinnerung daran auseinanderzusetzen: Diese
Romane verbindet das vorsichtige Herantasten an Opfer und Täter und
ihre Erinnerungen bzw. Erzählungen, sie vermeiden eindeutige Urteile
oder Beurteilungen, sondern versuchen insbesondere die Opfer als viel-
schichtige Persönlichkeiten darzustellen. Auch Norbert Gstreins Roman
Die englischen Jahre läßt sich hier einreihen: Er ist der Auseinandersetzung mit der Wahrnehmung von (jüdischen) ExilantInnen durch nachgeborene ÖsterreicherInnen (und Deutsche) gewidmet. Ausgangs- und
Kritikpunkt dieser Romane und insbesondere von Gstrein ist die bei literarischen Bearbeitungen häufig anzutreffende Tendenz, vereinfachend
klar zwischen Gut und Böse zu unterscheiden und damit der Komplexität
des Themas nicht gerecht zu werden: Norbert Gstrein wirft in diesem
Zusammenhang Schriftstellern und Essayisten unreflektierten „Philo-
semitismus" vor, eine pauschale Stilisierung der im Nationalsozialismus
Vertriebenen zu den „guten" Anderen. Die Gefahr von immer wieder
pflichtschuldigst absolviertem Erschrecken angesichts der Greuel der
Massenvernichtung und von mit allzu viel Pathos versehenem Mitge-
fühl mit Überlebenden und Vertriebenen besteht für Gstrein vor allem

darin, „daß durch den häufigen Gebrauch die Fakten solange abgeschliffen werden, bis nichts mehr von ihnen übrig ist"[5].

Komplexitätsreduktion der Sujets und Plots sorgt für politische und didaktische Korrektheit. Wo die Literatur statt Entlastung den Weg einer historischen und emotionalen Dekonstruktion, eines offenen Resonanzraums wählt, kommen die Fragen so schnell an kein Ende.[6]

Norbert Gstrein geht es in seinem Erzählen um genau dieses Offenlassen von Fragen, um unbedingte Reflexion von Wahrnehmung und deren Verwandlung in Fiktion, er hat „kein Vertrauen in ein unreflektiertes Erzählen, kein Vertrauen in ein Erzählen, das nicht seine eigenen Bedingungen befragt"[7]. Komplexitätsreduktion ist seine Sache nicht, weder in der Auseinandersetzung mit Nationalsozialismus und Exil, noch in der Darstellung der Kriege in Ex-Jugoslawien und ihrer Wahrnehmung im nahen Rest von Europa, die von Unverständnis, Entsetzen und distanzierendem Mitleid weichzeichnend umnebelt ist. Mithin geht es Gstrein in seinen explizit konstruierten Romanen um genau diese De-Konstruktion eingefahrener gesellschaftlich, medial, literarisch vermittelter Wahrnehmungsmuster im Erzählen und durch das Erzählen. Dem eigenen – als fiktiv markierten – Erzählen in seinen Romanen begegnet er folgerichtig mit derselben grundlegenden Skepsis. Er verhandelt explizit, wie undeutlich vielfach die Abgrenzung zwischen Realität und Fiktionalisierung dieser Realität sowohl in der Literatur als auch im Alltag ausfällt.

Umso mehr trifft Gstrein auch die oft mangelhafte Unterscheidungsfähigkeit zwischen Fiktion und Realität selbst bei denen, die es besser wissen müßten: die zweifelhaften Angriffe seitens Literaturkritik und -wissenschaft angesichts seines Umgangs mit der Thematik „jüdisches Exil" in *Die englischen Jahre*[8] einerseits; und andererseits die – durchaus heftig ausgefallene – Polemik um Gstreins angebliche „Leichenschänderei" an dem 1999 im Kosovo erschossenen Journalisten Gabriel Grüner in *Das Handwerk des Tötens*, dem der Satz vorangestellt ist: *zur Erinnerung an Gabriel Grüner (1963-1999), über dessen Leben und dessen Tod ich zu wenig weiß, als daß ich davon erzählen könnte*[9]. Eine „vorsichtig distanzierende Respektsbezeugung", wie Gstrein in seinem Essay *Wem gehört eine Geschichte?* betont, in der „ich nur meine grundsätzliche Skepsis zum Ausdruck brachte, die mein Schreiben vorantreibt und gleichzeitig behindert, [...] ich mich zu der Aussage verstieg, daß dahinter in kürzester Form meine Poetik stecke, [...] den Satz von Uwe Johnson zitier[end], ‚Wo die Realität nur ungenau bekannt ist, würde ich nicht versuchen, sie bekannter darzustellen' [...]"[10].

In *Die englischen Jahre* steht ein vermeintlich jüdischer Schriftsteller im englischen Exil im Mittelpunkt, dessen Identität sich als gefälschte, angemaßte herausstellt. Gstrein verhandelt in seinem Roman unter anderem die Wahrnehmung der Opfer durch österreichische bzw. deutsche „Nachgeborene":

> Denn oft haben die Fiktionalisierungen von nicht direkt Betroffenen etwas allzu Glattes, allzu Routiniertes, sind [...] manchmal nicht mehr als die Wiederholung der Tautologie, daß die Guten gut und die Bösen böse [sind ... Das] macht aus den vielen Geschichten individuellen Leids konsumierbare Geschichtchen, über die man folgenlos Rotz und Wasser heulen kann, es macht aus der Geschichte ein Spektakel, das allein deshalb nicht auf Anhieb auch als solches erkennbar wird, weil es ein so schreckliches Spektakel ist. Es braucht offenbar stets eine Reflexionsstufe mehr als man vielleicht vermutet, will man nicht den gängigsten Klischees aufsitzen [...].[11]

Hier setzt auch der vorliegende Text[12] an, der sich vorwiegend mit diesem 1999 erschienenen Roman auseinandersetzt: Eine dieser Reflexionsstufen ist die schonungslose Auseinandersetzung mit der Konstruiertheit biographischen Erzählens. Es geht davon aus, daß im Leben eines Menschen sozusagen das eine folgerichtig zum anderen führt, Kausalketten bildet, die völlig außer acht lassen, daß bewußte Entscheidungen genauso wie zufällige Geschehnisse ein Leben zu dem machen, was es aus der Rückschau schließlich ist, oder auch wie Max Frisch es formuliert: „Als ob tausend Bilder, die einer fürchtet oder hofft, und all die Taten, die ungeschehen bleiben in unserem Leben, nicht auch zur Wahrheit unseres Lebens gehörten ..."[13].

Wirklichkeitsraum und biographischer Möglichkeitsraum

Die englischen Jahre erzählen vom (vergeblichen) Versuch der biographischen Erfassung einer Person, es geht es um die „Differenz", darum, „die Risse zwischen Fiktion und Wirklichkeit sichtbar zu machen"[14]. Der Roman ist ein Versuch, allgemein akzeptierter biographischer Folgerich-

tigkeit andere Perspektiven entgegenzusetzen, die Bilder als solche bloßzustellen, „ohne daß man an den historischen Fakten herumdeutet". Es
geht um die „Auflösung von Festgelegtheiten":

> [...] also wie entsteht Biographie, wie entsteht das Bild einer Person, das
> Bild einer Figur, und man kann ja fast alles zertrümmern und zertrüm-
> mert ja fast alles mit Recht, weil fast alles, auch was man von sich selbst
> weiß oder zu wissen glaubt, auch woran man sich in seiner eigenen Bio-
> graphie erinnert, im Grunde auch Fiktion [ist]. Es gibt nichts, es gibt
> keine Wahrheiten, es gibt Interpretationen, es gibt Umschichtungen, es
> gibt natürlich ein paar feste Punkte, die man einmal so einmal so verbin-
> det, im Alter vielleicht anders als in der Jugend, um mit den jeweiligen
> Nicht-Kontinuitäten leben zu können, also man macht Kontinuitäten,
> obwohl alles gar nicht kontinuierlich abläuft.[15]

Eine Erzählerin begibt sich auf die Suche nach den Spuren des verstorbenen Exilschriftstellers Hirschfelder, diese Suche bringt aber nicht die er-
warteten Bestätigungen seines von ihrem Ex-Mann Max und der österreichischen Literaturkritik konstruierten Mythos: Es gelingt ihr nicht, die
Person biographisch faßbar zu machen bzw. Widersprüchlichkeiten und
Unvereinbarkeiten in das konsistente Bild eines Menschen „aus Fleisch
und Blut" zu integrieren, sondern es wird eine Figur zutage gefördert,
deren disparate Konturen hinter einer „gestohlenen", angemaßten Identität lediglich schemenhaft erkennbar werden. Offenbar hatte besagter
Schriftsteller, ab 1938 im englischen Exil, während der Internierung 1940/
41 auf der Isle of Man[16] seine ursprüngliche Identität – „Harrasser" – mit
der des jüdischen Flüchtlings „Gabriel Hirschfelder" getauscht. Dieser
ursprüngliche Träger des Namens war bei der Deportation nach Kanada
ums Leben gekommen, als das Deportationsschiff von einem deutschen
U-Boot beschossen wurde. Parallel zu ihrer scheiternden Biographie gelingt es der Erzählerin in ihrer Imagination aber, eine Figur zu erschaffen,
deren Persönlichkeit, Gefühle und Erfahrungen unmittelbar nachvollziehbar und „miterlebbar" werden, die gleichzeitig dem ursprünglichen
Bild des feingeistigen Literaten verhaftet bleibt und den „biographischen Möglichkeitsraum"[17] des Phantasmas „Gabriel Hirschfelder", dessen Namen und Geschichte sich Hirschfelder angeeignet hatte, auslotet.
„Gabriel" bezeichnet dabei eine von der Erzählerin imaginierte Figur –
den jüdischen Flüchtling aus Wien, dem sie bestimmte Erinnerungen,

Reflexionen und Erlebnisse zuschreibt. „Hirschfelder" ist dagegen der aus dem Salzkammergut stammende Harrasser, der sich nach der Internierung und dem Tod eines jüdischen Flüchtlings namens „Gabriel Hirschfelder" dessen Vergangenheit und offizieller Identität bemächtigt. Die Figur „Gabriel Hirschfelder" als Ausgangspunkt für die Imaginationen der Erzählerin und die neue Identität Harrassers ist demnach im Roman allenfalls als Phantom, als Abwesender vorhanden. In diesem Wechsel zwischen realer Unfaßbarkeit der Person „Hirschfelder" in den der Recherche gewidmeten Kapiteln und imaginierter Nähe zur fiktiven Figur „Gabriel" in den Imaginations-Kapiteln bildet Gstrein das Spannungsfeld zwischen „Vorstellungskraft" und „Einbildungskraft"[18] beim Schreiben (und Lesen) einer Biographie ab.

> Traditionelle biographische wie autobiographische Texte sind auf die „Herstellung von Lebensgeschichten" gerichtet, stets bemüht, das Leben als eine Ganzheit darzustellen, als „kohärente und gerichtete Gesamtheit, die als einheitlicher Ausdruck einer subjektiven und objektiven ‚Intention‘, eines Projekts aufgefaßt werden kann und soll"[19]. Die Erzählinstanz einer Lebensgeschichte organisiert die Erzählung nach bestimmten Regeln der Konstruktion einer konsequenten kausalen Entwicklung hin zu dem Status, der das Objekt der Biographie schließlich „biographiewürdig" macht, alle Erfahrungen und Ereignisse auf diesen Zielpunkt hin organisiert und so den „Sinn der erzählten Existenz" postuliert. Bourdieu spricht von einer „natürliche[n] Komplizenschaft des Biographen" mit dem biographischen Objekt, der die „künstliche Sinnschöpfung" durch Selbstaussagen hinnimmt bzw. weiter betreibt.[20]

Nicht wenige literarische Texte in den letzten Jahrzehnten widmen sich allerdings umgekehrt der Dekonstruktion der Gattung Biographie: Hier wird biographische Rekonstruktion als (Wieder-)Herstellung eines einheitlichen Sinnzusammenhangs, einer einheitlichen Person mit deutlichen Charaktereigenschaften und Motivationen unmöglich. Was dagegen – etwa Wolfgang Hildesheimer – gelingt, ist die Konstruktion der Biographie einer Person, die es nie gegeben hat[21]: Was an der traditionellen Biographie stört, ist die Vorspiegelung, etwas Letztgültiges über einen anderen (toten) Menschen aussagen zu können, die Person, so wie sie „an und für sich war" wiedererstehen lassen zu können. Umgekehrt ist die Konstruktion einer völlig fiktiven Biographie als kreativer Prozeß ein erkenntnisreiches Spiel mit Fiktion und Realität. Auch das Bild von Hirschfelder in *Die englischen Jahre* ist am Ende der Recherche „unkenntlich" geworden.[22] Parallel zu dieser Dekonstruktion biographischer Vereinheitlichung konstruiert Gstrein jedoch die Biographie einer auch innerhalb des Romans fiktiven Figur, die in ihrer Gefühls-, Gedanken- und Erinnerungswelt für die Erzählerin ebenso wie für die LeserInnen faßbar, vorstellbar wird, weil „man wirkliche Biographien nur schreiben kann über jemanden, der nicht existiert hat"[23].

„Objektive" Annäherung an ein biographisches Objekt ist unmöglich, vorgefertigte Muster der Annäherung, bestehende Bilder und Mythen und die Wirkung, die neue Erkenntnisse und Informationen immer auch auf die Phantasie des Biographen/der Biographin haben, müssen im biographischen Text selbst problematisiert werden. „Zwischen belegbaren Fakten und Spekulation, zwischen Vermutung und Wissen, zwischen Überzeugung und Zweifel"[24] muß immer deutlich und streng unterschieden werden, eine Biographie ist immer „Resultat der *Vorstellungskraft*, nicht zu verwechseln mit *Einbildungskraft*"[25]. Daß das Resultat der „Vorstellungskraft" ein letztlich unbefriedigendes, weil nicht faßbares ist, erfährt Gstreins Biographin/Erzählerin durch ihre Recherche. Dagegen gelingt ihr mit dem Parallelwerk, der „fiktiven Biographie" Gabriels, mit ihrer „Einbildungskraft" also, eine „authentische" Darstellung der Figuren. Produktiv ist folglich der „biografische Möglichkeitsraum", nicht der „Wirklichkeitsraum"[26].

Unschärfen und Differenz

Gstrein verfolgt sowohl die Reflexion über die „Gemachtheit" von Erinnerung als auch die Formen der Verarbeitung von „Realität" in „Fiktion" bis in die Struktur des Romans hinein: Innerhalb der fiktiven Welt des Romans stellen jene – mit den Namen von (Hirschfelders Ehe-) Frauen betitelten – Kapitel, in denen die Erzählerin als „Biographin" ihre Nachforschungen beschreibt, die Wirklichkeit des Romans dar; die Gabriel-Kapitel sind im Text als fiktiv, als imaginiert gekennzeichnet. Recherche und Imagination wechseln sich viermal ab, wobei die Erzählabfolge grundsätzlich chronologisch bleibt. *Catherine* und *Clara*[27] sind die beiden Frauen, die bereits vor der Internierung zu Hirschfelder bzw. Gabriel Kontakt hatten, sie stehen am Anfang und am Ende der zentralen Imaginations-Kapitel, die auf der Isle of Man spielen. *Margaret* und *Madeleine* – beide Frauen haben Hirschfelder erst nach dem Krieg, also nach dem Identitätstausch, kennengelernt –, bilden Ausgangs- bzw. Endpunkt der Recherche der Erzählerin. Sie spiegeln auch ihren Bewußtwerdungsprozeß wider: Während Margaret in naiver Loyalität ihrem verstorbenen Mann gegenüber als unkritische Hüterin seines Erbes auftritt und an seinem Mythos nur sehr vorsichtig kratzt, enthüllt Madeleine die „Wahrheit" und zerstört den Mythos letzten Endes.

Die Spannung des Romans ergibt sich wesentlich aus der Diskrepanz zwischen in den Hirschfelder-Kapiteln noch nicht Bekanntem und in den Gabriel-Kapiteln bereits Angedeutetem: Obwohl die Erzählerin retrospektiv schreibt und während des Schreibens bereits mit dem gesamten Wissen um Hirschfelders tatsächliche Identität ausgestattet ist, hält sie – und mit ihr die Irritationen konsequent ignorierenden LeserInnen – in ihren Imaginationen an dem „Gabriel Hirschfelder" fest, der ganz am Anfang ihrer Nachforschungen stand: am Mythos vom sensiblen „Feingeist". Die „nachträglich" imaginierte Persönlichkeit bleibt also, unbeschadet der Ergebnisse der Recherchen, dieselbe, für die LeserInnen trennt sie sich aber erst nach und nach von dem Hirschfelder, dessen Persönlichkeit durch die Nachforschungen zum Vorschein kommt. *Madeleine* markiert zuletzt die deutliche Trennung zwischen der Fiktion der imaginierten Biographie Gabriels und der Realität einer angemaßten Identität Hirschfelders.

> [...] das Konstruktionsprinzip meines Romans stand für mich fest, als ich mir sagte, daß es grundsätzlich um die Differenz gehen müßte zwischen dem, was sie herausfindet, und den Vorstellungen, die sie hat, ihren Erwartungen dazu.

> [...] die Unschärfen zwischen den beiden Strängen sollten gering genug sein, daß man sie zur Deckung bringen kann, allerdings mit dem ständigen Unbehagen, daß irgend etwas nicht stimmt. Nach der Auflösung, zu der sie am Ende gelangt, würden sich die zwei Erzählebenen auch unabhängig voneinander betrachten lassen, geradeso, als hätte man es von Anfang an mit zwei Biographien zu tun, und man hat es ja auch damit zu tun.[28]

Biographisches Erzählen als De-Konstruktion

Die Erzählerin spaltet ihr Bewußtsein analog in zwei Ebenen auf, in eine „reale" Ebene der Fakten, „authentischen" Aussagen und Quellen, und in eine fiktive Ebene, in der die Ergebnisse dieser Recherche – scheinbar willkürlich – als „biographischer Möglichkeitsraum" das imaginierte Geschehen während der Internierung und die Reflexionen Gabriels ergeben. Die verschwommene Identität Hirschfelders wird innerhalb des Romans diskursiv, in Gesprächen, Tagebuchaufzeichnungen und Mythen, vermittelt durch die Person der Erzählerin geschaffen; eben diese Instanz der Erzählerin wird aber am Ende des Romans selbst in Frage gestellt: Es kommt zu einem „Identitätstausch auch auf der Ebene der Metafiktion"[29]. Die „Abschenkung" der Geschichte an Max am Ende legt die Annahme einer sozusagen „übergeordneten" Erzählerfigur Max nahe, der Roman, den Max aus der Geschichte der Erzählerin machen will, beginnt allerdings nicht mit dem ersten Satz von *Die englischen Jahre,* sondern vielmehr mit dem ersten Satz von Norbert Gstreins Erzählung *Selbstportrait mit einer Toten* („Ich wünsche Ihnen viel Glück mit ihrem neuen Roman."[30]) Indem die ErzählerInfigur fragwürdig wird, wird die Aufmerksamkeit der LeserInnen auf die Narration selbst gelenkt, auf die Fiktionalität und „Gemachtheit" dessen, was sie liest: Die dominante Problematik des Romans besteht in der Frage nach dem „Wie?" der Konstruktion einer Person bzw. einer Figur.

> An den Tatsachen änderte sich nichts, und das beruhigte mich und beunruhigte mich zugleich, wenn ich daran dachte, was für ein unzuverlässiger Zeitgenosse er [Max] war.[31]

Biographisches Erzählen ist immer ein nachträgliches Erzählen, es hat „einen faktischen Zielpunkt, der als das Resultat der gesamten Biographie anzusehen ist. Das biographische Erzählen strukturiert die Sachverhalte also von ihrem Resultat her"[32]. Schon die biographische Recherche orientiert sich, so ist anzunehmen, an diesem zu erreichenden Ziel, an der Bestätigung des Ausgangspunktes. Auch die Daten und Fakten von Hirschfelders Lebensgeschichte stehen scheinbar fest, das Resultat ist in seinem Fall durch seinen Tod, die „Erfüllung" seines Lebens, definiert. Zugleich wird das Interesse für die Biographie dieser Person auch durch die Postulierung seiner „Biographiewürdigkeit" gerechtfertigt: Hirschfelder ist ein zwar weitgehend vergessener, aber dennoch anerkannter jüdischer Exilschriftsteller, das – vermeintliche – Manuskript eines im Entstehen begriffenen Romans manifestiert seine Existenz- und damit Mystifikations-Berechtigung als Schriftsteller. „Fakten" und (Selbst-) Stilisierungen zum Mythos sind die Bausteine, aus denen sich das Bild Hirschfelders zusammensetzt, von dem die Erzählerin ausgeht – und mit denen sich die Erzählerin als „unfreundliche und bekümmerte Biographin" bald nicht mehr zufrieden gibt:

> Wäre ich Schriftsteller und tot, wie sehr würde ich mich freuen, wenn mein Leben sich dank eines freundlichen und unbekümmerten Biographen auf ein paar Details, einige Vorlieben und Neigungen, sagen wir auf „Biographeme", reduzieren würde, deren Besonderheit und Mobilität außerhalb jeden Schicksals stünden und wie die epikuräischen Atome irgendeinen zukünftigen und der gleichen Auflösung bestimmten Körper berührten; ein durchlöchertes Leben [...].[33]

Aus einer solchen Ansammlung von verstreuten Details hatten Exilliteraturforscher, Literaturkritiker und nicht zuletzt Max den – weitgehend – konsistenten Mythos des jüdischen Vertriebenen konstruiert, der seine unerschütterliche Würde wahrend im englischen Exil ausharrte und an einem Meisterwerk schrieb. Aus dem Überlebenden, Vertriebenen wurde eine beliebig beschreibbare Folie, die Platz bietet für Phantasmen, an denen sich das schlechte Gewissen „politisch korrekter" ÖsterreicherInnen abarbeiten kann, die

> [...] imaginäre nochmalige Anverwandlung des Opfers, um eine eigene Stimme zu erlangen. [...] Gstein gelingt es, jene bewußt verwischte Grenze zwischen Schuld und Unschuld, zwischen Einverständnis und Aufbegehren, zwischen Nazisympathisantentum und Widerständlerbewußtsein zu beleuchten, wie sie für die gesellschaftlichen Verhältnisse gerade im Nachkriegsdeutschland und -österreich kennzeichnend gewesen sind.[34]

Die Dekonstruktion des Mythos Hirschfelder erfolgt stufenweise, parallel dazu entwickelt die Erzählerin das Bewußtsein der Fragwürdigkeit biographischer Konstruktionen: Während ihrer Nachforschungen treten zu den ursprünglich bekannten Biographemen nach und nach neue hinzu, die jenen teilweise so eklatant widersprechen, daß sie die ursprüngliche Version gänzlich aufgeben muß, andere sind zwar widersprüchlich, lassen sich aber mit Mühe in das – äußerst zählebige – Bild integrieren. Gleich zu Anfang kommt der potenziellen Biographin, der „sinnstiftenden Instanz", jedoch der sinnstiftende End- und Kulminationspunkt ihrer potenziellen Biographie abhanden, statt des Meisterwerks findet sie lediglich „merkwürdige Aufzeichnungen"[35] alltäglicher Naturerscheinungen. Von dieser ersten Irritation ausgehend geht der Roman konsequent den Rück-Weg biographischer De-Konstruktion, läßt aber die LeserInnen immer wieder im unklaren darüber, ob die gewohnte Konstruktion nicht doch noch zustande kommen könnte.

Die Icherzählerin übernimmt die Rolle der Biographin, es gelingt ihr aber nicht, mehr als ihre Recherche darzustellen: Die „Person" Hirschfelder entzieht sich ihr umso mehr, je mehr sie über sie erfährt. Die sich zum Teil widersprechenden Versionen seiner drei Ehefrauen machen sein Bild nur unschärfer, die Persönlichkeit, die sich in seinen Tagebuchaufzeichnungen präsentiert, widerspricht dem Bild vom sensiblen, feingeistigen Literaten, von dem sie ausgegangen war, in einer Weise, die es nicht zuläßt, „Realität" und Vorstellung zur Deckung zu bringen. Im Gegensatz zu traditionellen Biographen macht sie diese Verunsicherung zum Thema ihres Erzählens, sie gesteht sich und ihren LeserInnen ein, daß ihr das Objekt ihrer Recherche immer mehr entgleitet. Ihre Position ist die der kommentierenden, reflektierenden und imaginierenden Beobachterin, die sich der Perspektivität jeder Wahrnehmung und jeder Erzählung bewußt ist, sie erhebt nicht den Anspruch, über eine wie auch immer geartete „Wahrheit" zu verfügen.

Erinnerung und Authentizität

Das immer wieder In-Zweifel-Ziehen ihrer eigenen wie der Erinnerung ihrer Gesprächspartnerinnen ist ein konstituierender Bestandteil des Erzählvorgangs. Die drei Frauen stellen die Person Hirschfelder in Zweiergesprächen mit der Erzählerin dar, wie sie sie in Erinnerung haben, die „Wirklichkeit" dieser Gespräche stellt sich aber als mehrfach vermittelt dar: Sehr selten und bruchstückhaft sind direkte Dialoge mit den Frauen, zumeist gibt die Erzählerin die Schilderungen der Frauen wieder, als doppelt und dreifach vermittelte Erinnerungen: Seine Ehefrauen rekonstruieren ihre Vergangenheit mit Hirschfelder oder ihre Erinnerungen an Hirschfelders Erzählungen, die Erzählerin wiederum rekonstruiert in ihrer eigenen Erinnerung diese Rekonstruktionen – und kommentiert sie gleichzeitig:

> Ich erinnere mich noch, daß sie mit ihrer Antwort zögerte, als hätte sie Angst, etwas preiszugeben, was man besser für sich behielt.[36]

Das Erzählen bewegt sich in einer Spirale von absoluter Bestimmtheit über zunehmende Verunsicherung bis zum vollständigen In-Frage-Stellen der eigenen Erinnerungsfähigkeit und wieder zurück: So entsteht ein verschachteltes System von vielfach vermittelten Erinnerungen, deren „Authentizität" immer zweifelhafter wird. Alle diese Erinnerungen verbinden sich in der Phantasie der Erzählerin zu Bildern, sie macht sich „ein Bild" von dem, was sie über Hirschfelders Leben erfährt.

> [...] und wenn ich mich anstrenge, sehe ich ihn noch an seinem wie von der Gischt verschmierten Fenster stehen, ich stelle mir vor, er war länger geblieben und schaute jetzt über die grotesk in die Dunkelheit ragenden Gestänge des Vergnügungsparks auf die unruhigen Lichter in der Themsemündung [...].[37]

Die Erkenntnis der Fragwürdigkeit subjektiver Erinnerungen und Darstellungen motiviert den Schauplatzwechsel auf die Isle of Man, wo sie durch so genannte authentische Zeugnisse glaubt, Hirschfelders Biographie ein festes Fundament unterschieben zu können; die unterstreichen aber lediglich die Fragwürdigkeit der Interpretation dieser anscheinend ursprünglichen bzw. objektivierten Zeugnisse. Die Isle of Man selbst wird der Ort, der durch seine Brüchigkeit die Unmöglichkeit der biographischen Erfassung einer Person versinnbildlicht. Hier liest die Erzählerin denn auch Bruchstücke eines Tagebuchs von Hirschfelder aus der Internierungszeit: Der unmittelbare Effekt dieser Tagebucheintragungen ist aber nicht der Eindruck eines Mehr an faktischem Wissen, an Faßbarkeit der „Person" Hirschfelder, sondern aus der Beschäftigung damit ergibt sich zunächst ein Mehr an Identifikation und Imagination:

Es begann mit dem Vermerk Überfahrt von Liverpool, mehr nicht, aber als ich es las, genügte es, daß ich am selben Ort war wie er damals, ich stand an Deck, schaute auf die stillgelegten Docks und versuchte, mir vorzustellen, wie anders wohl der Blick gewesen war, den Hirschfelder gehabt hatte, ein Blick auf das gleiche Gewirr von Schloten, Ladekränen und riesigen Tanks [...]. Während das Festland sich langsam in der Ferne verlor, sagte ich mir, er mußte erleichtert gewesen sein, wegzukommen, nach den Tagen in dem Übergangslager, über das er sich später beklagte, mußte schon eine Ahnung davon gehabt haben, was ihn erwartete, und wenn ich mich bemühte, sah ich ihn, sah Hirschfelder an der Reling lehnen, offensichtlich besorgt über den eingeschlagenen Zickzackkurs, sah ihn, wie er auf das Wasser starrte, ohne auf die Wachen zu achten, die mit den unvermeidlichen Bajonetten hinter ihm in Stellung gingen, als könnte er jeden Augenblick von Bord springen.[38]

Schon an dieser Stelle ist erkennbar, wie sehr die Interpretation der Tagebucheintragung vom Bewußtsein der Erzählerin geprägt ist, wie sehr sich die Phantasie der LeserInnen des Tagebuchs verselbständigt und jede noch so heftig angestrebte Objektivität kapitulieren muß. Bei näherer Beschäftigung mit dem Tagebuch, das nicht direkt zitiert, sondern lediglich kommentierend paraphrasiert wird, ergeben sich, ausgehend von den Erwartungen der Erzählerin, „geradezu unheimliche Lükken"[39]. Immer noch versucht sie, die „Biographeme", die einmal als Einheiten von Hirschfelders Lebensgeschichte definiert wurden, zu bestätigen bzw. eine Begründung für ihr Fehlen zu finden, weicht Widersprüchen aus, indem sie Kausalzusammenhänge und Begründungsmuster entwirft, die Unklarheiten in das „sinnvolle Ganze" eines einheitlichen Bildes integrieren könnten – gelingen kann dies der skeptischen, reflektierten Erzählerin der *Englischen Jahre* natürlich nicht: „und wenn ich mir vorzustellen versuche, wie er dastand [...] verschwimmt mir sein Bild einmal mehr vor Augen"[40]. Vor allem die Gegensätzlichkeit seiner Aussagen und das offensichtliche Fehlen einiger Details seiner Lebensgeschichte lassen die Erzählerin am Ende resignieren. Der Text bewegt sich so auf zwei Ebenen: einerseits wird die Nicht-Identität Hirschfelders mit seiner Vergangenheit, als Folge der Identitätsvertauschung, als irritierende Brüchigkeit dargestellt, andererseits wird auch die Nicht-Identität der Person mit sich selbst vorgeführt. Die Einheit der Person ohne Widersprüchlichkeiten, Brüche und unüberbrückbare Leerstellen ist nicht mehr her- bzw. darstellbar.

Erinnerung und Identität

Manifest wird die Unmöglichkeit der „Herstellung einer Lebensgeschichte" durch die Grabinschriften auf dem Friedhof der Insel: Die Biographien der Toten sind auf ihren „Namen und Todestag" zusammenge-
schrumpft, die „Grabinschrift mit den Lebensdaten, [die] Minimal‚biographie'"[41] ist gleichzeitig die „Maximalbiographie", das Maximum, was
an faktischer, authentischer Darstellung eines Lebens möglich ist, und
zeigt die Vergeblichkeit des Unternehmens, Leben, Erfahren und Fühlen
eines Toten nachzuvollziehen. Auf sprachlicher Ebene „verschmieren"
die leeren Lebensdaten noch mehr, die Leerstellen der Biographie multi-
plizieren sich, sobald versucht wird, sie in einer Narration zu überbrük-
ken. Zumal in Hirschfelders Fall selbst die Namensidentität – ein integra-
ler Bestandteil dieser „Minimalbiographie" – in Frage steht: Er habe sich
auf Reisen immer „Smith" genannt, erzählt Margaret, Hirschfelders Witwe, für die er aber trotzdem „immer der gewesen" ist, „der er war."

> „Ich habe ihn unter seinem richtigen Namen kennengelernt", war ihre
> Antwort. „Es ist klar, daß er damals wie ein Stempel gewesen sein muß."
> Das betonte sie, als ginge es nicht um ein und dieselbe Person [...].[42]

Die Biographeme, die den vermeintlichen Juden Hirschfelder definieren,
werden allesamt unter dem Eigennamen „Hirschfelder" versammelt, der
als Kurzform dieser Biographeme dient.[43] Diese Verwendung des Namens suggeriert, daß der Name all das bedeutet, was ihm an Eigenschaften, Erlebnissen und Erfahrungen zugeschrieben wird. Passagen wie diese sind Widerhaken, die Gewißheiten und Rezeptionsgewohnheiten zumindest potentiell in Frage stellen: Es wird viel über die „wahre Identität
Hirschfelders" und die Art und Weise ihrer Verschleierung enthüllt, ohne
daß die LeserInnen das an dieser Stelle bereits erkennen könnten. In allen Gesprächen über Hirschfelder geht es immer „um ein und dieselbe
Person" und zugleich um eine andere; Hirschfelder als Person besteht
aus Hirschfelder genauso wie aus Harrasser. Individualität entsteht unter anderem durch eine persönliche Geschichte des Individuums, Erinnerungen versichern der Person ihre scheinbare Einheit und Einzigartigkeit.
Gebündelt wird diese Individualität wiederum im Eigennamen, doch für
Harrasser/Hirschfelder bedeutet „Hirschfelder" nicht Identität sondern

Nicht-Identität.[44] Harrasser muß, um Hirschfelder zu werden, nicht nur diesen Namen annehmen, sondern sich auch dessen Vergangenheit aneignen; indem er den Namen Harrasser aufgibt, gibt er auch seine Vergangenheit, sein bisher gelebtes Leben auf, macht es zur reinen Fiktion. Als Hirschfelder nimmt er folgerichtig mit der einzigen Person Kontakt auf, die ihn mit seiner eigenen Vergangenheit verbindet, ohne ihn verraten zu können: mit Catherine, die er wenige Tage vor der Internierung kennen gelernt hatte.

> Drei Frauen, und sie war die erste von ihnen, seine Liebe zu ihr ein ganz und gar unwahrscheinliches Unterfangen, ein einziges Treffen, und dann über ein Jahr lang nur seine Briefe [...] er habe immer ihre erste Nacht beschworen, machte daraus ein Ereignis von geradezu mystischer Bedeutung, wiederholte in einem fort, daß sie füreinander bestimmt wären, und nannte sie in einer schwachen Stunde seinen Schatz [...].[45]

Diese Nacht hat tatsächlich „mystische Bedeutung", sie ist die einzige Erinnerung, die Harrasser in seine „geklauten" Erinnerungen als Hirschfelder übernehmen kann. Daß Catherine sich erinnert, sie habe den Eindruck gehabt, „ein Fremder", „ein Unbekannter" sei aus der Internierung zurückgekehrt, liegt daran, daß sie Hirschfelder kennen gelernt hatte, als er noch Harrasser hieß, also buchstäblich „ein anderer" geworden war, jemand mit uneigentlichen, unglaubwürdigen Erinnerungen.

> [...] sie habe immer den Eindruck gehabt, er hätte seine Erinnerungen mit ihren ganzen Ungereimtheiten versiegelt, hätte sie mit einer Plombe versehen, er hätte ihnen alles Leben entzogen, und übriggeblieben war eine eingefrorene Version, die ihm nichts anhaben konnte, ein präpariertes Ausstellungsstück.[46]

Der Name „Harrasser" ist, wo er im Text auftaucht, stets von diesem irritierenden Geheimnis umgeben, der „wirkliche" Name des vermeintlichen Hirschfelder bleibt auch im Text das, was die Erzählerin gegen Ende des Romans als sein Merkmal konstatiert: „ein Phantom", ebenso wie der „reale" Gabriel Hirschfelder, der unerreichbar verschwunden ist und so eine völlig leere Projektions- und Imaginations-Fläche bildet. Der ambivalente Umgang mit der Zuschreibung von Identität, nicht nur auf der Ebene der Namensidentität, und deren unablässigem Infragestellen wird auf der Ebene der Hirschfelder-Erzählung sukzessive eingeführt, um Irritationen bei den LeserInnen auszulösen und aufrecht zu erhalten. Die Darstellungen der Ehefrauen, die ihre Erinnerung und ihr Bild von Hirschfelder wiedergeben, erweisen sich als ebenso uneinheitlich, zum Teil unglaubwürdig und konstruiert wie die Überzeugungen, die Max' Vorstellung von Hirschfelder bestimmt hatten. Sukzessive werden die Äußerungen, die über Hirschfelder gemacht werden, skeptischer, seine Glaubwürdigkeit und Authentizität immer mehr in Frage gestellt. Die Zeugin, von der die Erzählerin authentische Informationen erwartet, die der Person Hirschfelder Kontur geben sollen, erweist sich als Dekonstrukteurin seiner Erinnerung und Zerstörerin eines festgefügten Portraits. Die Erzählerin erkennt, daß es eine nicht vermittelte Erkenntnis nicht geben kann und daß sich gleichzeitig die Bilder und Darstellungen in ihrer Phantasie zu verselbständigen beginnen, sie sich diese Geschichten einverleibt, aneignet, „wie selbstgerecht, und tatsächlich, wer war ich, mich über Dinge auszulassen, von denen ich kaum etwas wußte, [...] wer war ich, die Erinnerung an Hirschfelder auf eine so zweifelhafte Art in Anspruch zu nehmen"[47].

Neben ihrem radikalen Hinterfragen möglicher Verklärungen, Verfälschungen, Erinnerungs-Konstrukte, ist ihr Erzählen aber sprunghaft und assoziativ, sie umkreist „Kleinigkeiten", indem sie versucht, sie sich bildlich vorzustellen, dieses „ich versuchte, mir vorzustellen" bestimmt nachhaltig die Rhythmik des Textes. Unmittelbares aufmerksames Zuhören geht in eine Bilderwelt über, in den scheiternden Versuch, sich Hirschfelder als Person vorzustellen:

> Es schien wie in Malbüchern von Kindern zu sein, wo man mit Zahlen versehene Punkte verbinden mußte, und ich konnte nur immer wieder von vorn anfangen, in der Hoffnung, daß ich ihn irgendwann doch noch erwischte und daß nicht ein eckiger Clown mit Knollennase zum Vorschein kam, eine mühsam dahinwatschelnde Ente oder ein Pferd, in gestrecktem Galopp erstarrt.[48]

Gelingen kann dieser Versuch, sich eine abwesende Person vorzustellen, nur für die imaginierte Figur Gabriel, nicht aber für den „realen" Gabriel Hirschfelder.

Ein wiederkehrendes Motiv, das sowohl reale Unfaßbarkeit als auch imaginative Aneignung der Figur „Gabriel Hirschfelder" beinhaltet, ist das

Photo Hirschfelders, „das ihn unmittelbar vor seiner Ausreise zeigt, als Achtzehnjährigen, einen Koffer neben sich auf dem Boden, in der Hand eine Tasche mit einer unlesbaren Aufschrift". Dieses Bild, das während des gesamten Erzählvorgangs über dem Schreibtisch der Erzählerin hängt, verliert nach und nach jeden Realitätsgehalt, und scheint schließlich

> wie hundertmal übermalt, als müßten darunter alte Schichten erscheinen, wenn ich daran kratzte, als würde unter Hirschfelders Gesicht nicht nur das des anderen Mannes auftauchen, sondern immer ein neues. [...] so abstrus es vielleicht erscheinen mag, ich brachte es immer mit Wien in Verbindung, seit ich dort lebte, konnte es nicht ansehen, ohne daran zu denken, daß die Mauern der Stadt Abwesenheit und Verschwinden geradezu ausatmeten.[49]

Die zahllosen verschiedenen Versionen der Gestalt Hirschfelder haben seine Photographie unkenntlich gemacht, die Erzählerin ist als Biographin auch Restaurateurin, die die Mythen-Schichten mühsam abkratzt, bis sie zur „Wahrheit" seines Lebens durchdringt. Dennoch überlagern die verschiedenen Komponenten dieser Wahrheit einander wieder, auch die Entstehung der Photographie wird als quasi-authentisches Zeugnis der Flucht aus Wien wiederum Teil der Imagination: Das Vorher und das Nachher des Augenblicks, den die Photographie festgehalten hat, wird imaginierend hinzugefügt.[50] Am Ausgangspunkt der Nachforschungen, einer Photo-Ausstellung von EmigrantInnen in London, fehlt die Photographie am Ende, sie ist nur mehr ein „blinder Fleck", der an die Stelle des Mythos Hirschfelder getreten ist. Aus der Leerstelle, die zunächst der „echte" Gabriel Hirschfelder als Vertriebener in Wien hinterlassen hatte, wird die Leerstelle, die Hirschfelder/Harrasser nach dem Identitätstausch letztlich nur ungenügend ausfüllen konnte.

> Es war gleich ein mehrfaches Verschwinden, sein Verschwinden vor der irischen Küste, sein Verschwinden in Claras Erinnerung und sein Verschwinden in der mutmaßlichen Autobiographie, sofern sie überhaupt einmal existiert hatte, und darum herum rankten sich Geschichten, die um so mehr Eigenleben bekamen, je bekannter Hirschfelder wurde.[51]

Vom persönlichen Schicksal Gabriel Hirschfelders führt diese Leerstelle zur globaleren Problematik des Umgangs mit Exil und Holocaust in Österreich, besonders in Wien:

> Es erinnerte mich daran, wie Max immer gesagt hatte, er hätte nirgends auf der Welt bei so vielen Leuten, die etwas erreicht hatte, das Gefühl, sie hätten ihre Positionen zu Unrecht erlangt, [...] der Platz, den sie einnahmen, wäre zu groß für sie, [...] wäre nicht ihrer, sie wären nur Stellvertreter und müßten sich deshalb abwechselnd aufplustern [...], damit sie die Leerstellen überhaupt aushielten, die riesigen Löcher, die sich vor ihnen auftaten, und der Charme, der ihnen nachgesagt wurde, wäre nur die Mischung aus der Unverschämtheit, mit der sie sich behaupteten, und dem schon halbvergessenen Wissen darum.[52]

Eine Figur der Einbildungskraft

Die Imaginationen der Erzählerin werden als klassischer Bewußtseinsstrom dargestellt, mit dem Unterschied, daß die Reflektorfigur, der imaginierte Gabriel, mit „du" angesprochen wird. Die Erzählerin diktiert der Figur damit Beobachtungen, Erinnerungen, Gefühle und Erfahrungen, sie wendet sich mit *ihrem* imaginierten Bewußtseinsstrom scheinbar direkt an diese imaginierte Figur. Die Tatsache der Imagination und die Erzählerin als solche bleiben somit stets präsent, gleichzeitig treten sie aber durch die Intensität der „Einfühlung" in die Figur in den Hintergrund. So entsteht paradoxerweise die am ausgeprägtesten mit einer Biographie und einem Bewußtsein ausgestattete Figur des Romans lediglich in der Einbildung einer phantasiebegabten Erzählerin: die Gefühlswelt eines sensiblen, zurückhaltenden Beobachters, dessen Leiden unter den Exil- und Internierungsbedingungen ihm seine Bewegungs- und Handlungsfähigkeit nehmen und ihn zunehmend erstarren lassen. Die „Person", die hier vorgeführt wird, steht in immer krasserem Gegensatz zur Persönlichkeit Hirschfelders, die durch die Recherche zum Vorschein kommt.

Beobachtungen werden in den – im Gegensatz zur Auffächerung der Zeitebenen innerhalb der Kapitel exakt und chronologisch datierten Kapiteln – von kurzen, bruchstückhaften Dialogen abgelöst, die wiederum Assoziationen und Erinnerungen auslösen. Vergangenheit und Gegenwart vermischen sich und verdeutlichen die gleichzeitige Präsenz verschiedener Bewußtseinsebenen in der Reflexion. Die LeserInnen befinden sich durch diese „Close-up-Technik"[53] in der ambivalenten Situation, EmpfängerInnen von Zuschreibungen und Zuschreibende zugleich zu sein: Indem sich die Erzählerin an ein „Du" wendet, bildet sie eine unmittelbare Kommunikationssituation ab, die LeserInnen fühlen sich direkt angesprochen. Tatsächlich wendet sich dieses „du" jedoch an jemanden, der eigentlich außerhalb der Fiktion des Romans steht, an das Phantasma „Gabriel Hirschfelder", „den Verschwundenen [...], der meine Phantasie mehr beschäftigte als er [Hirschfelder]"[54] und dem eine Geschichte, Gefühle, Beobachtungen und Beziehungen zugeschrieben werden.

> Du hast die beiden Posten lachen gehört, hast gehört, wie sie an ihren Gewehren herumhantierten, wie sie damit spielten, das satte, ölige Geräusch, wenn sie ihre Magazine einrasten ließen, das helle Klicken der Schlösser, den ausbleibenden Knall, hast gehört, wie der Blasse etwas Unverständliches murmelte, und der mit der Narbe schwieg wieder, hast gehört wie der Wind in die Bäume hinter der Begrenzungsmauer fiel, das Rieseln der Blätter und die Stille der Nacht, in der längst kein Auto mehr fuhr, und auf einmal war es die gleiche wohlige Wärme, die dich als Kind auch im Zeltlager immer eingelullt hatte, die Gewißheit, du würdest nicht mehr aufstehen müssen, würdest liegenbleiben, und die Gespenstergeschichten, die ihr euch vor dem Einschlafen erzählt hattet, wären kein Grund, sich zu fürchten, bis ihr, vom Rauch des Feuers ins Freie getrieben, mitten im Wald in der Dunkelheit gestanden seid und zugesehen habt, wie ein auf der Haut sich klebrig anfühlender Nebel aus dem Boden aufgestiegen ist.[55]

Diese Dialog-Form impliziert jeweils die Zustimmung des „Du", die (imaginäre) Antwort auf die Zuschreibungen von Erinnerungen, Beobachtungen, Erfahrungen und Gefühlen würde „ja, so war es" lauten. Trotzdem *kann* es so nicht gewesen sein – Authentizität wird hier nur simuliert, die Konstruktion authentischer Erfahrung vorgeführt, „wahr", „real" ist das alles nicht, nichts davon ist tatsächlich so passiert. Obwohl sie als Äußerungsursprung immer präsent bleibt, rückt die Stimme der Erzählerin in den Hintergrund, die LeserInnen identifizieren sich mit dem imaginierten Gabriel, nicht mit der Erzählerin als Ursprung dieser Imagination.

Dabei ist beinahe jedes Detail dessen, was die Erzählerin Gabriel an Erlebnissen zuschreibt, Ergebnis ihrer Recherche, Teil eines kollektiven Gedächtnisses oder anhand historischer Daten und Fakten nachvollziehbar:

> Denn das Entscheidende bei Recherchen ist, daß man das meiste davon wieder vergißt, oder vielleicht nicht vergißt, aber daß man sich jedenfalls hütet, alles auszuplaudern und statt dessen versucht, ein Destillat daraus zu gewinnen.[56]

Gstrein zeigt damit, wie Informationen, Erfahrungen, Erinnerungen sich in unserer Phantasie zu Bildern und Geschichten formen, und gleichzeitig, wie der kreative Prozeß des Erzählens sich vollzieht. Was etwa die Erzählerin über den „wirklichen" Gabriel Hirschfelder erfährt, ist relativ wenig, diesen Mangel an Fakten gleicht sie durch eine Art „Recycling" der Informationen aus, die sie während ihrer Recherche gesammelt hat. Ob sie nun die imaginierte Vergangenheit Hirschfelder/Harrassers oder die des verschwundenen „Anderen" betreffen – die Imaginationen bleiben im wesentlichen die selben, neue Informationen werden integriert und verursachen eine Bedeutungsverschiebung – zumeist zwischen „Gabriel" und „dem Neuen" Harrasser –, nicht aber eine grundlegende Revidierung der imaginierten Szene an sich. Die LeserInnen können aber den Informationsvorsprung, den sie durch die diskontinuierlich auftretende Verdoppelung von Hirschfelder-Biographemen auf der Gabriel-Ebene erhalten, nicht nutzen, weil sie sich von der Gleichsetzung „Gabriel = Hirschfelder" aufgrund eingefahrener Rezeptionsmuster nicht trennen können. Sie versuchen automatisch, die irritierende Plazierung solcher lebensgeschichtlicher Details zu erklären, sie in einen einheitlichen Kausalzusammenhang zu bringen – und erfüllen so unbewußt die traditionelle Aufgabe der Biographin. Gstrein geht dabei sehr behutsam vor, die Irritationen steigern sich schrittweise, lediglich an kleinen Details läßt sich die Verstreuung von einander widersprechenden bzw. nicht zueinander passenden Biographemen erkennen, die die Konstruktion einer konsistenten Person „Gabriel Hirschfelder" durch die LeserInnen unterwandern. Die Übertragung von Eigenschaften, Tätigkeiten und Erfahrungen von „realen" auf imaginierte Figuren und die diskontinuierliche, willkürlich erscheinende Verteilung dieser Details bewirkt letztlich, daß auch den LeserInnen mehr und mehr „der Boden" eindeutig fixierbarer Wahrheiten „unter den Füßen weggezogen wird". Diese Methode verweist beständig darauf, daß es sich um einen kreativen, *fiktiven* Prozeß der Konstruktion von Figuren sowohl auf der textinternen Ebene der Erzählung als auch auf den textexternen Ebenen des realen Autors Norbert Gstrein und der realen LeserInnen handelt.

Das Spannungsverhältnis innerhalb der Gabriel-Ebene ist vor allem dadurch bestimmt, daß die Erzählperspektive die absolute Fiktivität des Erzählten deutlich macht, gleichzeitig ist diese Fiktion aber in die Realgeschichte eingewoben bzw. vice versa. Am Ende läßt sich Gabriels Exil- und Internierungsgeschichte anhand historischer Fakten lückenlos nachvollziehen. Im Gegensatz dazu ist weder genau feststellbar, wann Harrasser Österreich verlassen hat, noch wo er sich zwischen seiner Ankunft in Großbritannien und der Internierung aufgehalten hat: Die imaginierte Figur ist sozusagen „beobachtbar", „überwachbar", bei der „realen" Figur, deren „reale" Wege erst rekonstruiert werden müssen, ist das nicht möglich. Gleichzeitig wird diese imaginierte Figur mit einer überzeugenden Gefühlswelt und genau registrierender Wahrnehmung ausgestattet, die sie sehr nahe an die LeserInnen heranführt und es ihnen ermöglicht, in diese beobachtende, sich erinnernde und reflektierende Figur regelrecht „hineinzuschlüpfen".

Während Hirschfelder seine individuelle Subjektivität zum Großteil nicht auf seine eigenen Erlebnisse, Erfahrungen und Erinnerungen beziehen kann, sondern die eines anderen übernimmt, werden Gabriel „seine eigenen" Erinnerungen zugeschrieben, er wird sozusagen beim Prozeß des Erinnerns beobachtet: Sein Erinnern erfolgt assoziativ, ist Teil eines pausenlos fließenden Bewußtseinsstroms, in dem Sinneswahrnehmungen, Reflexionen und Erinnerungen ständig ineinander übergehen bzw. auseinander hervorgehen. Gstrein bildet auf der Gabriel-Ebene die Gleichzeitigkeit verschiedener Bewußtseinsebenen ab, der sprunghafte Wechsel zwischen Gegenwart und unterschiedlichen Vergangenheitsstufen läßt die LeserInnen diesen Assoziationsvorgang unmittelbar „miterleben", übt einen starken Identifikations-Sog aus. Die Fragmente, aus denen Hirschfelders Erinnerung besteht, werden mit „Gehalt" gefüllt, mit Gefühlen versehen, die für die LeserInnen das Erleben und Erleiden von Verfolgung, Exil und Internierung nachvollziehbar machen. Durch die Imagination und die Narration lebendig gemachte Erinnerung trifft auf die „Distanziertheit" und „Kälte" Hirschfelders angesichts seiner Erinnerung, die wirkt, „als weigerte er sich, einen Zusammenhang herzustellen, eine Kette, wenn auch eine zerrissene, deren letztes Glied er selbst war"[57].

> Tatsächlich hatte er nur immer neue Geschichten erfunden, weil er sich selbst dahinter verbarg, hatte aus schlechtem Gewissen seine Lügengebilde errichtet, weil der andere, für den er sich ausgab, an seiner Stelle umgekommen war, bis ihn allein schon die Notwendigkeit, Unzulänglichkeiten in seiner Darstellung zu kaschieren, dazu zwang, sich wenigstens in der Wechselhaftigkeit seiner Hirngespinste treu zu bleiben.[58]

Die sukzessive im Reflexionsprozeß hinzukommenden Fragmente von Gabriels Erinnerung ergeben dagegen schließlich insgesamt eine konsistente Lebensgeschichte, in der er selbst genauso wie die Figuren um ihn herum zu einer „Person" wird. Der Eindruck dieser Konsistenz bleibt *innerhalb* der Gabriel-Ebene lange Zeit aufrecht, Irritationen ergeben sich ausschließlich im Vergleich mit der Hirschfelder-Ebene. Erst in Gabriels letztem Kapitel, *S.S. Arandora Star, Nordatlantik, 2. Juli 1940*, als sein Tod eigentlich schon feststeht, tauchen plötzlich Erinnerungen an die Zeit vor seiner Flucht auf, die innerhalb der Lebensgeschichte, die die LeserInnen kennen, unmöglich sind. Diese Erinnerungsversionen sind ebenfalls in der Imagination der Erzählerin entstanden, sie verdeutlichen aber die Fiktivität dieser Lebensgeschichte, indem sie darauf verweisen, daß „Gabriel Hirschfelders" „reales" Leben ganz anders gewesen sein muß –, „denn im Gegensatz zu dem Wort ‚Realität' schließt das Wort ‚Wirklichkeit' auch das Mögliche ein, und möglich wäre die Existenz meines Helden gewesen"[59]. Trotz aller Irritation erzeugen aber auch diese Erinnerungsversionen die bekannte authentische, „wirkliche" Wirkung: Gabriels Angst vor einem Auseinanderbrechen seiner Welt, die durch die nationalsozialistische Machtergreifung droht, wird selten so eindringlich dargestellt wie gerade in diesen Passagen.

Norbert Gstrein erhebt nicht den Anspruch, für die Frage nach der Erzählbarkeit der Wirklichkeit und nach dem fragilen Verhältnis zwischen Realität und Fiktion mit der dargestellten Verquickung von Realität und Imagination abschließende Antworten zu liefern: An seinem Roman *Die englischen Jahre* kann abgelesen werden, wie Gstrein standardisierte
Wahrnehmungsweisen thematisiert, diese einerseits nachvollzieht und
gleichzeitig ihre von Emotionalisierung und Fiktionalisierung geprägte
Gemachtheit bloßlegt. Auch in dem 2003 erschienenen Roman *Das
Handwerk des Tötens* steht die Skepsis dem eigenen Erzählen gegenüber und die Frage, wie das Erzählen zur Abbildung der Wirklichkeit
geeignet sei, im Vordergrund. Der Journalist Paul scheitert darin ebenfalls
an dem Versuch, über einen Toten, den im Kosovo erschossenen Journalisten Christian Allmayer, zu schreiben. Sein Scheitern resultiert im Unterschied zu Hirschfelders Biographin aber nicht aus der Reflexion und
Problematisierung des eigenen Erzählens, sondern daran, daß er die Un-
terscheidung zwischen Realität und Fiktion zugunsten seiner Jagd
nach dem „Plot" völlig aufgibt, nach spektakulären Einstellungen und –
wie er sie nennt – „ergiebigen" Todesarten für seine Figuren. Paul gelingt
es schließlich nicht mehr, zwischen Wirklichkeit und Imagination zu unterscheiden, das Verhältnis zwischen beiden zu reflektieren und eine
Sprache zu finden für die Bilder, die er imaginiert. Am Ende zerbricht er an
einem Zuviel der „Hyäne" Fiktion, für die die Wirklichkeit nur mehr als
„Aas" zu gebrauchen ist. Allmayer dagegen, der jahrelang als vermeintlich unbeteiligter Beobachter die Grausamkeiten des Krieges im zerbre-
chenden Jugoslawien miterlebt und journalistisch wiederzugeben versucht hat, geht an diesem Zuviel an Realität zugrunde. Er habe „am Ende
die Parallelwelten einfach nicht mehr ausgehalten. ‚Er hat gesagt, entweder man ist ganz im Krieg oder gar nicht'."[60]
Norbert Gstrein serviert keine Lösungen, sondern stellt vor allem Fragen,
immer bleibt dabei ein Reflexionsraum offen, werden Eindeutigkeit oder
abschließende Antworten vermieden. Seine Texte behaupten nicht zu
wissen, wie das Erzählen von Lebensgeschichten oder das Schreiben
über den Krieg gelingen könnte. Es geht vielmehr darum, die Toten und
die Opfer nicht mit den Mitteln der Sprache und der Literatur hinter weiteren Bildern verschwinden zu lassen: Sie bleiben sichtbar durch die Beobachtungen und Reflexionen aufmerksamer und bewußter Erzähl-Figu-

ren, durch die explizite Konstruiertheit der Texte, die der Emotionalisierung in medial vermittelter Wahrnehmung Fiktionalisierung und Distanzierung entgegensetzen.

> Die Erfindung und Ausarbeitung einer Sprache für den Verlust und das Verschwinden scheint mir die erste und ernsteste Aufgabe zu sein, die Norbert Gstrein gewählt hat.[61]

Anmerkungen:

[1] Wolfgang Hildesheimer: *Marbot*. In: W. H.: *Gesammelte Werke in sieben Bänden*. Hrsg. v. Christiaan Lucas Hart Nibbrig und Volker Jehle. Bd. 4: *Biographische Prosa*. Frankfurt/Main: Suhrkamp 1991, S. 65.

[2] Marlene Streeruwitz: *Nachwelt*. Ein Reisebericht. Roman. Frankfurt/Main: Fischer 1999.

[3] Anna Mitgutsch: *Haus der Kindheit*. Roman. München: Luchterhand 2000.

[4] Lilian Faschinger: *Wiener Passion*. Roman. Köln: Kiepenheuer und Witsch 1999.

[5] Norbert Gstrein: *Die Differenz*. Fakten, Fiktionen und Kitsch beim Schreiben über ein historisches Thema. Rede, gehalten auf einer Tagung der Erich-Fried-Gesellschaft Anfang Dezember 1999 in Wien. In: Büchner. Literatur. Kunst. Kultur (Frankfurt/M.) (2000), S. 10. Gstrein kritisiert hier insbesondere den Schriftsteller und Literaturkritiker Karl-Markus Gauß.

[6] Guido Graf: „*Was ist die Luft unserer Luft?*" Die Gegenwart der Vergangenheit in neuen deutschen Romanen. In: *Der deutsche Roman der Gegenwart*. Hrsg. v. Wieland u. Winfried Freund. München: Fink 2001, S. 17.

[7] Norbert Gstrein in: Peter Blaha: *Auf der Suche nach Heimat*. Interview mit Norbert Gstrein. In: Bühne (2001), H. 2, S. 25.

[8] Norbert Gstrein: *Die englischen Jahre*. Roman. Frankfurt/Main: Suhrkamp 1999. Im Folgenden zitiert als: DeJ.

[9] Norbert Gstrein: *Das Handwerk des Tötens*. Roman. Frankfurt/Main: Suhrkamp 2003, o.S.

[10] Norbert Gstrein: *Wem gehört eine Geschichte?* Fakten, Fiktionen und ein Beweismittel gegen alle Wahrscheinlichkeit des wirklichen Lebens. Frankfurt/Main: Suhrkamp 2004, S. 11.

[11] Gstrein, *Die Differenz*, S. 7.

[12] Der vorliegende Text beruht auf: Veronika Leiner: „*Die Geschichte, die aus einem Pappkameraden einen wirklichen Menschen macht"*. Biographische De-Konstruktion in Norbert Gstreins Roman *Die englischen Jahre*. Salzburg, Dipl.arb. 2001.

[13] Max Frisch: *Rip van Winkle*. Hörspiel. In: M. F.: *Gesammelte Werke in zeitlicher Folge*. Bd. 3: 1949-1956. Frankfurt/Main: Suhrkamp 1986. (= suhrkamp taschenbuch. 1403.) S. 813.

[14] Gstrein, *Die Differenz*, S. 8.

[15] Norbert Gstrein: *Die englischen Jahre. Selbstportrait mit einer Toten*. Lesung und Gespräch. Unveröffentlichte Tonaufnahme aus dem „Literaturhaus Salzburg" v. 25.5.2000.

[16] Trotz der vergleichsweise großzügigen Haltung der britischen Behörden gegenüber Flüchtlingen aus dem „Deutschen Reich" wurden 1940/41 (ab dem Kriegseintritt Großbritanniens) „enemy aliens" – sowohl jüdische Flüchtlinge, als auch NS-Sympathisanten – zumindest für einige Wochen interniert, viele nach Kanada, Neuseeland etc. deportiert. Vgl. u.a. Leni u. Peter Gillman: ‚*Collar the Lot!'* How Britain interned and expelled its wartime refugees. London: Quartet Books 1980.

[17] Klaus Nüchtern: *Versuch, ein Mann zu sein*. [Interview]. In: Falter (Wien) v. 30.7.1999, Nr. 30, S. 48.

[18] Vgl. Hildesheimer, *Marbot*, S. 469f.

[19] Pierre Bourdieu: *Die Illusion der Biographie*. Über die Herstellung von Lebensgeschichten. Aus dem Französischen von Friedrich Balke. In: Neue Rundschau 102 (1991), H. 3, S. 109.

[20] Ebda, S. 110.

[21] Wolfgang Hildesheimer hat dies anhand seines „Buches" *Mozart* und der – vollständig fiktiven – „Biographie" *Marbot* exemplarisch vorgeführt.

[22] DeJ, S. 384.

[23] In: Wolfgang Hildesheimer: *Gesammelte Werke in sieben Bänden*. Hrsg. v. Christiaan Lucas Hart Nibbrig und Volker Jehle. Bd. 4: *Biographische Prosa*. Frankfurt/Main: Suhrkamp 1991, S. 288.

[24] Ebda, S. 262.

[25] Ebda, S. 469f.

[26] Nüchtern, *Versuch, ein Mann zu sein*, S. 48.

27 Vgl. Klaus Zeyringer: *Der Romanschriftsteller als unzuverlässige Gestalt.* Zu Norbert Gstreins „Die englischen Jahre". In: Literatur und Kritik (1999), Nr. 339/340, S. 93.

28 Gstrein, *Die Differenz*, S. 13f.

29 Hubert Winkels: *Original und Fälschung.* Norbert Gstrein spielt dem Leser einen Streich. In: Die Zeit v. 14.10.1999, Nr. 42.

30 DeJ, S. 387.

31 DeJ, S. 389.

32 Jochen Rehbein: *Biographisches Erzählen.* In: *Erzählforschung.* Ein Symposion. Hrsg. v. Eberhart Lämmert. Stuttgart: Metzler 1982. (= Germanistische Symposien. Berichtsbände. 4.) S. 54.

33 Roland Barthes, zit. nach: Ulrich Raulff: „ *Wäre ich Schriftsteller und tot...* " Vorläufige Gedanken über Biographik und Existenz. In: *Literatur und Kulturwissenschaften.* Positionen, Theorien, Modelle. Hrsg. v. Hartmut Böhme u. Klaus R. Scherpe. Reinbek: Rowohlt 1996. (= rowohlt enzyklopädie. 575.) S. 189.

34 Claudia Kramatschek: *Norbert Gstrein.* In: *Kritisches Lexikon der Gegenwartsliteratur (KLG).* Hrsg. v. Heinz Ludwig Arnold. 65. Nlg. München: edition text + kritik 2000, S. 9.

35 DeJ, S. 38.

36 DeJ, S. 39.

37 DeJ, S. 24f.

38 DeJ, S. 159f.

39 DeJ, S. 264.

40 DeJ, S. 266.

41 Vgl. Neva Šlibar: *Biographie, Autobiographie.* Annäherungen, Abgrenzungen. In: *Geschriebenes Leben.* Autobiographik von Frauen. Hrsg. v. Michaela Holdenried. Berlin: E. Schmidt 1995, S. 397.

42 DeJ, S. 32f.

43 Edgar Schneider: *Eigennamen.* Eine sprachphilosophische Untersuchung. Würzburg: Königshausen & Neumann 1994. (= Epistemata. Reihe Philosophie. 160.) S. 9ff.

44 „Bin ich der, der W.B. heißt, oder heiße ich bloß einfach W.B.? [...] Der Habitus eines gelebten Lebens: das ist es, was der Name aufbewahrt, aber auch vorzeichnet." Walter Benjamin, zit. nach: Bernd Stiegler: *Die Aufgabe des Na-*

mens. Untersuchungen zur Funktion der Eigennamen in der Literatur des zwanzigsten Jahrhunderts. München: Wilhelm Fink 1994, S. 20.

[45] DeJ, S. 123.

[46] DeJ, S. 136f.

[47] DeJ, S. 159.

[48] DeJ, S. 131.

[49] DeJ, S. 382f.

[50] Vgl. DeJ, S. 75.

[51] DeJ, S. 371.

[52] DeJ, S. 383.

[53] Winkels, *Original und Fälschung*.

[54] DeJ, S. 371.

[55] DeJ, S. 70.

[56] Gstrein, *Die Differenz*, S. 14.

[57] DeJ, S. 70.

[58] DeJ, S. 345.

[59] Hildesheimer, *Marbot*, S. 255.

[60] Gstrein, *Das Handwerk des Tötens*, S. 234.

[61] Jorge Semprún: *Wovon man nicht sprechen kann*. In: Norbert Gstrein u. J. S.: *Was war und was ist*. Reden zur Verleihung des Literaturpreises der Konrad-Adenauer- Stiftung am 13. Mai 2001 in Weimar. Frankfurt a. M.: Suhrkamp 2003, S. 12.

Daniel Kruzel

Die Notwendigkeit des Faktischen

Über die Spuren Gabriel Grüners in Norbert Gstreins Roman
Das Handwerk des Tötens

I.

„Ein Schreiben über den Krieg muss das Schreiben selbst, das Misslingen des Schreibens über den Krieg thematisieren."[1]

Seit der Veröffentlichung des Romans *Die englischen Jahre*[2], dem ebenso wie dem Roman *Das Handwerk des Tötens*[3] ein historisches Thema zugrunde liegt, begleitet Norbert Gstrein sein Schreiben mit einer Vielzahl von Epitexten, die immer wieder auf die Konzeption seiner Poetik hinweisen. In dem 2004 veröffentlichten Essay *Wem gehört eine Geschichte? Fakten, Fiktionen und ein Beweismittel gegen alle Wahrscheinlichkeit des wirklichen Lebens*[4] verteidigt er seinen 2003 erschienen Roman *Das Handwerk des Tötens* gegen Vorwürfe seitens der Rezeption, die sowohl den Roman als auch den Autor kritisieren. Wie die Romane *Esra* von Maxim Biller oder *Meere* von Alban Nikolai Herbst geriet auch *Das Handwerk des Tötens* unter Verdacht, ein Schlüsselroman zu sein. Für die Figur des Christian Allmayer habe, so lautet der Vorwurf, der 1999 im Kosovo umgekommene Journalist Gabriel Grüner das Vorbild abgegeben. Iris Radisch ist beispielsweise davon überzeugt, daß dem Roman „ein ‚echter', zumal weitgehend bekannter Lebensstoff zugrunde [liege], vor dem er durch seine erzählstrategischen Bemühungen jedoch ständig auf der Flucht ist, ohne einen eigenen, literarischen Stoff hervorzubringen"[5]. Es handle sich somit um einen „Schlüsselroman, der sich überdies als Nicht-Schlüsselroman verschlüsseln will"[6]. Mit dieser Ansicht steht Iris Radisch nicht alleine da, denn auch nach Werner Krause „rekonstruiert [Gstrein] die Lebensgeschichte des 1999 im Kosovo ums Leben gekommenen ‚Stern'-Kriegsberichterstatters Gabriel Grüner"[7]. Roland Mischke glaubt, daß „alles eins zu eins"[8] wiedergegeben worden sei. Ein

134

in ihrer Kritik scheinbar stärkeres Gewicht erhalten diejenigen, die mit dem Leben Gabriel Grüners direkt in Berührung gekommen sind und sich als Nachlaßverwalter verstehen. Dazu gehört neben Sabine Gruber auch Beatrix Gerstberger, die Lebensgefährtin Gabriel Grüners, die gesagt haben soll, daß es sich bei diesem Roman um eine „pietätlose Abrechnung mit einem Toten"[9] handle. Sie selbst hat im Februar 2003 ein Buch mit dem Titel *Keine Zeit zum Abschiednehmen*[10] veröffentlicht, in dem sie von der gemeinsamen Zeit mit Gabriel Grüner, seinem Tod und ihrem Leben danach berichtet. Es handelt sich hierbei um eine Art Ratgeberbuch für Betroffene[11], das sie deswegen herausgebracht habe, weil sie selbst zu diesem Thema „kaum etwas gefunden"[12] hat.

Sabine Grubers Roman *Die Zumutung* ist von Norbert Gstrein als eine gegen ihn gerichtete Kritik aufgefaßt worden.[13] Eine Nebenfigur namens Holztaler will über einen Journalisten, der in Sarajevo von einem Heckenschützen erschossen worden ist[14], einen Roman mit dem Titel *Die bosnischen Jahre*[15] schreiben. Die Ich-Erzählerin, die wie Holztaler zum Bekanntenkreis des Journalisten gehört, fragt ihn, ob er über „diese schreckliche Geschichte schreiben"[16] müsse, und wirft ihm vor, „wirklich keine Phantasie"[17] zu haben. Ist diese Textstelle als Kritik zu verstehen, richtet sie sich nicht explizit gegen den Roman *Das Handwerk des Tötens* als vielmehr gegen das Vorhaben an sich, über einen authentischen Mordfall ein Buch schreiben zu wollen.

Dabei hat Gstrein die Spur, die zu Grüner führt, selbst gelegt. Neben der Zueignung „i za Suzanu" (HDT 9) findet sich die explizite Widmung: „*zur Erinnerung an / Gabriel Grüner (1963-1999) / über dessen Leben und Tod / ich zu wenig weiß / als daß ich / davon erzählen könnte*" (HDT 7). Nach der Lektüre des Romans wird klar, daß es sich hierbei um eine Art Zusammenfassung der dort verhandelten Probleme handelt. Allmayer, ein Journalist, wird im Kosovo ermordet. Sein vermeintlicher Freund Paul fühlt sich dazu berufen, einen Roman über ihn zu schreiben. Dieses Vorhaben mißlingt, und er bringt sich in einem Zagreber Hotelzimmer um. Der Ich-Erzähler, mit dem Paul kurz vor Allmayers Tod Bekanntschaft geschlossen hat, ist es, der von dieser Romangenese berichtet. Von zentraler Bedeutung für die Handlung ist ein Interview Allmayers mit dem damaligen Kriegsherrn Slavko, den Paul für Allmayers Tod verantwortlich macht. Dieses wird zur Aporie, die das Romankonzept Pauls unmöglich erscheinen läßt. Der Versuch, das Faktische mit Gewalt in eine homogenisierende Geschichte zu verpacken, endet mit dem Suizid. Bestandteil der Komplexität des Romans *Das Handwerk des Tötens* ist eine weitere Ebene, die durch die zahlreichen Frauenfiguren – zu diesen gehören Helena, Lilly, Isabella und Pauls Ehefrau – etabliert wird, so daß die eigentliche Motivation der Beteiligten immer unklarer wird.

Gstreins Roman, der sich mit dem Schreiben über die Staatszerfallkriege der ehemaligen Bundesrepublik Jugoslawien auseinandersetzt, verweist durch die Widmung zu Beginn auf das Faktische, sagt somit aber auch, daß er das Leben Gabriel Grüners nicht in Fiktion auflösen kann. Die Frage, die sich hieraus ergibt, ist, inwieweit überhaupt über einen Krieg erzählt werden kann und wie das Verhältnis zur Wirklichkeit auszusehen hat. Ist ein Bezugspunkt wie beispielsweise Gabriel Grüner nicht sogar notwendig, um das wirklich Geschehene nicht mit Fiktion zu überdekken? Diese Fragen erscheinen vor allem dann von Bedeutung, wenn man z.B. bedenkt, daß der Staatszerfall Jugoslawiens von Slobodan Milošević auch durch die Reaktivierung des Amselfeldmythos[18] vorbereitet worden ist. Die politische Erzählung darf durch den Autor nicht reproduziert werden. Die Literatur kann der Ort der Indifferenz sein und sich gegen eine politische, juristische und mediale Eindeutigkeit stellen. Auf diese Weise widersetzt sich Gstrein der „Suche nach der einen Wahrheit" und ist der Ansicht, daß „der Verzicht auf den päpstlichen Anspruch darauf […] zur Folge [hat], dass die Wahrnehmung realistischer wird"[19]. Sein Anliegen ist es, „die schon vorhandenen Bilder vom Krieg zu kommentieren"[20], anstatt neue zu schaffen. Daher muß angezweifelt werden, ob die Kritik mit einem Begriff wie „Schlüsselroman" dem Text gerecht wird. Ähnlich verhält es sich mit dem im Roman angewandten Intertextualitätsprinzip, welches deskriptiv und poststrukturalistisch zugleich ist, d.h., daß sowohl Zitate, Allusionen als auch die außerliterarische Wirklichkeit als Bezugspunkt zu begreifen sind. Die Kritik hingegen hat sich fast ausschließlich auf das Entdecken der Allusionen gestürzt.

Gstrein setzt sich in seinen Epitexten immer wieder mit den Fragen auseinander, wie über historische Ereignisse und speziell über den Krieg geschrieben werden kann. Diese Reflexion findet auch in seinem Roman *Das Handwerk des Tötens* statt, so daß in unterschiedlichen literarischen Gattungen die selben Probleme erörtert werden. In einem zweiten

schen Gattungen die selben Probleme erörtert werden. In einem zweiten Schritt wird es um die Bezüge des Romans zu Gabriel Grüner gehen. Vielleicht aus Angst vor dem Stigma des Schlüsselromans behauptet Gstrein, daß „abgesehen von ein paar äußeren Daten" der Roman „nichts mit Gabriel Grüner gemein hat"[21]. Mit Hilfe der von Grüner beim *Stern* veröffentlichten Artikel wird untersucht, ob im *Handwerk des Tötens* nicht vielmehr eine dezidierte Auseinandersetzung mit diesen Texten stattfindet.

II.

Norbert Gstrein stellt seine eigene Poetik nicht konkret dar, sondern verweist vor allem darauf, was seine Literatur nicht sein will. Dieses Spiel mit der Verneinung ist nicht nur Teil eines eigenen propagierten Schriftstellerbildes, sondern ein Vermeiden ideologischer Sichtweisen. Einen Beweggrund seines Schreibens sieht er darin, „nicht Stellung beziehen"[22] zu müssen. Teil seiner oppositionellen Haltung ist es, sich einer im Menschen festgesetzten Metaphorik zu widersetzen. Bezüglich des Individuums und der Sprache stellt er fest:

> Das Erschreckende daran [am eigenen Sprachgebrauch] ist, zu sehen, daß man offenbar, ob man will oder nicht, formatiert ist, daß man gewisse Schemata, wenn schon nicht mit der Muttermilch, so doch mit der Sprache und mit den Bildern, die einem vorgesetzt werden, aufgenommen hat und allem Anschein nach selbst dann noch Reste davon in sich bewahrt, wenn man meint, sie längst schon zertrümmert zu haben.[23]

Dies bedeutet, daß die Wahrnehmung durch die metaphorische Verwendung der Sprache festgeschrieben zu sein scheint. Dem zu entgehen, hätte zur Folge, einen sich der Eindeutigkeit verweigernden Sprachgebrauch zu wählen.

Eine besondere Relevanz bekommen Gstreins Überlegungen deswegen, weil er sie in Bezug zum Schreiben über historische Themen setzt. Ereignisse, die sich in der außerliterarischen Wirklichkeit zugetragen haben, treffen auf die Fiktionalität des Romans. Bezüglich der vorangegangenen Überlegungen bedeutet dies beispielsweise, daß ein Widerstand gegen die in den Medien zu verortende Metaphorik stattfindet. Für Gstrein ist bei der Übersetzung der historischen Geschehnisse in Literatur das Verhältnis zwischen Fakten und Fiktion von großer Wichtigkeit, denn „[b]ei einem Roman, der ein Spiel mit Fakten und Fiktionen treibt, müssen die historischen Hintergründe exakt recherchiert sein"[24]. Entscheidend ist dies vor allem in Hinblick auf die Autoren, die selbst, wie beispielsweise die Nachgeborenen, nicht in die historischen Geschehnisse direkt einge-bunden sind. Sie scheitern, „weil in ihnen die Beziehung zwischen Fakten und Fiktion nicht geklärt ist, weil sie an eine naive Abbildbarkeit glau-ben"[25]. Realität, die zu begreifen schwierig ist und die womöglich Leer-stellen aufweist, darf nicht durch Fiktion als einfach und begreifbar dar-gestellt werden. Gstrein verweist, um das Problem zu veranschaulichen, auf Bernard-Henry Lévys Buch *Wer hat Daniel Pearl ermordet?* In die-sem scheint die Fiktion „nur als untergeordnetes Überbrückungsmittel" zu dienen, „so daß man sich fragt, wozu eine solche Überbrückung, war-um nicht Leerstellen, wenn es sie notwendigerweise gibt"[26]. Eine dieser Leerstellen ist der Moment, in dem Daniel Pearl stirbt. Lévy versucht „dem Leser die letzten Augenblicke Daniel Pearls aus dessen eigener Sicht zu vergegenwärtigen"[27]. Hier soll etwas erfahrbar gemacht werden, von dem wir nicht wissen können. Auf diese Weise erscheint das Fiktive in einem dokumentarischen Buch selbst als wahr. Der absolute Schrek-ken wird auf eine Erzählung reduziert, was zur Folge hat, daß wir glauben das Nichtbegreifbare verstehen zu können. Diese Nähe empfindet Gstrein als „Obszönität und Pornographie"[28]. An diesem Beispiel wird deutlich, warum sich Gstrein dagegen sträubt, neue Bilder zu kreieren und es vielmehr sein Anliegen ist, „die schon vorhandenen Bilder vom Krieg zu kommentieren"[29]. Die Schwierigkeit liegt nicht nur darin, wie über ein wirkliches Ereignis geschrieben wird. Das Beispiel Lévy zeigt, daß die Fiktion bereits auf der Realitätsebene die Wahrnehmung be-stimmt und daher nichts mehr unbegreifbar bleibt. Gstrein hingegen sieht den Schriftsteller als einen „Fachmann, wenn überhaupt, höchstens da-für, die Risse zwischen Fiktion und Wirklichkeit sichtbar zu machen"[30]. Die Kriege in der ehemaligen Bundesrepublik Jugoslawien ohne Schwie-rigkeiten begreifbar darzustellen, ist schon alleine deswegen problema-tisch, weil auf diese Weise eine Haltung übernommen wird, die der der politischen Machthaber ähnlich ist. Denn in der politischen Rechtferti-gung des Krieges sind Mythen und Geschichten immer wieder reaktiviert worden. Daher darf ein ideologischer Umgang mit Fiktion, wie er in der politischen Realität stattfindet, nicht in die literarische Arbeit aufgenommen werden. Notwendig sind daher Distanzierungen, damit vorgegebene Wahrnehmungsmuster, die gleichzeitig bestimmte Machtpositionen repräsentieren, nicht einfach reproduziert werden. Neben dem politisch instrumentalisierten Blick ist es im besonderen Maße der mediale, den es zu hinterfragen gilt. Denn der „Blick, der dem Blick des Zuschauers vor dem Fernseher entspricht", zeichnet sich durch „äußerste Nähe bei gleichzeitig äußerster Distanz"[31] aus. Im Schreiben über die Kriege im ehemaligen Jugoslawien verbirgt sich auch der „Wunsch, aus der aufgezwungenen Nähe auszubrechen, die bei diesen Ereignissen etwas Unanständiges hat, und zu einem anderen Umgang mit den Bildern zu gelangen, am Ende auch zu einer anderen Nähe, die aber nur durch fortwährende Distanzierung erreicht werden kann"[32]. Besonders im Vermeiden von Nähe sieht Gstrein die Schwierigkeiten begründet, die die Rezeption in Bezug zu seinem Roman zum Ausdruck gebracht hat. Er stellt fest, daß der „Skandal allzu großer Nähe [...] nicht als Skandal empfunden [wird], wenn alles nur wattiert genug daherkommt, skandalös scheinen Fiktionalisierung und Distanzierung mit ihrer notwendig anderen Temperaturskala, will sagen mit ihrer Kälte, zu sein"[33]. Problematisch ist dabei, daß „Kitsch mit Pietät verwechselt wird"[34]. Auch hier wird eine alternative Wahrnehmung gefordert, die die Fakten nicht in die immer gleichen Handlungsmuster, wie beispielsweise bei einem Trivialroman überträgt. „[A]us den vielen Geschichten individuellen Leids" dürfen eben nicht „konsumierbare Geschichtchen, über die man folgenlos Rotz und Wasser heulen kann"[35], gemacht werden. Eine „Geschäftemacherei mit einem Publikum"[36] gilt es zu vermeiden.

Wie gesagt, beschäftigt sich Gstrein zwar immer wieder mit Fragen der Poetik, doch bleiben seine Ausführungen insofern vage, als er nicht explizit vorschreibt, mit welchen literarischen Techniken seine Vorstellungen umgesetzt werden sollen. Worin beispielsweise die „künstliche[n] Distanzierungen"[37], die es miteinzubeziehen gilt, bestehen, wird nur in Ansätzen weiter ausgeführt. Dazu gehören die sogenannten „Signalwörter"[38], wie z.B. Hitler oder Tudjman, die Gstrein zu vermeiden versucht, da auf diese Weise der Leser „immer schon zu wissen glaubt, was er zu denken hat"[39] und nur die ihm „bekannten Assoziationen"[40] abruft und so „von einem Signalwort zum anderen springt"[41]. Dagegen will Gstrein ein „bewusst abwehrendes Lesen im Gegensatz zu einem Abhaken – weiß ich schon, weiß ich schon"[42]. Der Leser wird durch das Geschriebene gedanklich stimuliert und letzten Endes selbst zum Autor. Dies ist aber nicht in einem rein poststrukturalistischen Sinne zu verstehen. Zwar kann auch in der Poetik Gstreins, gemäß Julia Kristeva, von einer „Permutation von Texten"[43] ausgegangen werden, doch wird die Anwesenheit des Autors nicht geleugnet. In bezug auf *Das Handwerk des Tötens* ist es Gstreins Anliegen, „unter anderem einen Teil [seiner] Herkunftsgeschichte zu erzählen"[44], allein um die Gefahr zu vermeiden, „über die Grausamkeit des Krieges so zu schreiben, als wäre dergleichen nur auf dem Balkan möglich"[45].

Aus den hier vorgestellten Überlegungen Gstreins ergeben sich für einen Roman, der das Schreiben über die Kriege in der ehemaligen Bundesrepublik Jugoslawien zum Thema hat, zwangsläufig Konsequenzen. Es ist beispielsweise anzunehmen, daß die mediale Wirklichkeit dekonstruiert wird, Risse zwischen den Fakten und der Fiktion aufgezeigt werden, journalistische Wahrnehmungsmuster hinterfragt werden und unterschiedliche Elemente der Distanzierung Bestandteil des Romans sind. Ferner ist zu vermuten, daß dies mit Texten geschieht, die wirklich veröffentlicht worden sind. Dies herauszufinden, ist nicht unproblematisch, da der Roman auf bibliografische Angaben verzichtet. So bleibt nahezu nur der Hinweis auf Gabriel Grüner, der zwischen den Jahren 1991-1999 seine Kriegsreportagen im „Stern" veröffentlichte.

III.

Gstreins normativer Anspruch, Fakten und Fiktionen nicht miteinander zu vermischen, führt bezüglich der Rezeption zu der Schwierigkeit, unterscheiden zu müssen, was der Wirklichkeit entlehnt und welche Teile als fiktiv anzusehen sind. Erschwert wird dies vor allem durch das im Roman *Das Handwerk des Tötens* angewandte Intertextualitätsprinzip. Es kann gleichzeitig als deskriptiv aber auch als poststrukturalistisch bezeichnet werden. So werden die unterschiedlichen Texte, aus denen sich der Roman generiert, entweder als Zitate markiert oder müssen als Allusionen vom Leser entschlüsselt werden. An dieser Stelle ist anzumerken, daß es sich bei Gstreins Poetik um Ansprüche handelt, die er an das eigene Schreiben stellt. Demnach soll den historischen Ereignissen mit einer gewissen Skepsis und besonderer Sorgfalt begegnet werden. Dies bedeutet nicht, daß es zwangsläufig Gstreins Aufgabe ist, seine Arbeitsweise im Text kenntlich zu machen. Das Problem an dem von Gstrein beklagten „Entschlüsselungsfuror", mit dem die Rezensenten „das zu überdecken drohten, worum es eigentlich ging, um die Kriege in Jugoslawien und wie man darüber schreiben oder nicht schreiben kann"[46], liegt abgesehen von Gabriel Grüner, der in der Widmung direkt genannt wird, in der ausschließlichen Betrachtung der Allusionen. Keiner der Rezensenten nennt dabei eine einzige Textstelle, die zu dem Erkennen der jeweiligen Allusion geführt hat. Auch die direkten Verweise, die in dem Roman allein schon durch Kursivdruck hervorgehoben sind, werden nicht erwähnt. Bei einer Auseinandersetzung mit Rebecca Wests *„Black Lamb and Grey Falcon" (HDT 50);* Milan Đilas *„Conversations with Stalin"* (HDT 50) oder *„How we survived Communism and even laughed"* (HDT 50) von Slavenka Drakulić zeigt sich beispielsweise, daß hier die Geschichte Jugoslawiens, beginnend in der Zeit vor der Staatsgründung bis zum Staatszerfall, verhandelt wird.[47] Auf diese Weise findet, wenn überhaupt, nur eine geringe Auseinandersetzung mit dem Bedeutungsgewebe, welches vom Intertextualitätsprinzip generiert wird, statt. Gstreins Anliegen ist es, seine „grundsätzliche Skepsis zum Ausdruck" zu bringen, die sein „Schreiben vorantreibt und gleichzeitig behindert" und in „kürzester Form [seine] Poetik"[48] darzulegen. Bezüglich der Poetik stellt sich die Frage, inwieweit die Diegese des Romans die Person Gabriel Grüners berührt. Wird hier ein Spiel zwischen Fakten und Fiktion betrieben, werden bereits vorhandene Bilder kommentiert und Risse zwischen der Fiktion und der Wirklichkeit sichtbar gemacht? Marginale biografische Parallelen zwischen Allmayer und Grüner sind nicht zu leugnen. Beide stammen aus Österreich, haben für eine in Hamburg ansässige Zeitung bzw. für ein Magazin gearbeitet und sind nahezu zeitgleich im Kosovo umgekommen. Es ist aber eher anzunehmen, daß die Abweichungen von Gabriel Grüner zu den moralischen Vorwürfen in der Kritik geführt haben. Die Möglichkeit, ein Mörder zu sein, zahlreiche Liebschaften und im Moment des Todes nicht die eigene Frau erwähnt zu haben, machen aus Allmayer eine moralisch recht zwielichtige Person.

Gstrein jedenfalls behauptet bezüglich Grüner, „nie in seinem privaten Umfeld recherchiert"[49] zu haben. Dem kann insofern Recht gegeben werden, als die Details, auf die er Bezug nimmt, beispielsweise im „Stern" oder von Beatrix Gerstberger in ihrem Buch *Keine Zeit zum Abschiednehmen* bereits veröffentlicht worden sind und er sich somit dieser Quellen bedienen konnte. Die Frage nach biografischen Übereinstimmungen ist nicht von Relevanz, vielmehr lohnt es sich, die Textproduktion Allmayers mit der von Grüner zu vergleichen.

Eine Zusammenfassung, Kommentierung und Kritik des Ich-Erzählers an den von Allmayer verfaßten Artikeln (HDT 57-68) hingegen läßt sich ohne weiteres auf die von Grüner übertragen, obwohl auch Abweichungen zu berücksichtigen sind. Was besonders auffällt, sind die kongruenten Bilder. Der Ich-Erzähler staunt beispielsweise, „welche Phantasien bis dahin mehr oder weniger unbescholtene Leute, wie man wohl sagen mußte, entwickelt haben sollen, was für ein Vergnügen, einen Gefangenen zu zwingen, einem anderen die Hoden abzubeißen und sie vor ihm zu essen, einer Schwangeren den Bauch aufzuschlitzen, einem Kind am Arm seiner Mutter die Kehle durchzuschneiden" (HDT 57). Das erstgenannte Verbrechen findet zweimal in den Artikeln Grüners Erwähnung:

Im Juni 1992 soll Tadić, 38, im Lager Omarska drei moslemische Kriegsgefangene bewusstlos geschlagen haben. „Er zwang einen vierten Gefangenen, Motoröl zu trinken und anschließend die Hoden der Bewusstlosen abzubeißen – die drei starben", schreibt der amerikanische UN-Jurist Michael Keegan in einem Dossier, das dem STERN vorliegt.[50]

Erstmals seit den Prozessen von Nürnberg und Tokio nach dem Zweiten Weltkrieg steht wieder ein mutmaßlicher Kriegsverbrecher vor einem internationalen Gericht. Ein früherer Café Besitzer aus Kozarac im Nordwesten Bosniens, dem Kriegsverbrechen und Verbrechen gegen die Menschlichkeit vorgeworfen werden. Im Lager von Omarska soll er unter anderem einen Gefangenen gezwungen haben, einem anderen die Hoden abzubeißen.[51]

Die beiden Artikel, in denen es um den bosnischen Serben Duško Tadić geht, widersprechen sich. Im ersten Artikel bezieht sich das Geschehen auf drei weitere Gefangene, während im zweiten Bericht nur noch von einer Person die Rede ist. Wird davon ausgegangen, daß Gstrein sich auf diese beiden Artikel bezieht, findet eine weitere Radikalisierung statt, da zu der sexuell konnotierten Gewalt noch der kannibalische Akt hinzukommt. Sollte es keinen weiteren Text geben, der das weitere Detail dieses Verbrechens erwähnt und es somit fingiert sein, wäre Gstrein zu kritisieren, da die, wie er es selber fordert, „Beziehung zwischen Fakten und Fiktion nicht geklärt ist"[52]. Ein zitiertes Bild würde in seiner Grausamkeit weitergedacht werden.

Das zweite im Roman angeführte Beispiel für an Menschen verübte Grausamkeiten ist von Grüner ebenfalls bereits erwähnt worden. Eine Bosnierin soll gesagt haben: „Die Serben haben unser Dorf Ende Mai mit Panzern in Brand geschossen. Sie waren wie im Rausch. Ich habe gesehen, wie sie einer Schwangeren den Bauch aufschlitzten und sie verbluten ließen."[53] Die hier angeführten Gräueltaten sind die einzigen, die explizit erwähnt werden. Folgt Gstrein seinem Diktum, nur „die schon vorhandenen Bilder vom Krieg zu kommentieren"[54] und keine neuen zu schaffen, so müssen auch die beiden anderen Beispiele, die in den Artikeln von Grüner nicht lokalisiert werden können[55], weiteren Texten entnommen worden sein. Während der Ich-Erzähler von diesen Bildern nicht berührt wird, da die Vielzahl der beschriebenen „Abscheulichkeiten im einmal vorgegebenen Rahmen am Ende normal zu sein" (HDT 58) scheint, sind es andere Beschreibungen, die in ihrer Brutalität eher unterschwellig als direkt wirken. Erst diese können als Nachweis für die Adaption der Grüner-Artikel gesehen werden, da sie sich von der Masse kongruenter Bilder abheben. Denn das Verbrechen von Duško Tadić wird höchstwahrscheinlich auch von anderen Journalisten erwähnt worden sein. Die Bezüge zwischen dem *Handwerk des Tötens* und den Artikeln Grüners können in Allusionen und indirekte Zitate unterteilt werden. Im Gegensatz zu den Anspielungen werden jedoch die geschilderten Bilder und der jeweilige Kontext nicht verändert.

Gabriel Grüner berichtet in seiner ersten veröffentlichten Reportage aus dem Jugoslawienkrieg über ein slowenisches Dorf. Dort heißt es: „Um acht Uhr morgens beginnt in Ormoz der Krieg. Es ist Donnerstag, der 27. Juni. Panzer sind in der benachbarten Garnison Varaždin gestartet."[56] Einige Monate später, Grüner befindet sich in einer Stadt an der Adria, schreibt er: „Die Schiffe der Bundesarmee in der Bucht von Šibenik feuern auf die Hafenstadt, Artillerie setzt ein, Maschinengewehrfeuer und

Panzerschüsse."[57] Diese sachlichen Beschreibungen finden sich im *Handwerk des Tötens* in einer dramatisierten Version wieder:

> Vielleicht klingt es zynisch, aber für mich war der Schrecken eher konkret, wenn er von den warmlaufenden Panzermotoren in den Armeekasernen schrieb, ganz am Anfang der Auseinandersetzungen, ihrem unheilverkündenden Lärm, der über die Mauern drang, von den Patrouillebooten, die an der serbisch-kroatischen Grenze auf der Donau hin- und herkreuzten, oder von den Schiffen in der Bucht vor Šibenik, ihrem langsamen Auftauchen aus dem Dunst im ersten Morgenlicht und ihrer vollkommenen Lautlosigkeit, ehe sie mit dem Beschuß der Stadt begannen. (HDT 58)

Sie können als eine Form der Ästhetisierung gesehen werden, auf diese Weise erfährt das in der Reportage Geschilderte einen Akt der Fiktionalisierung. Diesbezüglich ergeben sich Probleme, die schon weiter oben geschildert worden sind. Möglicherweise möchte Gstrein bewußt machen, daß es sich bei Grüner und Allmayer nicht um ein und dieselbe Person handelt. Eine andere mögliche Lesart ist, den Erzähler zwielichtig erscheinen zu lassen, indem er die Reportagen literarisch nutzbar macht. Dies ist eine Problematik, die erst dann auftritt, wenn die intertextuellen Verbindungen erkannt und mit einbezogen werden. Ohne diese zu kennen, würde der Stil auf Allmayer zurückfallen. Doch wenn sowohl der Erzähler als auch der Autor ein poetologisches Konzept fordern, welches die Fiktion von den Fakten trennt, muß die Verwertung intertextueller Bezüge diesbezüglich hinterfragt werden. Ob Gstrein eine bewußte Distanzierung von Grüner schaffen will oder einen dramatisierenden Ich-Erzähler, ist nicht ohne weiteres zu klären.

Weiterhin faßt der Erzähler im Text zusammen:

> Es ist seine Beschreibung einer Stelle, an der ein Jahr, bevor er dorthin kam, ein Massaker stattgefunden hatte, die Schilderung einer regelrechten Idylle, wären nicht die Patronenhülsen gewesen, die er fand, die groteske Friedlichkeit, die mich den Kopf schütteln läßt, sooft ich daran denke, es hätte keinen schrecklicheren Ort geben können, zu sterben, als mitten im Hochsommer auf einer von Buchen und Pappeln begrenzten Lichtung, auf der es nach Holunder roch, das Zirpen von Grillen, das Rauschen eines Bachs zu hören war und die Zeit stillzustehen schien. (HDT 58f.)

Das hier Beschriebene findet sich in einem Artikel Grüners wieder, der den Massenmord von Srebrenica zum Thema hat. Srebrenica ist zu einem Zeichen des Jugoslawienkriegs geworden, welches mit dem absoluten Grauen und dem Versagen der UN konnotiert ist. Der Name dieser Stadt ist keinesfalls mehr wertfrei zu verwenden. Er wird im Roman *Gstreins* nicht an einer einzigen Stelle erwähnt[58], ist allerdings durch den Artikel von Grüner dennoch anwesend:

> Es war wohl einer jener heißen Hochsommertage, als ungefähr 60 wehrlose moslimische Flüchtlinge hier im Juli 1995 standen. [...] Hier am Rand der verfallenen Mühle müssen sie aufgereiht worden sein, 2,5 Kilometer von der Hauptstraße entfernt, an einer von Buchen und Pappeln begrenzten Lichtung, wo es nach Holunder und wilder Minze riecht, der Cerska-Bach rauscht und Grillen zirpen. Vermutlich sind sie mit Maschinenpistolen niedergemäht worden, Patronenhülsen zeugen davon.[59]

Gstrein entnimmt dieser Reportage Wörter wie „Buchen", „Pappeln", „begrenzte[...] Lichtung", „Holunder", „Grille[...]" (HDT 59) und „Patronenhülsen" (HDT 58f.)[60]. Im Roman wird dieser Artikel allerdings nicht nur zitiert, sondern auch interpretiert und zusammengefaßt. Die „regelrechte Idylle" (HDT 58), „die groteske Friedlichkeit" und „die Zeit [, die] stillzustehen schien" (HDT 59), sind atmosphärische Eindrücke, die von dem Geschriebenen Grüners ausgehen. Zudem wird das Bild der Patronenhülsen in *Das Handwerk des Tötens* den Naturbeschreibungen vorangestellt und auf die genaue Ortsnennung, den „Cerska-Bach", und die Jahreszahl verzichtet, so daß unter allen Umständen eine eindeutige Zuordnung vermieden werden soll. Auch politisch bleibt diese Stelle offen, da Opfer und Täter nicht benannt werden, was insofern Sinn macht, als in den Kriegen der ehemaligen Bundesrepublik Jugoslawien eindeutige Zuordnungen, zumindest was die Ethnien betrifft, nicht möglich sind. Keine der Volksgruppen kann sich von Schuld freisprechen. Dennoch ist fraglich, ob bezüglich eines Massakers nicht zwangsläufig Srebrenica assoziiert wird, genauso wie Auschwitz zum Synonym des Genozids an den Juden geworden ist. Weitere Bilder, die im Roman und in den Artikeln auftauchen, sind „ein weißer Kühlwagen, der am Rand eines Gräberfelds steht" und die Wäsche, die auf der Flucht „an den Leinen" gelassen worden ist, „was in der Wiederholung wie erfunden klingt" (HDT 59). Das

den ist, „was in der Wiederholung wie erfunden klingt" (HDT 59). Das
erste Bild bezieht sich bei Grüner auf die Ermordung bosnischer Gefange-
ner. Das erwähnte Auto wird von ihm in dem Artikel „Schwarzer Rauch
über der Todesstätte"[61] als ein Schockmoment eingesetzt. Ein Augen-
zeuge berichtet, daß eine verwundete aber noch lebende Frau „mit 15
männlichen Leichen" in „einen Kühltransporter" geworfen worden ist.
An späterer Stelle schreibt Grüner:

> Nun sind Videos eines serbischen Amateurfilmers aufgetaucht, welche
> die Aussagen von Krije štorac untermauern. Darauf sind Leichentrans-
> porte mit Kühlwagen zu sehen, wie der Moslem sie bereits beschrieben
> hat. Außerdem existieren Fotos einer Grube in der Nähe von Brèko, in der
> über ein Dutzend erschlagener Zivilisten liegen; daneben steht ein weißer
> Kühlwagen.

Grüner gelingt es nicht nur, die Zeugenaussage zu beweisen, sondern
auch, ein Symbol für das Grauen zu kreieren. Dessen Wirkung wird dadurch potenziert, daß er es mit dem Schicksal einer einzigen Frau in Verbindung bringt. Was den Ich-Erzähler im Roman an diesem Bild so beein-
druckt, ist für den Leser nicht nachzuvollziehen, die Verbindung mit dem
Tod einer Frau wird im *Handwerk des Tötens* nicht wiederholt. Ort und
Zeit werden nicht erwähnt, so daß genau wie bei der zuvor genannten
Beschreibung eine Leerstelle entsteht.

Die „Wäsche an den Leinen" (HDT 59) ist für den Erzähler zwar eine der
Stellen, die den „Schrecken eher konkret" machen (HDT 58), doch zwei-
felt er den Wahrheitsgehalt an, da sie wiederholt auftaucht (vgl. HDT 59).
Dies muß als Kritik an Grüner aufgefaßt werden, da auch er dieses Bild
zweimal verwendet:

> In Drniš, einem Dorf südlich von Knin, waren die Serben so überhastet
> geflüchtet, daß die Wäsche noch auf den Leinen flatterte und im Bäcker-
> laden das warme Brot duftete.[62]

> Das 5. Korps der bosnischen Armee hat die Stadt erobert. Die Serben
> flohen in Panik. An den Leinen flattert noch die Wäsche, viele Häuser
> sind zerschossen, ausgebrannt, geplündert.[63]

146

Das Bild von der flatternden Wäsche erhält somit nicht dieselbe Wirkung wie der weiße Kühlwagen, da die Wiederholung dieses Bild unglaubwürdig macht. Dabei geht es im Grunde genommen nicht um dessen Wahrheitsgehalt, sondern um eine dramatische Verdichtung des Geschehenen.

IV.

Die bestehenden Analogien zwischen den Artikeln Grüners und den fiktiven Allmayers führen zu der Annahme, daß im Roman eine mehrfache Dekonstruktion vollzogen worden ist. Einzelne Bilder und Beschreibungen finden sich bei beiden in kongruenter oder leicht veränderter Form wieder. Mit Hilfe dieser literarischen Verfahrensweisen gelingt es Gstrein, Grüner zu kritisieren und gleichzeitig einen Dialog mit dem Leser über die Sprache in der Kriegsberichterstattung zu eröffnen, durch die im Idealfall eine Sensibilisierung stattfinden kann, die es ermöglicht, die immer wiederkehrenden Tropen auch bezüglich anderer Kriege zu erkennen und als solche zu bewerten. Die Artikel Grüners müssen dabei nicht unbedingt als intertextuelle Bezüge erkannt werden, doch ist es durchaus sinnvoll, sie mit in den Dialog einzubeziehen. Gstreins poetologisches Konzept, real Geschehenes, in diesem Fall wären es die Begebenheiten im Krieg, nicht mit Fingiertem zu vermischen – obwohl dieses, wie bereits erwähnt, nur zum Teil umgesetzt worden ist –, wird auf diese Weise bestätigt. Durch das Offenlegen seiner Quelle, die erste Widmung kann diesbezüglich so gesehen werden, initiiert Gstrein einen Diskurs, dem er sich selbst auszusetzen hat. Denn die Kritik an Grüner ist nachprüfbar und eine genaue Untersuchung seiner Artikel ergiebig, da er von 1991-1999 über die Jugoslawienkriege berichtete. Kein einziger Rezensent hat bisher diese Bezüge erkannt, was durchaus nachvollziehbar ist, da der knapp bemessene Zeitraum für das Verfassen einer Kritik eine genauere wissenschaftliche Bearbeitung nicht zuläßt. Doch gilt denen der Vorwurf einer mangelnden journalistischen Sorgfalt, die die Bezüge zu Grüner als moralisch verwerflich eingestuft und sich dabei nur auf die Parallelen der Lebensdaten beschränkt haben. Sie werden der Komplexität des Romans nicht annähernd gerecht und geben von der Arbeitsweise Gstreins ein völlig falsches Bild wieder.

Der Verweis auf das poetische Konzept Gstreins und die anschließende Analyse haben gezeigt, daß *Das Handwerk des Tötens* kein „Schlüsselroman [ist], der sich überdies als Nicht-Schlüsselroman verschlüsseln will"[64], nicht „alles eins zu eins"[65] wiedergeben wird und nicht von einer „‚pietätlose[n] Abrechnung mit einem Toten'"[66] auszugehen ist. Gstrein ist bei den Staatszerfallkriegen der ehemaligen Bundesrepublik Jugoslawien nicht dabei gewesen und kann daher nicht als unmittelbarer Zeuge auftreten. Er verfolgt ein anderes Konzept als beispielsweise Peter Handke, der in seinen Reportagen seine eigene subjektive Wahrnehmung der medialen Wahrnehmung, die er ebenso wie Gstrein kritisiert, entgegenstellt. Die Bezugnahme auf die Artikel Grüners hat gezeigt, daß im Roman eine Auseinandersetzung mit journalistischen Beiträgen stattfindet. Dies ist notwendig, wenn Gstrein seiner eigenen Forderung nachgehen möchte, daß „[b]ei einem Roman, der ein Spiel mit Fakten und Fiktionen treibt, [...] die historischen Hintergründe exakt recherchiert sein"[67] müssen. Es ist zu vermuten, daß Gstrein noch andere Reportagen und Artikel als die von Grüner miteinbezogen hat. Nur läßt sich aufgrund der Widmung die von Grüner ausgehende Spur am einfachsten verfolgen. Der Roman erzählt allerdings keine wahre Geschichte nach, der Name Grüner wird nicht mißbraucht, um das Gefühl der Authentizität zu vermitteln. Vielmehr ist er der Verweis auf das Faktische und auf die vom Autor geführte Auseinandersetzung mit Gabriel Grüners Veröffentlichungen. Sich mit Texten zu befassen, die längst den Raum der Öffentlichkeit betreten haben, ist nicht zu kritisieren, sondern erscheint eher als notwendig.

Anmerkungen:

[1]   Julia Encke, Norbert Gstrein und Ijoma Mangold: *„Ich werde bei jeder Berührung mit der Wirklichkeit beklommen."* Ein Gespräch mit dem Schriftsteller Norbert Gstrein über Jugoslawien, Peter Handke und den Schreibtisch als gefährlichen Ort. In: Süddeutsche Zeitung vom 28.4.2004, S. 14.

[2]   Norbert Gstrein: *Die englischen Jahre.* Frankfurt am Main: Suhrkamp 1999.

[3]   Norbert Gstrein: *Das Handwerk des Tötens.* Frankfurt am Main: Suhrkamp 2003. Im Folgenden wird nach dieser Ausgabe im laufenden Text mit der Sigle HDT zitiert.

[4] Norbert Gstrein: *Wem gehört eine Geschichte? Fakten, Fiktionen und ein Beweismittel gegen alle Wahrscheinlichkeit des wirklichen Lebens.* Frankfurt am Main: Suhrkamp 2004.

[5] Iris Radisch: *Tonlos und banal.* Wie Norbert Gstrein in seinem Roman „Das Handwerk des Tötens" nichts über einen ermordeten Journalisten erzählen will. In: Die Zeit vom 22.12.2003, S. 46.

[6] Ebda.

[7] Werner Krause: *Viele Verschachtelungen, aber keinerlei Deckel.* In: Kleine Zeitung vom 2.8.2003, S. 88.

[8] Roland Mischke: *Darf Literatur so weit gehen?* In: Rhein-Neckar-Zeitung vom 23.8.2003.

[9] Barbara Supp: *Kampf um die Unschuld.* Der österreichische Schriftsteller Norbert Gstrein erzählt in seinem neuen, bereits preisgekrönten Roman vom Tod eines Kriegsreporters. In: Der Spiegel (2003), H. 31, S. 124.

[10] Beatrix Gerstberger: *Keine Zeit zum Abschiednehmen. Weiterleben nach seinem Tod.* 2. Aufl. München: Marion von Schröder 2003.

[11] *Keine Zeit zum Abschiednehmen* enthält noch andere Beiträge von Frauen, die ebenfalls ihren jeweiligen Partner verloren haben.

[12] Gerstberger, *Keine Zeit*, S. 10.

[13] Vgl. Encke, Gstrein, Mangold, *Berührung*, S. 14.

[14] Vgl. Sabine Gruber: *Die Zumutung.* München: Beck 2003, S. 150f.

[15] Ebda, S. 212. Der Titel dieses Buches kann als eine Analogie zu Gstreins *Die englischen Jahre* verstanden werden.

[16] Ebda.

[17] Ebda.

[18] Das Amselfeld bezeichnet den Ort einer im Jahr 1389 stattgefunden Schlacht, in der das Königreich Serbien gegen die Osmanen verlor und der serbische Staat seine Unabhängigkeit einbüßte. Am 24. April 1987 hielt Milošević vor Parteidelegierten und Vertretern von Demonstranten auf dem Amselfeld eine Rede, die allgemein als seine „Wende zum Nationalismus" aufgefaßt wird. Dort verkündete er, daß es „noch nie dem serbischen oder montenegrinischen Geist entsprochen [habe], vor Hindernissen zurückzuweichen, sich zurückzuziehen, wenn Kampf gefordert ist`". Vor gewalttätigen Serben sprach er „den berüchtigten Satz: Niemand soll es wagen, euch zu schlagen!", eine Szene, die „immer wieder im Fernsehen übertragen" wurde. Zitiert wurde aus: Mathias Rüb: *Jugoslawien unter Milošević.* In: *Der Jugoslawien-Krieg.*

Handbuch zu Vorgeschichte, Verlauf und Konsequenzen. Hrsg. v. Dunja Melčić. Opladen/Wiesbaden: Westdeutscher Verlag 1999, S. 335.

[19] Norbert Gstrein: *Was macht ein Mensch, der kein Soldat ist, im Krieg? Versuch einer Annäherung an Sheerness.* Dankesrede bei der Entgegennahme des Uwe Johnson Preises 2003. In: Süddeutsche Zeitung vom 2.12.2003, S. 14.

[20] Encke, Gstrein, Mangold, *Berührung,* S. 14.

[21] Gstrein, *Wem gehört,* S. 20.

[22] Norbert Gstrein: *Fakten, Fiktionen und Kitsch beim Schreiben über ein historisches Thema.* Frankfurt am Main: Suhrkamp 2003, S. 7.

[23] Ebda, S. 23.

[24] Ebda, S. 32.

[25] Norbert Gstrein: *Über Wahrheit und Falschheit einer Tautologie.* In: N. G. und Jorge Semprún: *Was war und was ist.* Frankfurt am Main: Suhrkamp 2001, S. 33.

[26] Gstrein, *Wem gehört,* S. 60.

[27] Ebda, S. 61.

[28] Ebda.

[29] Encke, Gstrein, Mangold, *Berührung,* S. 14.

[30] Gstrein, *Fakten, Fiktionen und Kitsch,* S. 11.

[31] Gstrein, *Wem gehört,* S. 35.

[32] Ebda, 35f.

[33] Ebda, S. 66.

[34] Ebda, S. 61.

[35] Gstrein, *Fakten, Fiktionen und Kitsch,* S. 11.

[36] Ebda, S. 12.

[37] Encke, Gstrein, Mangold, *Berührung,* S. 14.

[38] Ebda.

[39] Ebda.

[40] Ebda.

[41] Ebda.

[42] Ebda.

[43] Julia Kristeva: *Probleme der Textstrukturation.* In: *Strukturalismus in der Literaturwissenschaft.* Hrsg. v. Heinz Blumensath. Köln: Kiepenheuer &

Witsch 1972. (= Neue wissenschaftliche Bibliothek. 43. Literaturwissenschaft.) S. 245.

44 Gstrein, *Wem gehört*, S. 31.

45 Ebda.

46 Ebda, S. 48.

47 Vgl. die deutschsprachigen Ausgaben von Rebecca West: *Schwarzes Lamm und grauer Falke. Eine Reise durch Jugoslawien*. Berlin: Bittermann 2002; Milovan Đilas: *Gespräche mit Stalin*. Frankfurt am Main: S. Fischer 1962; Slavenka Drakulić: *Wie wir den Kommunismus überstanden – und dennoch lachten*. Berlin: Rowohlt 1991.

48 Gstrein, *Wem gehört,* S. 11.

49 Stephan Draf: *Mit eisigem Blick*. In: Stern (2003), H. 33, S. 137.

50 Gabriel Grüner und Tilman Müller: *Tribunal gegen das Grauen*. In: Stern (1994), H. 45. Sämtliche Artikel Grüners sind dem Verfasser dieses Aufsatzes vom *Stern* zur Verfügung gestellt worden. Hierbei handelt es sich um die Druckversion der Gruner + Jahr-Datenbank. In dieser sind allerdings keine Seitenangaben enthalten.

51 Gabriel Grüner: „Die lange Suche nach Gerechtigkeit." In: Stern (1996), H. 20.

52 Gstrein, *Über Wahrheit*, S. 33.

53 Gabriel Grüner: *„Schlachte die Moslem-Hunde "*. In: Stern (1992), H. 47.

54 Encke, Gstrein, Mangold, *Berührung*, S. 14.

55 Gemeint ist das Essen der Hoden und das Kind, dem am Arm seiner Mutter die Kehle durchgeschnitten wird.

56 Gabriel Grüner: *„Jugoslawien ist tot "*. In: Stern (1991), H. 28.

57 Gabriel Grüner: *Eine Stadt in Angst*. In: Stern (1991), H. 40.

58 Dies erinnert an die von Gstrein geäußerte Kritik an den sogenannten „Signalwörtern", die es zu vermeiden gilt, da „der Leser immer schon zu wissen glaubt, was er zu denken hat." Aus: Gstrein, *Berührung*, S. 14.

59 Gabriel Grüner: *„Niemand soll sagen, es ist nichts geschehen "*. In: Stern (1996), H. 30.

60 Die Patronenhülsen schienen in der Berichterstattung ein gängiges Bild zu sein, auch Peter Handke verweist auf dieses. Vor der Enklave von Srebrenica schreibt er: „„Weiter gehst du aber nicht!' – und schon ging es, gingen die Beine mit mir zu den Büschen hinaus, schnurstracks zum Ufer, an einem noch frischen Erdaushub vorbei, worin Massen von Patronenhülsen lagen (nein, doch

nicht.)" Peter Handke: *Eine winterliche Reise zu den Flüssen Donau, Save, Morawa und Drina oder Gerechtigkeit für Serbien.* Frankfurt am Main: Suhrkamp 1996, S. 120. Die in Klammern gesetzten Worte sind ein wenig rätselhaft. Eine Möglichkeit der Interpretation wäre, daß Handke hier ein in Reportagen gängiges Bild beschreibt, es dann vor Ort letzten Endes nicht vorfindet.

[61] Gabriel Grüner: *Schwarzer Rauch über der Todesstätte.* In: Stern (1996), H. 6.

[62] Gabriel Grüner: *Der Triumph des alten Generals.* In: Stern (1995), H. 33.

[63] Gabriel Grüner: *Grauen in der Geisterstadt.* In: Stern (1995), H. 43.

[64] Radisch, *Tonlos*, S. 46.

[65] Mischke, *Darf Literatur so weit gehen?*

[66] Supp, *Kampf*, S. 124.

[67] Gstrein, *Fakten, Fiktionen und Kitsch*, S. 32.

III Kritiken

Christina Weiss

Verstummen vor der fremden Sprache

Norbert Gstreins erzählerisches Debüt

Die Zeit soll innehalten, damit nicht geschehen muß, was schon begonnen hat. Die Küchenuhr bleibt um halb elf stehen: Zwischen „fünf nach elf" und „acht nach eins" versuchen sieben Menschen in der Küche eines Tiroler Gasthauses die Zeit zu bannen, denn „jetzt kommen sie und holen Jakob". Es ist der Moment des Erschreckens, der Endpunkt einer langsamen Entwicklung, an der alle sieben teilgenommen haben.

Jakob, der dritte Sohn einer Gastwirtsfamilie in einem tirolischen Touristenort, ist verrückt geworden; die anderen lassen ihn abholen. Plötzlich wollen sie diesen Augenblick der Trennung hinauszögern, sie tun es erzählend. Die Mutter, die beiden Brüder, Viz und Valentin, die Gritschin und der Novak sammeln noch einmal ihre Erinnerungen und setzen in der brüchigen Chronologie ihrer Stubenberichte das Mosaik von Jakobs Lebens zusammen.

Die Erzählung ist das schriftstellerische Debüt von Norbert Gstrein, der 1961 in Mils in Tirol geboren wurde, in Innsbruck lebt und gegenwärtig mit einem Stipendium im Berliner Literarischen Colloquium an seinem nächsten Manuskript arbeitet. Die Geschichte mit dem lapidaren Titel *Einer* bannt durch den Reiz einer schlichten, aber umso präziseren Sprache: „Jetzt ist das Ächzen der Feder zu hören, von der die Haustür ins Schloß gezogen wird, ein leichter Schlag, der es beendet ... und das Knarren der Holzdielen ... verrät, wie sie sich nähern, Stubentürknarren, Speisesaalknarren, Stiegenhaus- und Toilettengestöhn."

Die Geräusche im vertrauten Haus bedeuten das Fremde, das naht: das Fremde, das sind der Inspektor und sein Gehilfe, die Abholer, das sind die Zeugen für Jakobs Verwirrung, die sich in der Küche sammeln. Ein letztes Mal lauscht der Leser dem Hausgestöhn in umgekehrter Reihenfolge, als Jakob abgeführt wird.

Die Stimmen der Berichterstatter in der Küche kreuzen und ergänzen sich, obwohl nacheinander geordnet, setzen die Mutmaßungen in der eigentümlichen Gleichzeitigkeit vor den stehengebliebenen Zeigern der Küchenuhr ein mögliches Porträt von Jakob zusammen. Immer wieder entwerfen sie konjunktivisch und in „oder"-Ketten ihren Bericht als eine Erzählens-Möglichkeit. Sie wollen lieber nichts verbindlich sagen; mit einem „vielleicht, man durfte nichts wörtlich nehmen", ziehen sie sich sofort aus der Aussage zurück, als der Inspektor nachfragt. Der Bruder artikuliert die Sprachlosigkeit der Dörfler, mit der sie sich auch jeder Verantwortung entziehen: „Er habe nicht mit ihm gesprochen, kein Wort, lange schon keines mehr, und im Grunde noch nie eines, mit keinem oder wer führe Gespräche im Dorf, wer gebrauche die Sprache anders als allein für die alltäglichsten Notwendigkeiten?"

Der Außenseiter Jakob fällt von Anfang an auf durch sein Verhältnis zur Sprache. Weil er als Kind viel liest, schicken sie ihn in ein Gymnasium in der Stadt. Dort, im Internat, „bemüht er sich nicht, die Sprache der anderen zu sprechen, die Sprache der Städter, die auf ihn wirkt wie bloßes Getue"; er vereinzelt völlig, die Kameraden quälen ihn. Jakob flieht zurück ins Dorf und beschließt, dessen Grenzen nie mehr zu verlassen. Im Moment der Selbstverteidigung wird seine Sprache unerschütterlich und klar: Die Mutter „wußte augenblicklich, daß es ihm ernst war mit seinen Worten". Jakob hörte von diesem Tag an auf zu lesen und für lange Zeit auch zu sprechen. Nur die Animierpflicht den Touristen gegenüber löst die Dörfler aus ihrer Sprachstarre. Für sie plappert auch Jakob Narreteien, bis der Ekel an der fremden Rede zu groß wird und in Aggression umschlägt. An den Touristinnen probt Jakob die Liebe als Wort, das im Dialekt fehlt; er lernt die Vokabeln aus dem Lexikon, ein Fremdkörper in seinen Sätzen, mit dem er spielt. Als er wirklich liebt, zürnt er dem leichtfertigen Wort. Für seine Gefühle zu Hanna, der Jugendfreundin, findet er keine ehrliche Sprache und keine Handlung – es bleiben nur Streitereien. Norbert Gstrein intoniert dieses Scheitern an der Liebe und die zunehmende Verwahrlosung des Scheiternden am Leben mit frappierender Genauigkeit. Nirgendwo in diesem erstaunlichen Text gibt es Überflüssiges, Langatmiges, sondern nur von Anfang bis Ende den Sog ins Innere einer Geschichte, die vom Scheitern am Leben mit dem Scheitern an der Sprache erzählt.

Die Zeit (Hamburg) v. 4.11.1988

Ulrich Weinzierl

Mutmaßung über Jakob

Norbert Gstreins Erzählung *Einer*

Die einen bevorzugen weitschweifige Einleitungen, tasten sich langsam vom Rand zum Zentrum vor. Die anderen springen mit einem Satz mitten ins Geschehen, setzen alles auf die Karte der ersten Worte. Solcher Mut kann belohnt, aber auch bestraft werden, denn wer garantiert, daß der Leser dem Sprung des Autors folgt? Norbert Gstrein hat bei seinem literarischen Debüt in diesem Sinn einiges gewagt – und mehr noch gewonnen: Sein ernstes Sprachspiel geht restlos auf.

„Jetzt kommen sie und holen Jakob", hebt Gstreins Erzählung *Einer* an, und der erst siebenundzwanzigjährige Österreicher vermag die dem dramatischen Auftakt innewohnende Spannung bis zum Schluß durchzuhalten. Ein schmales, ein ausgeklügelt' Buch: Die Hauptperson Jakob tritt darin nicht auf, wir lernen ihre Geschichte nur aus zweiter und dritter Hand kennen, gleichsam in rückwärtsgewandter Mauerschau. Jakob, so scheint es, ist toll geworden. Man bringt ihn fort, die Brüder und Mutter warten gebannt auf die einschreitenden Ordnungshüter. Aus brüderlicher Perspektive wird berichtet, eher angedeutet, wie kam, was gekommen ist. Wiederholt schlägt die Ebene des „Wir" in jene des auktorialen Erzählers um, und immer ist es – trotz Bemühung um Nähe – ein ausgrenzendes Verfahren, Sicht auf einen Außenseiter.

Vor unseren Augen tauchen, teils im Zeitraffer, teils in Zeitlupe, Filmsequenzen auf, die zeigen: Da ging einer vor die Hunde, verkam zu einem Haufen Elend. Was als Stimmen, als Mutmaßungen über Jakob zu vernehmen ist, stammt von Zeugen eines Verfallsprozesses. Gstrein bedient sich dabei eines Kunstgriffs, der seine Wirkung nicht verfehlt: In den Beschreibungen mischt sich Übergenaues mit bewußt Ungefährem, wodurch der beunruhigende Eindruck einer schwebenden, leicht „verrückten" Präzision entsteht. Außerdem fällt, zur Steigerung der Intensität, die Erzählzeit mit der erzählten zusammen.

Ein Kind aus einem Tiroler Fremdenverkehrsort zieht sich früh schon in die Schutzzone der Buchstabenwelt zurück. Also wird beschlossen, Jakob nach Innsbruck aufs Gymnasium zu schicken. Im Internat freilich

treibt ihn pubertärer Gruppenterror weiter in die Vereinzelung. Mit fünf-
zehn verläßt er die Schule und die Stadt. Er kehrt heim, in den Schoß der
Gastwirtsfamilie, wo er fortan vor sich hin vegetiert – über lange Wochen
verstummt, manchmal zum Gaudium der Einheimischen und Gäste die
Rolle des geschwätzigen Dorftrottels spielend.

Von Liebe kann er sich – in seinem Dialekt – keinen Begriff machen, den
gibt es nur in der Eiseskälte der Hochsprache. Nie hat Jakob mit einer
Frau wirklich geschlafen, seine erotischen Ambitionen bleiben im Armse-
ligen, Täppischen stecken. Für Momente verschafft ihm der Alkohol „ein
schmerzhaft klares Bewußtsein von sich selbst", zumeist hingegen be-
täubt er ihn bloß, erniedrigt ihn zu einem dumpf-traurigen Wesen – „und
es kam vor, daß er auf einmal weinte, grundlos, wie man sagt".

Nebenbei offenbart sich Jakobs vermeintliche Selbstdestruktion als
Gleichnis für die touristischen Verwüstungen unserer Tage, in denen
Menschen und Landschaft profitabel zerstört werden. „Einer", der nicht
„Jemand" sein durfte, steht als Symbolgestalt für unzählige. All das findet jedoch innersprachlich, im Erzählrahmen statt und wirkt daher in keiner Zeile aufgepfropft. Dank seiner Lakonik wirkt dieser Text ungemein
beredt und nicht redselig wie so viele andere heutzutage.

Frankfurter Allgemeine Zeitung v. 17.12.1988

Gerhard Melzer

Die versäumte Sekunde

Norbert Gstreins Erzählung *Einer*

Die Zeit ist immer gegenwärtig in Norbert Gstreins Debüterzählung *Einer*. Was wann wo geschieht, wird geradezu akribisch vermerkt. Der Leser darf sich in Sicherheit wiegen: Wie es scheint, wird er auf dem laufenden gehalten über den Fortgang der Ereignisse. Stets ist jemand da, der
einen Blick auf die Uhr wirft, Pendel ticken hin und her, Wecker summen,
die Turmuhr schlägt. Doch das Mass der Zeit, dem die Erzählung so aufdringlich Tribut zollt, hat seine Untiefen: die „Ordnung", die es stiftet,
schafft nur vordergründig Übersicht. In Wahrheit spotten die Ereignisse,

die im Netz der Zeitordnung hängenbleiben, jeder Chronologie. Das Leben des Aussenseiters Jakob, von dem Gstrein erzählt, hat sein eigenes Zeitmass. Nicht Uhren geben den Takt dieses Lebens an, sondern der eigenwillige Pulsschlag einer „Gegen-Erfahrung".

Wie dieser Pulsschlag schwächer und leiser wird, während gleichzeitig das vielstimmige Ticken der Uhren zu einem machtvollen, unerbittlichen Getöse anschwillt, lässt sich in einem der erstaunlichsten Prosabücher der jüngeren österreichischen Literaturgeschichte nachlesen.

Gstrein schreibt gegen ein Dilemma an, das sich aus seinem Stoff ergibt: Er will von einem Leben erzählen, das sich gegen jedes „Erzähltwerden" sträubt. Weil das Mass der Zeit zugleich auch das Mass der Erzählung ist, stellt jede „Geschichte" von vornherein eine künstliche Ordnung dar. Könnte Jakob seine Geschichte selbst erzählen, wäre sie keine „Geschichte" mehr, sondern vielleicht bloss ein langes, raumgreifendes Schweigen. Tatsächlich aber bekommt Jakob gar nie die Chance, sich zum Subjekt seines Lebensentwurfes zu machen. Seine „Geschichte" wird von anderen erzählt, und das heisst: die Entmündigung, die den Gegenstand der Erzählung bildet, wird durch den Akt des Erzählens gesteigert und besiegelt.

Gstrein hält diesen Zusammenhang gegenwärtig, indem er den erinnernden Nachvollzug von Jakobs Biographie an verschiedene Erzählinstanzen delegiert: an die Mutter, die Brüder, an Freunde, zufällige Beobachter. Sie stehen stellvertretend für eine kleine Tiroler Fremdenverkehrsgemeinde, wo die Profitgier längst alle zwischenmenschlichen Beziehungen ausgehöhlt hat. Jakob nimmt sich in dieser Welt, die das Fremde, Andersartige nur duldet, um es gehörig ausbeuten zu können, wie eine Art Kaspar Hauser aus. Sein Lebenstraum, gespeist aus frühen Kindheitserfahrungen, verblasst allmählich; er wird zum wortkargen, trunksüchtigen Dorfstreuner, zum verwahrlosten Verweigerer, der freilich bloss zur Kenntlichkeit entstellt, worauf die reduzierte, uneigentliche Existenz der ganzen Dorfgemeinschaft hinausläuft: Wenn er schweigt, klagt er zugleich auch die Sprachlosigkeit der Dörfler ein, und vergisst er im Rausch, wer er ist, rührt er immer auch an die Selbstvergessenheit seiner Umwelt.

Es entspricht einer bewussten Gestaltungsabsicht, dass Gstrein die „Geschichte" Jakobs von ihrem Ende her aufrollt. Der Rebell ist zum

Gesetzesbrecher geworden. Dass er seine Freundin Hanna getötet hat, darf man ahnen: Das Ereignis selbst wird in den Erzählungen ausgespart. Es bleibt – und da setzt Gstrein einen bezeichnenden Akzent – das einzige Geheimnis, das nicht aufgeht im fremden Zugriff auf Jakobs Leben. Jakobs Geschichte beginnt recht eigentlich erst, wo die „Geschichten" der verschiedenen Erzähler enden. Deshalb ist es auch kein Zufall, dass diese „Geschichten" durch die Fragen von Polizisten in Gang kommen: Was den Aufbau aller „Berichte" über Jakobs Leben bestimmt, ist nicht das Muster einer authentischen Erfahrung, sondern das abstrakte Ordnungsschema des Verhörs. Sorgsam erstellen die Befragten eine „Chronik" der Ereignisse, bemüht knüpfen sie das Kausalnetz, das den beunruhigenden „Fall" dingfest und verfügbar machen soll. Doch ihre „Erzählungen" schreiben nur die Verständnislosigkeit fort, die Jakob zum Aussenseiter gestempelt hat; unablässig ticken die Uhren, aber ihr starres Metrum reicht nicht wirklich heran an Jakobs Zeiterfahrung: „Niemand schaut auf eine Uhr, und so ist ungewiss, ob die Zeit nicht gerade jetzt eine Sekunde versäumt."
Der Gehalt von Gstreins Erzählung erschliesst sich weitgehend nicht über das erzählte Geschehen, sondern über die Erzählweise. Seit Peter Handkes *Wunschlosem Unglück* ist eine derart dichte, aber unangestrengte Verflechtung von Erzählung und Erzählreflexion nicht gelungen. Hier schreibt einer, der offenbar genug Erfahrungen macht, um davon erzählen zu können, und gleichzeitig ganz genau weiss, dass solche Erfahrungen oft spurlos verdampfen in der Voraussetzungslosigkeit „reinen" Erzählens. Die traumwandlerische Stilsicherheit, mit der Gstrein diesem Dilemma begegnet, gibt Anlass zu schönsten Hoffnungen. Man darf also beruhigt sein: Die jüngste österreichische Literatur besteht nicht bloss aus Christoph Ransmayr.

Neue Zürcher Zeitung v. 6.1.1989

Zu *Anderntags*

Gisela Bartens

Die Sprache lügt

„Mit offenen Armen ins Glück gerannt" wie in ein offenes Messer. Schärfer kann die Zweischneidigkeit einer Beziehung nicht ausgedrückt werden, die am Versagen von Sprache scheitert.

Daß Lüge sich über Sprache ausbreiten kann, macht jedes Wort verdächtig. Wenn es aber gelingt, Welt mittels Sprache umzulügen, kann auch die alles verfälschende, Wirklichkeit aufweichende Verlogenheit mit der Sprache aufgedeckt werden.

In seiner zweiten Erzählung *Anderntags* macht sich Norbert Gstrein an die Entschleierung des Bildes „von einer Welt, die auf dem Kopf stand und im Schein wahrer zu sein schien als in Wirklichkeit". Eben der unseren. Dabei ist er von vornherein auf den entscheidenden Satz aus, „der alles nach sich zog". Wenn aber ein Erzähldebüt so außerordentlich war wie das des jungen Tiroler Autors mit *Einer* vor einem Jahr, gerät, was nachkommt, unweigerlich in die Lage, daran gemessen zu werden. Doch der Vergleich mit seinem wertenden „Besser" oder „Schlechter" ist die leidige Spielregel, gegen die verstoßen werden kann, indem man sie übergeht. Wie der Autor beinahe schlafwandlerisch sicher in seinem Erstling erzählstrategisch die Mutmaßungen über die Biographie seines Protagonisten Jakob an diverse Beobachter überträgt, so konzentriert er diesmal inhaltlich Disparates, exemplarisch dem Thema lügenhafter Verschwommenheit auf den Leib geschrieben, ausschließlich auf eine diffizile personale Erzählinstanz. Einmal meldet sich dieses Bewußtsein als Ich-Erzähler zu Wort, „zugleich" aber auch vorgegeben „schriftlich" als schreibendes Subjekt, das Ereignisse, Erfahrungen, Erlebnisse inklusive des sich an diesen orientierenden Schreibprozesses reflektiert und sich somit als in die Ereignisse verstrickter Subprotagonist Georg selber erzählt.

Der dadurch bedingte ständige Perspektivenwechsel wird erzählerisch wie mit der Gummilinse durchgeführt, die unvermittelt von der intimen Nahaufnahme zur scheinbar objektiven Distanz der Totale springt; um mit diesem Erzähltrick auch das Schimärenhafte der Fiktion aufzuzeigen. „Was bleibt, sind Einzelheiten, Splitter, nicht zusammensetzbar. Oder zusammengesetzt eine eigene Welt." Auslösendes Moment zum systematischen Auflesen und fiktionalen Klittern ist ein Schock, der Erinnerung in Gang setzt: „Kathrin tot." An diesem plötzlichen Unfalltod der Freundin – ist er einer? – zündet die Erzählmaschine. „Daß jetzt alles geschehen" könne, ist Anlaß, zu rekapitulieren, was den verhängnisvollen Mechanismus von Angst, von Schuld, von Versagen, Vereinsamung und Resignation auslöst.

Was Georg dazu treibt, sich vor dem Spiegel stets zu versichern, er brauche keine Menschen, nachdem das Gefühl für den anderen – „wunschloses Glück, sagte er später" – an halben Wahrheiten, ganzen Verschweigungen, um sich greifenden Mißverständnissen, endlich an Sprachlosigkeit krepiert ist: „Es war die Sprache, die mehr und mehr zu fehlen schien, als Zeichen eines anderen Mangels – oder als Grund dafür." Der Leser macht die schmähliche Erfahrung mit, „wie wenig ein Wort hielt", das sich mißbrauchen läßt, bis alles nur noch Schein und Watte ist und „die Kluft zwischen Gesprochenem und der Wirklichkeit" nie mehr zu schließen. Resigniertheit „als Zeichen dieses Landes" ist die Folge schleichender Zersetzung. Gstreins zweite Prosapublikation ist nicht im erzählten Irgendwo angesiedelt, sondern im studentisch intellektuellen Milieu kritischer Herausgeber einer alternativen Zeitschrift in Innsbruck. Das deutet auf ein beinahe programmatisches Vorgehen bei der Schreibarbeit: Verhindern, beziehungsweise Scheitern von Lebensentwürfen soll zunächst im dörflichen, dann im städtisch Lebensraum aufgezeigt werden. Beides eng an eine der Lüge Vorschub leistende und damit zum Mittel der Kommunikation untauglich gewordene Sprache und an speziell österreichische Verhältnisse gekoppelt. Hier stößt eine scheinbar unaufwendige, mit ausschließlich literarischen Mitteln sagenhaft sicher arbeitende Fiktion unfehlbar auf Politik.

Diese Erzählung ist keine langsame Heimkehr, im Gegenteil, eine langsame Abkehr ins „Hintere Eis" der Beziehungslosigkeit, des Aus-den-Verhältnissen-Fortgehens, weil der Schimmelpilz Lüge jede öffentliche und private Beziehung verseucht. Die mit den Eltern, den Freunden, den Gesinnungsgenossen; ja selbst vor dem Literaturbetrieb macht er nicht halt. Für den Anschein von Liebe, von Anerkennung, von Erfolg prostituiert man sich unter Mittäterschaft von Sprache. Nur im „Verkehrten" kann der fiktiv gespaltene „Erzähler" noch Wahrheit finden, „dabeizusein war ihm zuwider". Habe er doch „aufgehört", an Worte zu glauben, es müßten andere sein, eine neue Sprache. Doch noch hat Gstrein langen Erzählatem mit der schönen Geschmeidigkeit alter Wörter.

Doch in leicht elliptischer Schreibweise legt er diesmal mit winzigen Verstehensbrüchen, minimalen grammatikalischen Verstößen ein Spinnennetz von Korrosion über den Textkörper, um den lügenhaften Verschleiß auch sprachlich festzumachen. Denn die Sprache ist angeschlagen wie die Menschen, doch schon anderntags scheint „nichts zu geschehen, nicht wirklich". Mit Tempuswechsel zum Präsens zeigt der Autor den negativen Zukunftsaspekt eines Dauerzustandes an.

Kleine Zeitung (Graz) v. 15.10.1989

Heinz Hug

Norbert Gstrein: Anderntags

Eine Passage als Schlüsselstelle zu betrachten, die in einem literarischen Werk zweimal vorkommt, liegt nahe. In der Erzählung *Anderntags* des Österreichers Norbert Gstrein findet sich eine derartige Reminiszenz: eine Seite aus dem ersten Kapitel wiederholt sich am Schluß. Allerdings nimmt der 1961 geborene Autor, der 1988 mit der überzeugenden Erzählung *Einer* debütierte, eine bedeutungsvolle Änderung vor: Steht zuerst das Präteritum, so findet man am Schluß das Präsens – um eine Entwicklungserzählung kann es sich demnach nicht handeln; im Erzählgeschehen wird etwas im Vergangenen Liegendes zurückgeholt – Vergegenwärtigung durch Erinnern bildet das Erzählprinzip.

Inhaltlich fällt an der Textstelle eine isolierte – oder besser: dissidente – Existenz auf (die Zitate zeigen Gstreins unverbrauchte, eigenwillige Schreibweise): „Ich blieb für mich", auf Distanz zu den Touristen, „die mit oh und ah, knips und klick über die glänzenden Dächer auf die Nordkette blickten", auch zu „den Kolonnen von Pendlern. Ausflüglern, ganzen Familien, die zum Einkaufen über die Grenze fuhren und abends müde, vom Zoll geschröpft und zerstritten zurück." Alleinsein ist keineswegs negativ besetzt, heißt es doch – nun wiedergegeben nach der zweiten „Fassung": „Drunten, in der warmen Luft, spürt man den Sommer, eine Welt: ihre großen Augen – daß man innehält oder zurücktritt vom Geländer, einverstanden mit sich und dem, was ist."

Bei *Einer* vermerkte ein Kritiker, der Gehalt erschließe sich weniger durch das erzählte Geschehen denn über die Erzählweise. Für *Anderntags* gilt dies nicht allein in der erwähnten Textstelle. Gstrein arbeitet mit zwei Erzählebenen: einer gegenwärtigen mit dem Ich-Erzähler und einer vergangenen, in welcher ein auktorialer Erzähler von ersterem berichtet. Gegenwärtiges Ich und in der Vergangenheit liegender Er (es handelt sich um den Studenten und Schriftsteller Georg) widerspiegeln die Problematik von Nähe und Distanz, welche in inhaltlicher Hinsicht einen konstitutiven Aspekt der Erzählung darstellt.

Georg hat, von einer Reise zurückgekehrt, in einem städtischen Außenquartier ein Zimmer gemietet. Hier erreicht ihn die Nachricht, Kathrin – eine Zeitlang war sie seine Freundin – sei tödlich verunfallt. Er nimmt am Begräbnis teil, fährt für einen Besuch zu seinen Eltern, trifft einen früheren Freund. Parallel dazu berichtet der Erzähler von Georgs Vergangenheit, von Kathrin, ihrer Beziehung und deren Ende, von der Zeitschrift, an der beide mitgearbeitet haben, vom Leben in der Stadt. Mit der zunehmenden Vergegenwärtigung dieser Ereignisse läßt auch der Ich-Erzähler Erinnerung zu; die beiden Ebenen durchmischen sich. Die in allen Kapiteln beachtete Zweiteilung in Ich- und Er-Erzählung wird im letzten aufgehoben – die Erinnerungsarbeit hat eine Ich-Georg-Identität entstehen lassen; man könnte von gelungener Selbstfindung sprechen. (Nicht nur diese beiden Ebenen bringt er zusammen, Gstrein versteht es auch meisterhaft, Beschreibung, Erzählung und [Erzähl-] Reflexion zu verflechten.)

Diese Selbstfindung korrespondiert mit einem literarisch sichtbar gemachten Umfeld, das für Georg keine sozial integrierte Existenzform zuläßt. Die Welt, die Gstrein in *Anderntags* zeichnet, ist diejenige einer nahezu absoluten Erstarrung, „eine tiefe Resigniertheit", die er das „Zeichen dieses Landes" nennt. Oder metaphorisch: „Erst das leere Rednerpult schien als Zeichen angemessen, die weißen Plastikbecher, die auf dem Boden lagen, weit verstreut, und an den Ständen wurde nichts gesagt: tausend Worte, aber keines hatte Sinn, oder es war schnell vergessen." „Zuweilen gibt es Versuche, diesen Immobilismus zu durchbrechen: Couleur-Studenten beispielsweise, die Georg jedoch lediglich an nicht aufgearbeitete historische Wurzeln dieser Unbeweglichkeit gemahnen: „Sie schrien hoch, er lebe."

Etwas anderes bedeutet ihm allein die Zeitschrift, „wenn sie von sich gab, was sonst kaum gedacht, geschweige gesagt wurde und gerade darum Leben barg." Was es jedoch mit dem Verdacht gegenüber dem Gemeinderat und nachmaligen Bürgermeister auf sich hat, kann nicht in Erfahrung gebracht und noch weniger bewiesen werden. Die Zeitschrift löst sich auf – jedem war sie ein „Zeitvertreib, der ihm über die Langeweile half und obendrein das Prädikat gab, er sei engagiert. ... Der Augenblick war vorbei, wo eine Idee als ganze wirkte."

Mit einer seltenen Sensibilität und viel psychologischer Einsicht beschreibt Gstrein die Beziehung zwischen Georg und Kathrin. Gestaltet sie sich zu Beginn vielversprechend („alles fiel uns leicht", „immer gab es etwas, das noch, vor uns lag"), so stellen sich – analog dem Muster in Georgs früheren Liebesverhältnissen – Schwierigkeiten ein, manifest werden sie zuerst im Zusammenhang mit Sprache. Da er sich als unfähig erweist, die Beziehung zu beenden, bleibt ein Ende mit Schrecken, das von wachsender Brutalität bestimmt wird.

Die Hintergründe dieses Versagens liegen zum einen in lebensgeschichtlichen Faktoren, zum andern sind sie gesellschaftlich vermittelt, insbesondere in den veränderten Geschlechterbeziehungen. Als eindeutig faßbar gestaltet sie Gstrein nicht; gerade auch dieser Skeptizismus hinsichtlich Erkenntnis drängt Georg in seine Existenzform, die ihn allerdings der Verantwortung nicht enthebt: Die Frage nach der Schuld an Kathrins Tod bricht immer wieder auf.

Gstrein geht weit über die Darstellung eines individuellen Konflikts hinaus. Georg, diese unheldische, unentschlossene, mit einem schwachen Selbst versehene Figur, für den „darin, im Verkehrten, die Wahrheit" liegt, bedeutet die Negation einer Gesellschaft, in der es Leben nur gibt „gerade vor Geschäftsschluß, wenn die Leute sich auf den Gehsteigen, in den Straßenbahnen drängen ..., bevor es in den Wohnzimmern vor den Fernsehern erlischt", einer Welt, die „auf dem Kopf stand und im Schein wahrer zu sein schien als in Wirklichkeit". Die für die Moderne charakteristische Dialektik von entfremdetem Subjekt und entfremdender Gesellschaft erreicht dann ihren Höhepunkt, wenn sie nur noch ein erstarrtes kollektives Dasein oder eines in bindungsloser Dissidenz zuläßt. Eine treffende Chiffre für letzteres ist Gstrein in diesem Georg gelungen. Sie erinnert an Christoph Heins *Tangospieler* Dallow – nur erzählt dieser unbefangener, heiterer, mit leiser Ironie. Eine andere Verwandtschaft besteht zweifellos zu Büchners *Lenz*, der der Negativität seiner Zeit nichts als Verzweiflung entgegenzusetzen vermag. Büchners Pathos erschiene heute unangebracht, Gstrein erzählt denn auch sachlicher, elegischer. Gleichwohl weist die Diktion der beiden Texte Ähnlichkeiten auf – nicht nur im häufigen Gebrauch von Appositionen, wie Gstreins folgender Satz zeigt: „Da wurde ihm leicht, er hätte am liebsten geschrien, wenn er die Augen schloß oder im Osten, zwischen den Dörfern, die sanft ansteigenden Hügel sah."

Neue deutsche Hefte 36 (1989), H. 3

Zu *Das Register*

Bernhard Fetz

Die Söhne schwacher Väter

Das Register: Von Geburt an protokolliert der Vater, was ihn seine Kinder kosten; mit jedem Tag wächst die Schuld, wächst der Stapel an Belegen, sorgsam aufbewahrt in einem dicker und dicker werdenden Rechnungsbuch. „Ob wir soviel überhaupt wert waren? Auf jeden Fall wollte er ab und zu wissen, wie und wann – wie und wann krieg' ich alles zurück (...)" Er wird es mit anderer Münze zurückbezahlt bekommen. Norbert Gstreins Vaterfiguren sind Getriebene, sie sind Autoritäten, an denen man zwar noch zerbrechen kann, die aber auch selbst zerbrechen; nicht plötzlich wie Helden, sondern langsam wie Verlierer. Es ist die Generation der heute 50 bis 60jährigen, die hier beschrieben wird; ihr fehlt die Selbstgewißheit der Gründerväter, der tirolerischen Fremdenverkehrspioniere in diesem Fall. Der Großvater im Roman, das war noch ein Mann, ausgestattet mit einer Mischung aus Bauernschläue und Rücksichtslosigkeit: Hemingway soll er gekannt haben, als dieser in den 20er Jahren im vorarlbergischen Schruns seine Männlichkeit an noch nicht lawinenverbauten, noch nicht durch die Fremdenverkehrsmaschinerie gezähmten Bergen erprobte. Und ein Hotel hat er gebaut, damals das größte im Dorf. Das ist ein reißfester Stoff, aus dem sich Familienlegenden machen lassen; wie anders dagegen die brüchigen Lebensgeschichten der Nachkommen.

Die Naht in der männlichen Familientradition ist gerissen. Das Loch, das sich auftut, wird gestopft mit Verlustängsten, mit anmaßendem Größenwahn und dumpfem Neid, mit Ressentiments vor allem. Der Vater ist ein frustrierter Lehrer, heimatlos geworden, nachdem er das Dorf verlassen hatte, unfähig, sich eine eigene, eine neue Geschichte aufzubauen. Noch nicht alt, sind die kleinbürgerlichen Tyrannen müde geworden, ihre Söhne überfordernd und doch von ihnen an die Wand gespielt: Der Vater „war zum Verlierer geworden, in einem System, in dem es Verlierer nicht gab, wenigstens in seinem Sprachgebrauch, und es gelang ihm nicht, nicht mehr, mit seinem immer wieder gepredigten Siegesbewußtsein zurechtzukommen, mit seinem eigenen, auf einmal von Moritz in aller Vorbildlichkeit verkörperten Wahn. Immer gab es zuletzt Streit, wenn Vater mit irgendwelchen aus der Luft gegriffenen Vorwürfen kam, und wenn Moritz widersprach, wenn er sagte, ich bin, was ich bin, auch durch dich, war es platt, und entweder verließ er so schnell wie möglich das Haus, oder Vater warf ihn hinaus, verschwind, verschwind nur, verschwind."

Solche Konstellationen, so könnte man vermuten, geben dem Erzähler Raum für psychologische Exerzitien. Doch *Das Register* geizt nicht nur mit äußerer Handlung, sondern auch mit innerer: Zwei Brüder kehren anläßlich der Hochzeit einer Frau, die sie beide einmal geliebt haben, von der sie vielleicht immer noch nicht losgekommen sind, in ihr Heimatdorf zurück. Der eine hat Mathematik studiert und ist enttäuscht, weil seine idealisierende Vorstellung nichts mit der biederen universitären Verwaltung dieser Wissenschaft zu tun hat. Der andere war Schirennläufer; genau beschreibt Gstrein die Geschichte von Aufstieg und Fall eines österreichischen Volkshelden, von den frühen Siegen bis zum Ende in einem schäbigen Vorstadtcafé.

Wer will, kann hinter diesem Brüderpaar die Schemen der Brüder Norbert und Bernhard Gstrein aus dem Ötztaler Gebirgsdorf Vent erkennen. Wie schon in Gstreins 1988 und 1989 erschienenen Erzählungen *Einer* und *Anderntags* ist der eigentliche „Held" aber die Sprache. Was erzählt wird, ist sprachlich motiviert, nicht psychologisch. Und wie in *Anderntags* ist es das Nachdenken über eine Abwesende, das die Erinnerung in Gang setzt.

Das Register: Das sind Bruchstücke von Erinnerungen, ein diskontinuierlicher Strom von Bildern, erzählt in immer wieder abbrechenden, dann wieder neu ansetzenden Sätzen, im permanenten Wechsel der Erzählperspektiven (ich/er, wir/sie), im Wechsel, auch von Möglichkeits- und Wirklichkeitsform. „Regieanweisungen" hat Gstrein in den Roman einmontiert. Sie verweisen auf denselben Defekt wie die stockenden, retardierenden Sätze: daß dem Erzähler die Worte fehlen, die alles endgültig bannen könnten, was gewesen ist; daß alles ganz anders gewesen sein könnte. Was aber hätte ganz anders sein können?

Dem Buch vorangestellt ist neben einem Zitat aus Richard Fords *The Sportswriter* eines aus *Amras* von Thomas Bernhard, das von der Unmöglichkeit, in Tirol seine Talente auszubilden, handelt. Thomas Bernhard spukt in den Köpfen vieler (österreichischer) Schriftsteller. Selten zum Besten ihrer Werke. Norbert Gstrein erzählt in seiner distanzierenden Sprache von Tirol, von der Verlogenheit der Provinzpolitiker, ihrem kleinkarierten Größenwahn, dem duckmäuserischen Patriotismus der Eingeborenen, dem atemnehmenden kulturellen Klima. Aber anders als in den Erzählungen wird im über 300 Seiten langen Roman die Sprachgebung passagenweise zur Manier, gerät die Aufzählung des längst Bekannten zum literarischen Ritual. Präzise ist Norbert Gstrein dagegen in der Anatomie des Ressentiments und der Denunziation: „Intermezzo" heißt ein wenige Seiten langes Selbstporträt eines Liebhabers als zynischer Kommentator eingeschleifter Liebesgesten. Hier greifen die Widerhaken, die Norbert Gstrein in seine Texte einbaut – beim Leser und beim Erzähler, der sich auf die Schliche kommen möchte.

Falter (Wien) v. 30.9.1992

Jens Jessen

Zuviel Maiglöckchen und zuviel Fingerhut

Der Roman *Das Register*: Norbert Gstreins ehrgeiziger Versuch, aus
den Sackgassen der literarischen Avantgarde zu entkommen

Norbert Gstrein ist ein Schlitzohr. Mysteriöser, als er es tut, kann man einen Roman kaum beginnen lassen. Der Held sitzt in der Eisenbahn. Er
hängt seinen Gedanken nach; so viel wird nach und nach klar. Der erste
Satz aber und das, was er ankündigt, sind von vollendeter Rätselhaftigkeit: „Jetzt, ja, jetzt setzt es ein – oder wenigstens scheint es ihm so –, mit
einem Zucken, einem vagen Zittern, einem Wabern der Luft, in der Dunkelheit, in der Schwärze sind es einzelne Bilder, jäh aufblitzend, schon
wieder weg –" Ja, was? Was ist hier schon wieder weg? Was setzte ein,
was zuckte und was zitterte vage? Wir werden es nie erfahren.
Wir erfahren statt dessen etwas ganz anderes. Norbert Gstrein liebt die
Dunkelheit. Sein Roman ist voller solcher Formulierungen, die eine Spannung aufbauen, die zwar schließlich aufgelöst wird, aber niemals dort, wo
wir es vermuten. Zwar läßt sich mit etwas gutem Willen denken, daß sein
Held während der nächtlichen Bahnfahrt eingenickt ist und wieder erwacht, ehe er so recht ins Träumen gekommen ist. Aber was es mit den
schnell verflogenen Traumbildern auf sich hatte, wird nicht erzählt. Das
„Register", das der Titel annonciert, scheint das Gegenteil des ästhetischen Prinzips zu sein, das den Roman beherrscht. Nichts ist hier sauber
aufgelistet und schon gar nichts in durchsichtiger Ordnung. Jeder
Schleier, der sich hebt, gibt zunächst nur den Blick auf einen weiteren
Schleier preis. Erst nach einem guten Drittel des Romans beginnt sich die
Szene zu lichten.
Es ist fast zu früh. Denn der überraschte Blick fällt auf eine Handlung von
erstaunlicher Schlichtheit. Der Schriftsteller und Mathematiker Norbert
Gstrein, dessen Bruder ein berühmter Skiläufer ist, erzählt die Geschichte
eines Mathematikers, dessen Bruder ein berühmter Skiläufer war. Was sie
hinter sich haben, ist die fast schon sprichwörtlich gewordene böse Tiroler Kindheit. Was sie vor sich haben, ist das Scheitern. Der eine scheitert
am Schreibtisch, der andere auf der Piste; beide haben sich dem Alkohol

ergeben. Schon als Kinder waren sie nur mühsam auseinanderzuhalten; zum Ende des Romans sind sie es erst recht nicht mehr. So ist es nur einleuchtend, daß sich ihre Perspektiven, die schon anfänglich nur schwer auseinanderzuhalten sind, im Epilog bis zur Ununterscheidbarkeit ineinander verschränken.

Mit dem Fortschreiten der Lektüre gewinnen solche und andere Kunstmittel, die der ursprünglichen Verschleierung dienten, eine verblüffende Durchsichtigkeit. Auch der erste Satz erhält seinen guten Sinn, der freilich nicht auf der Ebene der Handlung, sondern in einem poetischen Selbstkommentar des Autors liegt. Der Autor kann und darf seinen Helden (es ist der Mathematiker) gar nicht zum fortgesetzten Träumen kommen lassen. Denn die Schwärze, die Dunkelheit, in der nur ab und zu einige Bilder jäh aufblitzen, ist das Konzept des Romans.

Es ist ein heikles Konzept. Die Mittel, die Norbert Gstrein zur Verfügung stehen, die gewünschte Schwärze zu erzielen, ohne den Leser in Nacht und Blindheit zu verlieren, sind freilich erstaunlich. Die besten liegen auf der Ebene der Sprache. Gstrein beherrscht die Technik des kalkulierten Verstoßes gegen die Grammatik, des Anakoluths, der verblüffenden Inkoinzidenz. Er wechselt die Perspektiven von Satz zu Satz, er turnt herum in den Zeiten, zu allem Überfluß schiebt er noch zwischen die erzählenden Abschnitte sogenannte „Regieanweisungen" in kursivem Satz. Norbert Gstrein ist auch in diesem Roman der Stilist, als der er mit seiner ersten Erzählung *Einer* (1989) hervortrat und sogleich stürmisch gefeiert wurde. Unter den jüngeren deutschen Autoren, die aus den Sackgassen der Avantgarde entkommen wollen, ist er die Ausnahme. Wo andere mühsam das Einmaleins einer verschütteten Erzähltradition wiedererobern müssen, hat er schon alle Tricks zur Hand.

Es sind leider entschieden zu viele. Es sind kurioserweise gerade die Kunstmittel in ihrer Fülle, die Norbert Gstrein mit diesem Roman scheitern lassen. Eine verhängnisvolle Rolle spielen vor allem die "Regiebemerkungen", in denen die Zwillingshelden die Spielregeln für die Erzählung ihrer Geschichte festlegen wollen, und das heißt vor allem: Sie wollen festlegen, was nicht erzählt werden soll. „Ob wir Stimmen aus dem Off hätten oder gar einen Erzähler? Ob wir selbst erzählen würden? Auf jeden Fall müßten wir achtgeben, nicht zu viel zu erklären oder in einen Schulmeister- oder Oberlehrerton zu verfallen, in einen Gestus vermessener Allwissenheit." Die beiden Helden fürchten sich offenbar. Aber wovor? Teilen sie etwa den hochgezüchteten literarischen Geschmack ihres Autors, der von einem allwissenden Erzähler gekränkt würde? Es ist viel einfacher. Die beiden, das machen düstere Andeutungen ihrer Schwester schon früher klar, haben etwas zu verbergen. Darum fahren sie fort: „Wir müßten uns möglichst vor unzulässigen Verbindungen hüten, vor ohnehin klaren, scheinbar einsichtigen, und vor allem vor Kausalitäten." Die Dunkelheit des Romans also ist eine Forderung seiner Figuren. Sie haben mit Erfolg den Aufstand gegen den Erzähler, gegen das Erzähltwerden geprobt, und zwar aus Feigheit, aus Angst vor der Wahrheit ihres Lebens. Die Spannung zwischen Form und Inhalt des Romans ist damit zwar glücklich gelöst, aber die Auflösung kommt einer Enttäuschung gleich. Die Schwierigkeiten dieser Prosa, ihre kunstvolle Dunkelheit, enttarnen sich noch vor der Mitte des Buches als etwas Altbekanntes: als psychologisch motivierte Rollenprosa.

Norbert Gstrein hat sich verspekuliert. Keine Pointe der Welt könnte die übertriebenen Verheißungen einlösen, die er durch seine Geheimnistuerei gezüchtet hat. Der ehrgeizige Versuch, den wir im Vorabdruck dieser Zeitung dokumentierten, scheitert auf bezeichnende Weise. Er wird die Geister nicht mehr los, die er rief. Schließlich schlägt er sie tot. Er denunziert die Avanciertheit der sprachlichen Mittel durch den jähen Rückgriff auf die Tradition. An Gstreins Roman beweis sich die pharmazeutische Weisheit, daß nur die Dosis über die Wirkung entscheidet. Was in homöopathischen Mengen heilt, kann im Übermaß tödlich sein. Und wie mit Maiglöckchen und Fingerhut, so auch mit den Kunstgriffen dieses Autors. Sie überreizen nicht nur die Rätsellust des Lesers, sie tun viel Schlimmeres, nämlich genau das, was sie verhindern sollen. Sie führen den Leser allzu rasch auf die richtige Fährte. Er erwacht aus den Verwirrungen der Lektüre wie aus einem schweren Rausch: mit einem Kater. Seine Ernüchterung wird nur durch die kleine Restspannung gemildert, endlich zu erfahren, was denn die Helden zu verbergen haben.

Sie haben in ihrer Jugend ein Dreiecksverhältnis mit einer Frau unterhalten, die darob einen wenig ernst gemeinten Selbstmordversuch unternahm. Das ist alles. Damit ist endgültig die Katze aus dem Sack. Wenn Ernüchterung überhaupt zu steigern ist, dann steigert sie sich im letzten Drittel dieses Romans. Denn nun erzählt der Autor, von seinem Geheimnis glücklich befreit, plötzlich ungeniert alles genau so, wie es seine Helden hatten verhindern wollen. Er betet ihre Lebensgeschichten als Register herunter. „In solchen Geschichten", hatten seine Figuren mit gutem Grunde gewarnt, „trugen die Helden mit ihrer Geburt und ihrer zwangsweise schrecklichen Kindheit schon so etwas wie eine Kennzahl – ein Kainsmal –, unsichtbar, aus der sich dann Schritt um Schritt alles ergab, mit Mord oder Selbstmord am Schluß."

Genau so kommt es hier – als hätte der Autor, den sicheren Schiffbruch vor Augen, das Kentern mit finsterem Fatalismus noch beschleunigen wollen. Ganz offenbar hat ihm das abschreckende Beispiel gefehlt, an dem der literarische Geschmack seiner Helden geschult wurde. Es ist das Beispiel ihres Vaters, der nicht nur die Quelle ihrer unglücklichen Tiroler Kindheit, sondern auch ein verhinderter Schriftsteller war. Von dem einzigen Buch, das er schließlich vorlegt, spotteten die Kinder: „Es war wie eine erzwungene Beichte, und mehr noch, wie unter Folter erzählt, mit der Absicht so lange wie möglich nichts zu erzählen und, wenn es nicht anders ging, alles. Im ganzen Durcheinander schien der einzige Lichtblick der, daß es nicht mehr als hundert Seiten hatte."

Ist es der Fatalismus Norbert Gstreins, der sich hier in der Selbstparodie Bahn bricht? „So lange wie möglich nichts zu erzählen und, wenn es nicht anders ging, alles": Nach ebendieser plötzlich entgleisenden Dramaturgie scheint Norbert Gstreins Roman geschrieben. Der Autor ist ein Schlitzohr, gewiß, aber ein ungeheuer naives. Er führt den Leser zunächst mit Geschick an der Nase herum, mit schönem Schwung und einer Raffinesse, die selbst der Betrogene bewundern kann. Aber so groß ist der Schwung wieder nicht, daß die Schrecksekunde länger als jene hundert Seiten währt, auf die sich leider nur der verspottete Vater beschränkt hat.

Frankfurter Allgemeine Zeitung v. 16.1.1993

Zu O_2

Andreas Breitenstein

Ein überraschender Mond

Norbert Gstreins Ballon-Novelle O_2

Mit Talentproben hat sich Norbert Gstrein nie aufgehalten. Bereits in seinem Prosadebut „Einer" (1988) war der 1961 geborene Österreicher literarisch voll präsent: Die Passionsgeschichte des Aussenseiters Jakob, der an der Herzlosigkeit einer touristisch korrumpierten Dorfwelt zerbricht, zeichnete sich durch einen kraftvollen thematischen Zugriff und eine eigenständige Sprache aus. Von hohem, aber nicht unproblematischem Kalkül zeugte die Erzählkonstruktion, deren Logik die Frage der Verantwortlichkeit a priori entscheidet: Zwar hat die Technik der aussparenden Rückblende, mit der Jakob als blinder Fleck seiner Umgebung gezeichnet und so in der Freiheit seines Andersseins belassen wird, etwas zutiefst Humanes. Doch ist diese Pietät erkauft durch die Apodiktik der Anklage gegenüber einer Normalität, deren Vertreter – unter verhörartigem Redezwang – gar nicht anders können, als im Versuch nachgetragenen Verstehens eine Schuld zu bestätigen, die *so* erst gezeigt werden müsste.

Der Dialektik von Sagen und Verschweigen, dem Erzählen der Nichterzählbarkeit von authentischen „Gegen-Erfahrungen" ist Gstrein auch in der Folge treu geblieben. Allerdings liess sich der studierte Mathematiker stärker von den Möglichkeiten erzählerischer Kombinatorik faszinieren, als es dem Schriftsteller hätte lieb sein dürfen: In der Erzählung „Anderntags" (1989), in der sich ein Ich-Erzähler schreibend dem Tod seiner Freundin nähert, brachte Gstrein zusätzlich verschiedene Zeitebenen und wechselnde Perspektiven ins Spiel – nur um den Text durch das Übermass an Konstruktion an seiner Entfaltung zu hindern. Der Roman „Das Register" (1992), die Geschichte eines am Leben gescheiterten Brüderpaares, setzte die Tendenz zur Verklausulierung bis an die Grenze des Zuträglichen fort: Über dem Misstrauen gegenüber „allzu simpel gestrickten" Geschichten schien der Autor den Glauben in die Kraft eines geschlossenen Fiktionszusammenhangs gänzlich verloren zu haben.

Es liegt nahe, Gstreins Formalismen – als Mittel der „Selbstentblös-
sungsverbergung" (Martin Walser) – mit der stark autobiographischen
Prägung seiner Texte in Verbindung zu bringen. Dass er den Punkt der
grössten Ich-Nähe mittlerweile durchschritten und den Weg aus der
Zeitlosigkeit der Bergtäler in die Geschichtsträchtigkeit der Ebenen an-
getreten haben könnte, darauf deutet die Novelle „O_2", die den histori-
schen Ballon-Stratosphärenflug des (namentlich nirgends genannten)
Schweizer Physikers Auguste Piccard vom 27. Mai 1931 in Augsburg zum
Thema hat. Als möchte der Autor eine neue erzählerische Balance von
Einfachheit und Komplexität, den thematischen Ausbruch aus den Nie-
derungen der Provinz beschwören, ist der Ballonstart am fulminanten
Textbeginn *auch* poetologisch zu lesen:

> „Auf einmal steht der Ballon frei in der Luft, hoch über den Dächern (...)
> Das Schlenkern der Gondel nimmt ab, ihr Pendelausschlag, und
> schliesslich zittert sie sich in der Ruhestellung ein, während der Ballon
> immer praller, immer runder wird, und mit den ersten Sonnenstrahlen
> bricht er aus dem Grau in Grau, auf einmal gelb leuchtend, in scharf
> umrissenen Konturen, ein überraschender Mond."

Was als Apotheose technischer Machbarkeit beginnt, wird im Laufe der
Erzählung schrittweise in den Bereich des Unverfügbaren zurückgenom-
men. Wenn sie die angestrebte Höhe von 16.000 Metern erreichen, sind
der Professor und sein Assistent bereits in den Kampf ums Überleben
verstrickt. Zunächst ist es ein Leck in der Aluminiumkapsel, das ihnen die
Luft absaugt, dann eine gerissene Ventilleine, die eine Landung aus eigener Kraft unmöglich macht. Zum Warten verdammt, „am Himmel aufge-
hängt" wie Marionetten, sind sie mit einem Male Objekte einer übergeordneten Versuchsanordnung geworden. Der Ballon, einst Inbegriff der
Freiheit, hat sich in ein Gefängnis verwandelt, in dem der Schrecken der
Nähe und der „Schwindel der Zeit" regieren.
Norbert Gstreins Novelle ist eine Parabel auf die Dialektik der technischen Zivilisation, aber auch ein Abgesang auf die menschliche Suche
nach Transzendenz. Nicht mehr um die Sprengung des Innerweltlichen,
um seine grösstmögliche Ausdehnung geht es den Ballonfahrern. Vom
Phantasma des scheiternden Schiffes, in dem die künstlerische Einbildungskraft der Neuzeit den verborgenen Gott in die strafende Gegenwart

zwang, ist nur noch der banale Unfall übriggeblieben. Noch bevor sich die beiden Männer in der aufgeheizten Gondel ihrer Kleider und damit ihrer Würde entledigen, sind sie als Helden verloren: Ihre Mission geht nicht – utopisch – auf Initiation und Steigerung, sondern – tautologisch – auf das Gesetz der Zahl, das die Welt unter ihnen als toter Geist des Geldes beherrscht.

Wo der Himmel schweigt, redet die Presse. Voll Ironie hat Gstrein am Boden eine Entourage zurückgelassen, die sich ins rechte Licht des „Himmelsereignisses" zu rücken weiss. Neben einer Meute von Sensationsreportern beteiligt sich auch eine Altherrenrunde an der lärmigen Auto-Ballonverfolgung durch das stille „deutsche Märchenland". Während sich der Chauffeur seinen zynischen Beobachtungen und dem Geschwindigkeitsrausch hingibt, bricht weit weg in Tirol ein Bergführer zu einer amourösen Bergtour auf, in deren Verlauf er den gestrandeten Ballon entdecken wird. Nur der Direktor der Ballonfabrik, der in der Einsamkeit seines Büros den Ausgang des Fluges abwartet, lässt sich von der allgemeinen Hysterie nicht anstecken, dämmert ihm als einzigem doch die Einsicht in den (Selbst-)Betrugscharakter des ganzen Spektakels.

Mit Lust zerstört Gstrein die Fassade des bürgerlichen Wohlbefindens: Hinter den Gesten und Worten tut sich ein Trümmerfeld zerstörter Lebensentwürfe auf. Wo den Figuren das Wünschen nicht bereits in der Kindheit ausgetrieben wurde, ist es unter einem Netz aus Abhängigkeiten, Verboten und Rücksichten stillgelegt. Es ist das Prinzip des Väterlichen, welches das Leben in der Sprachlosigkeit und damit in der Erstarrung hält. Nicht ohne Grund greift der Professor im Moment der Gefahr zur Zeitung: Wo das Erleben von der Fiktion verstellt ist, findet auch die explosive Berührung mit der Wirklichkeit, der „Kippeffekt, mit dem alles umschlagen würde, ins Bodenlose, ins Leere, in den Zenit, ins Zentrum einer anderen Welt" nicht mehr statt.

Es spricht für die Virtuosität Gstreins, dass er in der Figurenzeichnung ganz ohne Psychologie auskommt. Die Interferenzen, die sich aus dem Zusammenprall von mehr als fünf Erzählperspektiven ergeben, charakterisieren die Personen subtiler als jeder Erzählerkommentar. Aus mehreren kunstvoll ineinandergeflochtenen Erzählsträngen, deren Zusammenhang sich erst vom Ende her erschliesst, entsteht ein bitter-melancholisches Zeitgemälde, über dessen Ränder überdies die Schatten des Dritten Reiches hereinragen. Von der Vorrückblende über die Zitatmontage (aus Piccards Erinnerungen sowie zeitgenössischen Presseberichten) bis zu verfremdenden Anachronismen schöpft Gstrein aus dem Reservoir modernen Erzählens – ohne die Ökonomie des Ganzen aus den Augen zu verlieren. Jenseits der jüngsten Schwächen bringt er die alten Stärken zur Geltung: die Sinnlichkeit der Sprache ebenso wie die Musikalität der Sätze und die mit sanfter Gewalt vorwärtsdrängende Bild- und Gedankenflut. Die Wut seiner Herkunft allerdings hat Gstrein nicht ganz zu zähmen vermocht. Wo er – wenig motiviert, in der Person des Chauffeurs – gegen den Tourismus polemisiert, reisst dies empfindliche Löcher ins Erzählgewebe.

Dennoch: Gstreins Novelle steht „hoch über den Dächern" zeitgenössischer deutschsprachiger Prosa, „ein überraschender Mond" vor einem Weltdunkel, das andauert. Wenn der Ballon bei seiner nächtlichen Rückkehr zur Erde von der Bergsilhouette wie von einem „riesigen Maul" verschluckt wird, besteht kein Zweifel, dass auch die Geschichte dieses geplatzten Männertraums „richtig" erzählt ist – „mit dem [ihm] angemessenen Ende, ohne Heils- und Rettungsphantasien".

Neue Zürcher Zeitung v. 1.10.1993

Hubert Winkels

Literarischer Jugendstil

Die Sprache als Luftballon: Norbert Gstreins Novelle O_2

Die Luft, in der sich die Literatur erhält, ist dünn und verbraucht. Die Schriftsteller hocken unter einem großen Ballon in einer engen Gondel und lassen sich durch die Lüfte treiben. Die Ventilschnur ist gerissen, aus eigener Kraft zu landen ist ihnen verwehrt. In Erschöpfung und Todesangst flüstern sie sich ein paar zwielichtige Geschichten zu, die sie für die Wahrheit über ihr Leben halten. Lächerliche Figuren, die sich in der Hitze ihrer Kleidung entledigt haben. Phantasien, die über den Wolken schweben. Das einzige, was noch zählt, ist ihr Arbeitszeug: Meß-, Zeichen- und Schreibgeräte, die sie exakt einstellen und nicht aus den Augen lassen.

Das ist die Situation in Norbert Gstreins Sauerstoff-Novelle O_2, nur daß in seinem altertümlichen Luftschiff keine Literaten sitzen, sondern zwei steif-seriöse Herren der physikalischen Wissenschaft. Doch wenn wir für ein Gedankenspiel den Autor selbst stellvertretend für etliche seiner schreibenden Generationsgenossen hineinsetzen, stimmt das Bild auch: Er hat sich aus dem Staub gemacht, ist über die Wolken verduftet, hat sich vor den Lesern in Sicherheit gebracht. Beschäftigt ist er einzig mit seinem Handwerkszeug, den präparierten Ausdrucksmitteln, die sich mangels Widerstand und interessanten Materials vornehmlich selbst bearbeiten.

Nach zwei kürzeren Erzählungen und seinem Roman *Das Register* hat der 32jährige Tiroler Gstrein sich jetzt an einer Novelle über ein historisches Luftfahrtrekordunternehmen versucht. Der Klappentext immerhin informiert über die Daten: Es handelt sich um „den Ballon-Forschungsflug des Schweizer Physikprofessors Auguste Piccard, der am 27. Mai 1931 zu seiner ehrgeizigen Exkursion in die Stratosphäre, in 16 000 m Höhe, aufgebrochen ist".

Gut, aber nicht zwingend, das zu wissen. Denn die Novelle will nicht eigentlich von einem aeronautischen, sondern von einem sprachlich-literarischen Ereignis berichten, von sich selbst nämlich. Sie ist eine ausgedehnte und überdrehte Übung in Beschreibungsgenauigkeit und gibt vor allem anderen ihre eigene Kunstfertigkeit zum besten.

Schon die ersten Sätze stellen das Sichlosreißen des Ballons von der Erde auf zudringliche Weise syntaktisch und rhythmisch vor. Sie heischen, statt Neugier für die Geschichte, fachliche Anerkennung vom literarisch versierten Leser für die Sprachform. *Gut geschrieben, artistisches Glanzstück, souveräne Sprachbeherrschung*, solche Urteile fordern sie offensiv heraus. Doch das Lob selbst des wohlwollenden Lesers wird nur einige Seiten halten. Bald schon merkt er, daß mit der Geschichte etwas nicht stimmt; sie wird immer unwichtiger, dünner und ist bald schon in den wohlgeformten Sprachwolken verschwunden; und er steht nur mehr dumm am Boden und staunt ins trickreich kaschierte Nichts.

Welche Tricks sind es, die die Geschichte zum Verschwinden bringen? Greifen wir einige sprachliche Besonderheiten heraus, Bilder zuerst,

himmlische: Über einem leeren Platz trudelt ein Zeitungsblatt „im üblichen Pagodenzickzack" vom Himmel herunter; ein Vogelschwarm zeigt
sich als „Raute aus pulsierenden Knäueln" am Himmel; ein Himmelsaus-
schnitt verkleinert sich zu „einem langgestreckten, verzerrten Deltoid mit
sich stumpfwinklig schneidenden Diagonalen" – das sind vielleicht allesamt beachtlich geschliffene Bruchstücke einer poetischen Ingenieurs-
prosa. Eine Lokomotive, die nicht nur haus-, sondern „haus-, hochhaus-
hoch" wirkt, und ein Hotelwirt, der die Gäste aus einem „instinktiven Zu-
und Zusammengehörigkeitsdenken" zusammenführt – das sind hingegen Belege einer Genauigkeitssteigerung, welche die dichterische der
technischen Deskription sicherlich voraus hat.

Doch nicht nur Metaphern und Phrasen suchen die Präzisionsvorzüge
der Umständlichkeit, auch ganze Textabschnitte gehorchen diesem Gesetz. So wird ein Gewitter nur deshalb ausführlich inszeniert, damit sich
rein sprachlich und ansonsten extrem untermotiviert „Sandspiralen immer wieder leicht über den Boden drehen und in allen möglichen Forma-
tionen innehalten" und zwei Seiten später sich der Unwetterwirbel in
„konzentrischen Kreisen, oder nein, es waren Spiralen" ausdehnen kann,
bis schließlich Text wie Landschaft so leer wie heftig kreisen.

Aber, wirft der fachwissenschaftliche Exeget ein, ist die Meteorologie
nicht wesentlich für jede Aviatik, erst recht für die des Ballons? Sind Geo-
metrie und Ingenieurskunst nicht die Grundlagen des ganzen historischen Rekord- und Wissenschaftsunternehmens? Und diese mal krei-
senden, mal aufstrebenden syntaktischen Bewegungen, diese mal tru-
delnden, mal schnell treibenden Satzbewegungen, zeichnen sie nicht die
außer Rand und Band geratene Gondeltour nach? Nein, sie zeichnen
nichts nach, sondern vor. Eitel füllen sie den Vordergrund aus, schieben
sich aufdringlich in die Aufmerksamkeit und lassen das erzählte Ereignis
hilflos hinterherklappern: ein Anlaß für preziöse Sprachspiele, mehr
nicht.

Um es ganz unmetaphorisch zu sagen: Die Überanstrengung in der
sprachlichen Genauigkeit, sowohl deskriptiv, metaphorisch und syntaktisch, verhindert systematisch die Anschaulichkeit des Ganzen. Das einzelne wird durch die extreme Fokussierung auf der Satzebene derart hervorgehoben, daß es eine tragende Geschichte unmöglich macht. Die
ganze Kunst verpufft im ausgeklügelten Detail. Das ist literarischer Ju-

gendstil, Dekorpoesie. Und das Dilemma verdient nur deshalb genauere Betrachtung, weil es modellhaft für die Versuche vieler jüngerer deutscher Schriftsteller steht. Die laxe Version dieses Vorwurfs lautet übrigens in der Regel (und richtig): Der Autor traut seiner eigenen Geschichte nicht.

Doch mehr noch ist an Gstreins O_2-Novelle auszusetzen. So zersplittert sie manieristisch-modern die Perspektiven. Mal spricht und denkt einer der beiden Gondelinsassen, mal der Fahrer eines Automobils, der in Begleitung einiger Honoratioren dem Ballon zu ebener Erde folgt, mal der Fabrikdirektor, mal ein Tiroler Bergführer, der mit zwei kessen Mädchen in den Alpenhöhen unterwegs ist. Es gibt verschiedene Versionen seines nachträglichen Berichts; es gibt Kommentare der Mädchen; ausführliche Zeitungsgeschichten und so weiter. Darüber hinaus wechselt der Text auch noch von der personalen in die Ich-Erzählung. Das alles wirkt, als ob moderne Erzählformen weniger benutzt als ausgestellt werden sollten, also ferngerückt und museal.

Da ist natürlich auch Absicht im Spiel (Stichwort: „Postmoderne"), aber selbst dieses bewußt antiquierte moderne Erzählen funktioniert nicht Denn keine der gewählten Perspektiven gewinnt Glaubwürdigkeit: Der rennfahrende Chauffeur räsoniert wie ein Philosophiestudent, die Zeitungsartikel erinnern an tragische Bergromane, und der Ingenieur dilettiert in Poesie. Alle sind sie letztlich aus einem Sprachguß, kaum unterschieden; der Erzähler nutzt sie lediglich als Puppen für sein poetisch-pseudogenaues Sprechen.

So trudelt der Text auf „hohem" Niveau, über den Wolken nämlich, belanglos dahin. Der Ballon kommt irgendwann herunter; dem Text in seiner ornamentierten Leere gelingt das nicht. So läßt sich die neue Gstrein-Novelle, die so gerne luftig wäre, nur als hohl erfahren; als gelungenes Beispiel für eine aus Erzählnot geborene Lust am köstlichen Kunststück, am Sprachdesign. Die Luft, in der sich solche Literatur erhält, ist dünn und verbraucht. Es ist recycelte Literaturluft: LO_2.

Die Zeit (Hamburg) v. 8.10.1993

Martin Lüdke

Gute Freunde, das braucht der Mensch zum Leben

Norbert Gstreins Bericht *Der Kommerzialrat*

Die Berge sind hoch. Die Täler sind tief. Es gibt viel Schnee. Aber die Bauern müssen schon längst keine Kühe mehr über die steilen Pfade auf die einsamen Almen treiben, weil die Ochsen aus dem Flachland kommen. Die Alpen sind zu einer Industrielandschaft geworden und der Tourismus zur Haupteinnahmequelle. Das hat die Menschen verändert. Aus der Dorfgemeinschaft wurde ein Zweckverband. Aus Nachbarn wurden Konkurrenten. So läßt sich, von oben herab betrachtet, die Botschaft des „Berichts" von Norbert Gstrein über einen alpinen Dorfmagnaten hämisch verkürzen.

Gstreins Bericht besteht aus drei Teilen, er ist aus unterschiedlichen Perspektiven geschrieben. Alles geht los mit der Beerdigung des Helden. Der Kommerzialrat wird unter großer Anteilnahme der Bevölkerung, doch ohne Beteiligung der Dorfgemeinschaft zu Grabe getragen. „P.S.", hatten sie fast alle bedauernd geschrieben, „wir kommen nicht zum Begräbnis." Das Buch liefert die Erklärung. Doch ein Rätsel bleibt. Am Ende wissen wir, wie der Kommerzialrat zu Tode kam. „Mit offenen Augen an die Friedhofsmauer gelehnt, lag er im Schnee, und die Freiwilligen, die ihn fortschafften, bevor die ersten Gäste unterwegs waren, wußten zu berichten, daß sie ihm die Glieder brechen mußten, um ihn auf der Bahre auszustrecken". Und „wir", das heißt seine Freunde, die an seinem Tod sicher nicht unschuldig waren, „sagten": „Ein solches Ende hat der Kommerzialrat nicht verdient." Ihre Begründung ist bemerkenswert: „Alles, was gut und recht ist, aber ein Mensch bleibt ein Mensch."

Norbert Gstrein hat sich nach dem Höhenflug seiner „Novelle" mit dem schlichten Titel *O₂*, das meint Sauerstoff und handelt von einer Ballonfahrt in unserer Stratosphäre und ihren irdischen Begleiterscheinungen, wieder auf den festen Boden seines Tiroler Heimatdorfes begeben. Mit der Erzählung *Einer* hatte Gstrein, 1988, ein beachtliches und auch gebührend beachtetes Debüt geliefert. Die beiden folgenden Bücher, die

Erzählung *Anderntags* (1989) und der Roman *Das Register* (1992) sind zu Recht wegen ihrer artistischen Überinszenierung bemäkelt worden. Auch O_2, die Novelle, weithin wegen ihrer Virtuosität gelobt, blieb von solcher Kritik nicht ganz verschont. Die zu „schlau durchdachte Bauform", die übertriebene „Kunstfertigkeit" wurden ihm vorgehalten. Der neue „Bericht" gibt sich äußerlich, vielleicht deshalb, schlicht und bescheiden. Gstrein läßt auch schon mal den „Lärm des Motors ... in Druckwellen über das Tal" fegen.

Der 1961 in Mils (Tirol) geborene Autor, von Haus aus Mathematiker, hat, wie seinem ersten Roman abzulesen ist, einen skifahrenden Bruder, den ehemaligen Slalomweltmeister Bernhard Gstrein. Ehrgeiz liegt also in der Familie. Der Roman macht übrigens den Vater dafür verantwortlich. Vermutlich sind auch in den *Kommerzialrat* wieder Züge des Vaters eingegangen. Doch bleibt das unerheblich. Denn Gstrein hat sich, zu seinem Glück, für die schlichte Form des „Berichts" entschieden, der in drei unterschiedlich langen Teilen, am Anfang und Ende aus Sicht der „Freunde", dazwischen aus der des Helden selbst, Aufstieg und Fall, das heißt Leben und Tod des Kommerzialrats Alois Marsoner beschreibt. Der Ertrag dieses Perspektivwechsels bleibt bescheiden. Anspruchsvoller ist die strukturelle Anlehnung an ein kolumbianisches Modell: García Márquez' *Chronik eines angekündigten Todes*. Auch Gstrein setzt dramaturgisch das Resultat voraus und verlagert alle Spannung in den Prozeß, der zu diesem Ergebnis führt. Hier wie dort wird von einer Dorfgemeinschaft, sehenden Auges, ein Mensch geopfert.

Nicht nur, weil das Ergebnis von Anfang an feststeht, wächst dem Prozeß eine fast naturhafte Notwendigkeit zu, sondern mehr noch, weil die menschlichen Beziehungen natürlichen Gesetzen zu folgen scheinen. Wo bei García Márquez archaische Muster durchscheinen, zeigt sich bei Gstrein nur noch eine postmoderne Gleichgültigkeit: Gerade aus dem Nichthandeln erwächst die Tragödie. Entsprechend sehen die „Freunde" des Opfers auch keinen, wie man hier sagen muß, „Erklärungsbedarf". Aus der, möglicherweise einst existierenden, Dorfgemeinschaft ist dank des Tourismus längst ein Interessenverband geworden, die Moral durch Kalkulation ersetzt hat.

Schon der Aufstieg unseres Kommerzialrats hatte einen schlechten Beigeschmack. „Begonnen hatte alles mit einem Skandal", bekennt er selbst.

„Denn es lag noch nicht mehr als einen Monat zurück, daß meine Frau ihren ersten Mann begraben hatte, Angelus Scheiber, einen Pionier, eine Legende zu Lebzeiten, und wenn es schon genug war, daß sie sich als Kellnerin, als Dahergelaufene, wie es hieß, den alten Herrn geschnappt hatte, sprengte ihre Verbindung mit mir sämtliche Grenzen." Gerüchte kamen auf, es wurde über die Todesursache spekuliert. Doch weil die „Geschäfte es notwendig machten", bekamen die beiden bald ihren „Platz". Und es blieb „von den Anklagen nicht viel übrig, außer der Ironie, daß die meisten unserer Bekannten noch meinten, sie hätten uns in der Hand, als wir längst schon sie in der Hand hatten und wußten, wie wir einen gegen den anderen ausspielen konnten".

Alsbald verfügt der Kommerzialrat, ein echter Macher, über alle Ämter, auf die es in dem expandierenden Ski-Dorf ankommt. Er agiert und reagiert, wie er es für richtig hält, mit taktischem Geschick, großzügig und skrupellos, erfolgreich und, wie es ihm die Freunde zugestehen, immer mit „Stil", was immer er tat. „Sir" nannten sie ihn anerkennend. Er ist also nützlich, bringt Erfolg. Er hat Macht. Über seine Schwächen sieht man gerne hinweg. Dann taucht, als Katalysator, der „Steirer" auf, ein „Unterhaltungsamateur" und „Aufreißer", der tatsächlich die beiden Töchter des Kommerzialrats in seinen Bann zieht. Dem Rat erscheint er als Ursache der ganzen Misere: Aus den beiden anderen Berichten wird klar, daß dieser allen Bewohnern und Gästen sympathische Kellner den Prozeß, der paranoide Züge trägt, allenfalls ausgelöst hat. Die Position der Freunde ist klar: „Der Kommerzialrat muß allein zur Vernunft kommen." Sie beobachten, neugierig und manchmal sogar mit einer gewissen Anteilnahme, seinen Aus- und Abstieg. Aber sie rühren keinen Finger.

Auch wenn Gstreins „Bericht" nicht die Dichte der Márquezschen *Chronik* hat, so erzeugt er doch einen ähnlichen Sog. Es geht, in beiden Fällen, zuletzt um Schuld. Um jene Form der Schuld, mit der die Figuren Kafkas allesamt geschlagen sind: die unausweichliche. Gstrein tippt diese Schuldfrage nur an. Hier mag eine Schwäche liegen. Zugleich zeigt sich hier seine Stärke. Die Genauigkeit, mit der Gstrein ausgespart hat, was sich keiner Erklärung fügt, ist bewundernswert.

Frankfurter Rundschau v. 21.10.1995

Daniela Bartens

„Alle sind sie wieder da"

Zu Norbert Gstreins *Der Kommerzialrat*

„Hat er oder hat er nicht?" Hatte der dörfliche Multifunktionär und Hotelier Alois Marsoner ein inzestuöses Verhältnis zu seiner jüngeren Tochter und ließ sich aus Eifersucht auf eine für ihn zunehmend katastrophal verlaufende Fehde mit deren Liebhaber, dem „Steirer", ein? Oder waren andere Gründe für die progressive, anhand der leitmotivischen Denkmalmetaphorik subtil umgesetzte Erstarrung des früheren Lebemanns ausschlaggebend, der schließlich, zu seinem eigenen Denkmal erstarrt, im Schnee erfroren aufgefunden wird – und doch sein Lebensziel verfehlt, von der Gemeinde ein Denkmal gesetzt zu bekommen? Trieb etwa männliche Konkurrenz mit dem bei beiden Töchtern, der Ehefrau und dem ganzen Dorf beliebten Rivalen den alternden Kommerzialrat in ein sich ständig perfektionierendes paranoides Wahnsystem, das ihn alle Lebensäußerungen des für ihn stutzerhaften und unseriösen „Steirers" als Demütigungen auf sich beziehen ließ? Litt der Kommerzialrat unter zunehmendem Realitätsverlust, oder reagierte er als sensibler Außenseiter mit begründeter Verstörung auf eine unhaltbare dörfliche wie private Situation, für die der „Steirer" als famoser Blender zeichenhaft steht?
Wer sich von Norbert Gstreins *Der Kommerzialrat* Klärung dieser Fragen erwartet, muß enttäuscht werden, denn der retrospektive Bericht dreier Freunde sowie die eingeschalteten Aufzeichnungen des Kommerzialrats lassen alles in der Schwebe. Lorenz Gallmetzer bezeichnet Gstreins jüngst erschienenen „Bericht" als „Heimatkriminalroman" und spielt damit auf zwei österreichische Erzählgenres der Gegenwart an, deren Kombination den Reiz, aber auch die Problematik des Textes ausmachen. Verweist doch der sogenannte negative Heimatroman in realistischer Manier auf eine Reihe „objektiv" kritisierbarer Zustände in der österreichischen Provinz, während andererseits das Krimischema von Kafkas *Der Prozeß* bis zu Handkes, Roths und Roseis Romanen der siebziger Jahre immer wieder zur Darstellung subjektiver Wahrnehmungsirritationen bemüht wird, in deren Verlauf dem Protagonisten die Wirk-

lichkeit in eine Abfolge von Indizien zerfällt, die sich zu keiner kausalen Kette mehr schließen. Gstreins Versuch, erkenntniskritischen Subjektivismus und Gesellschaftskritik durch die Kombination zweier literarischer Erzählmodelle kurzzuschließen, birgt die Gefahr einer wechselseitigen Relativierung in sich.

Das Dorf, in dem Gstreins neues Buch spielt, heißt zwar nicht „Schweigen", doch ist das namenlose Tiroler Bergdorf ein Ort extrem gestörter Kommunikation, an dem Gerede und Gerüchte das Miteinanderreden unmöglich machen. Hinter vorgehaltener Hand wird kolportiert, was sich hinter verschlossenen Türen abgespielt haben soll. Mutmaßungen, Halbwahres und Wahres mischen sich zu jenem bereits aus Gstreins vielgerühmter Erstlingserzählung *Einer* vertrauten Amalgam, das wirkliches Verstehen und Verständnis verhindert. Dem Dorftratsch als Indikator eines – wenngleich bösartig-intriganten – Aufklärungswillens im privaten Bereich steht jedoch ein Impuls des Verschleierns im politischen gegenüber, der seine Ursache in der ambivalenten Abhängigkeit vom Tourismus als Lebensunterhalt hat; kommt doch die demütigende Anbiederung an die zahlenden Gäste einer Selbstaufgabe gleich, die vor den anderen und vor sich selbst verborgen werden soll. Das Umdeuten von (immer am Profit aus dem Fremdenverkehr orientierten) Motivationen und das Vertuschen und Verharmlosen von (die Bettenauslastung gefährdenden) Vandalenakten gegen ausländische Touristen, in denen sich einerseits die unterdrückte Wut der eigenwilligen Tiroler Seele Luft macht, zum anderen (historische) Schuld als unbewältigt verschwiegene in Form von Ausländerfeindlichkeit an die Oberfläche zu drängen scheint, kontrastiert mit jener dörflichen Geschwätzigkeit, die noch die intimsten Winkel ausleuchten will und jeden Dorfbewohner gleichermaßen zum Beschatter und Beschatteten werden läßt. Entsprechend werden in Gstreins „Bericht" zwei „Fälle", nämlich jener der Anschläge von Einheimischen auf Touristen und jener der rätselhaften progressiven Verstörung eines der Dorfhonorationen, parallelgeführt, wobei der tatsächliche Kriminalfall lediglich unter dem Blickwinkel seiner angestrebten Verharmlosung lapidar berichtet wird, wohingegen der scheinbar läppische, aber letal endende „Fall" des Kommerzialrats wie ein Kriminalfall aufgeklärt werden soll.

Der Text imitiert die dörfliche Konzentration auf private „Schicksale" bei gleichzeitiger Verweigerung einer Analyse politischer Zusammenhänge, sodaß letztlich die privaten Lebensgeschichten trotz aller analytischen Bemühungen als individuell-zufällig erscheinen. Zugleich verdoppelt auch die für Gstrein typische Verbindung von analytischer Erzählweise (mit ihrem Anspruch auf nachträgliche Offenlegung verborgener Zusammenhänge) und der Multiperspektivität der fingierten Berichte, die jeden Wahrheitsanspruch sofort als subjektiven relativiert, die dargestellte Dialektik von Aufklären und Verschweigen, Ent- und Verbergen.

Letztlich können also immer nur Vermutungen angestellt werden, die unterschiedlichen Rekonstruktionsversuche der literarischen Fiktion höhlen das analytische Modell aus. Eigentliches Thema des „Berichts" ist die Problematisierung von wahrheitsorientierter Aufklärung; daß am Ende nichts geklärt ist, sagt – quasi zwischen den Zeilen – dennoch einiges über heimatliche Verhältnisse aus.

Die Steirische Wochenpost (Graz) v. 25.10.1995

Zu *Die englischen Jahre*

Katrin Hillgruber

Der Hirschfelder-Bluff

Norbert Gstrein dekonstruiert ein jüdisches Schicksal

Weiter, nur weiter drängen die Sätze, die unbezähmbar langen Satzperioden des Romans *Die englischen Jahre*. Pro Absatz sind es meist drei wendige Wortungetüme, die sich gegenseitig in Schach halten. Die seltenen Punkte im Text wirken bald wie Stromschnellen, an denen in rasendem Tempo eine düstere Ära, ein rätselhaftes Schicksal aus der Kriegszeit vorbeigeleitet werden. Es handelt sich um eine Lebenslüge, eine falsche, angemaßte Identität. Und wie es die Art kurzbeiniger Lügen ist, die sich stets fortspinnen müssen, um nicht entdeckt zu werden, so sucht der Erzählduktus, den der Mathematiker Gstrein präzise anschlägt und durchhält, seinen Frieden vor der Unwahrheit – durch ruheloses Vorwärtsdrängen.

Norbert Gstein, der mit der Ballonfahrernovelle *O₂* die außenseiterfeindliche Enge seiner Heimat Tirol verlassen hatte, gewann in diesem Frühjahr mit einem Auszug aus dem Manuskript der *Englischen Jahre* den Alfred-Döblin-Preis. Bei der Verleihung las er aus dem zweiten Kapitel des Romans, „London, 17. Mai 1940". Darin wird der Wiener Jude Gabriel Hirschfelder im Londoner Exil unmittelbar nach Hitlers Kriegserklärung an Großbritannien mit anderen Deutschsprechenden in einer Schule interniert. Die Angst vor der Invasion, der „Operation Seelöwe", äußert sich in allgemeiner Hysterie. „Eingezwängt zwischen Schlafen und Wachen" hört Hirschfelder Stimmen, während ein Neuronengewitter von Erinnerungssätzen auf ihn niederprasselt: Er denkt an seine Mutter und den jüdischen Stiefvater, die sich vor einer Woche umgebracht haben, oder an seine Geliebte Clara, Hausmädchen bei einer Londoner Richterfamilie, die ihn ebenfalls aufnahm. Und da sind auch schon jene zwielichtigen Gestalten, „der mit der Narbe" und „der Blasse", Landsleute, denen er im Internierungslager auf der Isle of Man wiederbegegnet. Sein Los auf hoher See werden die beiden mitentscheiden.

Das Du, von einer unklaren Erzähler-Instanz an Hirschfelder gerichtet, das Dröhnen auf den Straßen und der Refrain „Hörst du nichts?" erzeugen eine akustische Direktheit, die einen unwiderstehlichen Sog entfaltet. Kühl und dunkel ist dieser Text, unnahbar, obwohl er scheinbar ein Identifikationsangebot mit einem zu Herzen gehenden Schicksal macht. Das zumindest empfindet die namenlose Ich-Erzählerin, eine junge Wiener Assistenzärztin. Sie stößt auf Hirschfelder, „die Schriftsteller-Ikone, der große Einsame, der Monolith, wie es hieß, der seit dem Krieg in England ausharrte und an seinem Meisterwerk schrieb", durch das Interesse ihres Ex-Freundes an ihm. Dieser Max, ebenfalls Schriftsteller, hatte eine melodramatische „Hommage à Hirschfelder" gehalten. Sie kam bei den Nachfahren der ins Exil geflohenen Juden nicht gut an: Er möge bei seinen Dorfgeschichten bleiben.

Die Ich-Erzählerin hat diesen Eklat im Hinterkopf, als sie im österreichischen Institut in London bei einer Fotoausstellung mit Porträts von Emigranten Hirschfelders Witwe begegnet, seiner dritten Frau Margaret. Der trügerische Realismus der Aufnahmen sowie das Raunen über Hirschfelders unauffindbares autobiographisches Manuskript *Die englischen Jahre*, das alles riecht nach Sensation. Er habe kurz vor seinem Tod mehrfach behauptet, seit der Internierung einen Mann namens Harrasser auf dem Gewissen zu haben, so Margaret. Die Teestunde bei Mrs. Hirschfelder in Southend-on-Sea setzt bei der Ich-Erzählerin die Suche nach der Wahrheit in Gang: „Ich glaube jetzt, es muss da geschehen sein, dass Hirschfelder sich endgültig in meine Gedanken einschlich, und ich weiß nicht, warum, aber es war seither die Nacht vor seinem Abtransport auf die Isle of Man, an die ich zuerst dachte, wenn ich ihn mir vorzustellen versuchte, die Nacht, die er mit dem Blassen und dem mit der Narbe eingesperrt in einer Londoner Schule verbracht hatte und auf die Margaret nur kurz zu sprechen gekommen war. Augenblicklich setzten sich mir dann aus dem wenigen, das sie mir erzählt hatte, die konkretesten Szenen zusammen, und es erstaunt mich nach wie vor, wie leicht ich in meiner Phantasie die Leerstellen überbrückte, die trotz allem, was ich später über ihn erfuhr, bestehen geblieben sind."

Bei einem verhaltensbiologischen Versuch mit Tauben wurde festgestellt, dass sich die Tiere um so stärker mit ihrer Fütterung beschäftigen, je unregelmäßiger sie erfolgt. Dieses Phänomen der „intermitierenden Zuwendung" erfahren Ich-Erzählerin und Leserschaft auch in Norbert Gstreins Roman: Je sparsamer die Fakten über Hirschfelder dosiert, je mehr falsche Fährten ausgelegt werden, desto stärker schlägt die Geschichte in ihren Bann. Die vier Kapitel, in denen in einer Art historischem Präsens Hirschfelders Erlebnisse im Mai/Juni 1940 in der unmittelbaren Du-Form geschildert werden, stehen Kapiteln mit den Namen der Gemahlinnen Hirschfelders gegenüber – Margaret, Madeleine und Catherine. Das vierte Frauen-Kapitel gilt seiner Geliebten Clara. Sie, die ihn als einzige vor der Internierung kannte, dämmert bezeichnenderweise in einem Pflegeheim vor sich hin (Catherine traf ihn nur einmal in der Dunkelheit, bevor ein Briefwechsel begann – einer der wenigen Punkte, die nicht glaubwürdig wirken). Wie vier Parzen nehmen die Frauen den Erzählfaden auf und spinnen ihn fort.

Eine von ihnen schließlich verwandelt die Vermutungen in Gewissheit und macht aus den Du-Kapiteln Realität: Hirschfelder war ein anderer. Bei einem Kartenspiel im Lager mit den Männern, die er aus der Internierung kannte, und einem vierten namens Harrasser verlor Hirschfelder. Zu spät merkte er, dass er betrogen wurde. Er musste die Reise ins Ungewisse antreten, auf der „Arandora Star" in Richtung Kanada. Das Schiff wird von einem deutschen Torpedo getroffen. Eindrucksvoll verleiht der Autor dem Sterbenden eine Stimme, indem er die reale Katastrophe mit der schwindenden Wahrnehmung des Schiffbrüchigen vermischt.

Harrasser, ein Goi aus dem Salzkammergut, der seine jüdische Geliebte aus Opportunismus sterben ließ, nimmt nahtlos die falsche Identität an. Die Täuschung ist perfekt, alle „Betroffenheit" erweist sich als Bluff. Das entlastende Identifikationsangebot wird wie im aktuellen Fall des Autobiographie-Fälschers Binjamin Wilkomirski verweigert. Die fast schon reflexhaften Emotionen laufen ins Leere. Norbert Gstreins strenger, stilsicherer Roman ist eine Herausforderung an unsere Zeitgenossenschaft und zugleich ein Plädoyer für das Artifizielle, ein rarer Triumph der Konstruktion.

Der Tagesspiegel (Berlin) v. 4.12.1999

Gert Oberembt

Hirschfelder verschwindet

Eine Frau auf der Reise ins Dämmerlicht der Vergangenheit

Dieses Buch ist ein Krimi, der nach und nach dem Doppelleben eines Mannes, eines mutmaßlichen Mörders, auf die Spur kommt. Da der enttarnte Heimlichtuer ein Schriftsteller ist, führt die Suche nach ihm mitten in die alte Debatte über das Verhältnis von Werk und Autor. Jenseits dieses häufig nur akademischen Streits berührt Norbert Gstreins fünfter Roman das vielerörterte Thema der bürgerlichen Unseriosität der Künstler.

Erinnert sich noch jemand an den Schweizer Bruno Doessekker, der sich Binjamin Wilkomirski nannte und als Jude und KZ-Opfer ausgab? Eine ähnliche Entdeckung stellt Gstrein vor. Seine Erzählerin, die Exfrau eines Fans des emigrierten jüdischen Poeten Hirschfelder, findet heraus, daß der England-Tourist Harrasser, der während des Krieges auf der Isle of Man interniert war, sich die Identität von Hirschfelder, seinem Lager-

genossen, angeeignet hat. Nach dessen Tod hat er in London einen Er-
zählband „mit Versatzstücken aus seinem eigenen Leben" vorgelegt und
ist mit Hirschfelders jüdischer Legende zu einem Kultobjekt geworden.
So eindeutig das Ergebnis des Plots aussieht, so doppelbödig ist er an-
gelegt. Auskünfte aus zweiter Hand, verwirrende Indizien und Ver-
dachtsmomente werden aus verschiedener Sichtweise zusammengetragen. Die Vorgänge bleiben undurchsichtig, die Konturen des Demaskier-
ten unscharf. Mit der Auflösung ist der Fall nicht erledigt. Die Wirklichkeit bleibt in der Schwebe, die Vergangenheit behält ihr Rätsel. Wir konnte der falsche Hirschfelder zu hagiographischen Würden gelangen? Das
einzige Buch, auf das sein Ruhm sich stützt, blieb bei seinem Erscheinen
unbeachtet, erst nach der Zweitauflage wurde es zum Sensationsereignis
hochgejubelt.

Nicht das Buch und seine Überzeugungskraft bewegen die Erzählerin
also zu ihren Erkundungen, sondern das Phantom des jüdischen Flüchtlings, das einst über ihrer Ehe schwebte. Diese Journalistin will einem
Gespenst auf die Sprünge kommen – dabei ist sie von den Vorstellungen
gesteuert, die ihr Ex-Gatte ihr „in den Kopf gesetzt hat". Gstrein hat eine
handfeste und spannende Geschichte nicht von den Tatsachen her, sondern in ihrer Wirkung auf die Köpfe erzählt. Aus der Geschichte vom
Hochstapler Harrasser macht er eine Geschichte der Meinungen über
ihn.

Daß das Finden der Wahrheit mühselig ist, veranschaulicht Norbert
Gstreins Buch mit seiner Geheimniskrämerei. Es entfaltet sich im alternie-
renden Wechsel von vier Gesprächsszenarien – vier Erinnerungs-
protokollen des echten Hirschfelder. Auf welche Weise diese Momentaufnahmen dem Konvolut der Nachforschungsergebnisse zugehören,
bleibt ein ungelöstes Rätsel. Die romanhaften Passagen wurden weder
archiviert noch recherchiert, sie heben sich von dem Bündel Papier ab,
das die Reporterin schließlich dem früheren Ehemann zur Bearbeitung
übergibt.

In den vier Hirschfelder gewidmeten Kapiteln erzählt ein Ich vom
Sammellager in London, von den Gefangenenbaracken auf der Isle of
Man und schließlich von der Katastrophe des Deportationsschiffes. „Es
ging mir durch der Kopf" lautet hier die Standardformel des assoziativen

Duktus. Läuft da ein Gespräch mit dem eigenen Selbst ab, oder redet ein Erzähler mit dem Geschöpf seiner Phantasie?

Der mit der Narbe

Wie auch immer: In die berichtenden Monologe sind Dialogfetzen der Mithäftlinge eingelassen des „Blassen" und jenes „mit der Narbe" –, so daß die Momentaufnahmen balladesken Inszenierungen gleichen. Durch die Einblendung von Erinnerungen an die Wiener Eltern, an die Gasteltern in London und deren Hausgehilfin Clara, die Geliebte Hirschfelders, geraten die Notizen zu intimen und sozialhistorisch aussagekräftigen Stimmungsbildern der Verfolgung und des englischen Hasses auf alle Deutschen.

Harrasser, der stumme und bloß aushorchende Mitgefangene, ist als dunkler Schatten gegenwärtig. Man muß sehr aufmerksam lesen, um die in drei übereinandergelagerten Zeitschichten mitgeteilten Informationen zu Hirschfelders Vita zu dechiffrieren.

Gstrein hat die suggestive Technik des inneren Referates, die er schon in seinem Erstling *Einer* verwendet hatte, aufs äußerste verfeinert. Beim Kartenspiel mit dem „Blassen", dem „mit der Narbe" und Harrasser verliert Hirschfelder; er muß an Stelle des letzteren, der für die Abschiebung von den Behörden ausgesucht war, die Reise nach Neufundland antreten. Dann verschwindet er in dem frappierenden vorletzten Buchkapitel in den Wellen des Nordatlantiks.

Die Strickmasche

Dieses „Verschwinden" ist das Generalthema von Norbert Gstrein. Seine Erzählerin kann die alte Hausgehilfin Clara nicht mehr befragen, weil die mittlerweile unter Amnesie leidet. „Der Blasse" und „Der mit der Narbe" bleiben unauffindbar. Und Harrasser, der Schwindler, der nur deshalb nach England getürmt war, weil er einst im Salzkammergut einem sterbenden jüdischen Mädchen die Hilfe verweigert hat? Harrasser hat Hirschfelder in seinem Buch verschwinden lassen.

Obwohl die Strickmasche des Textes deutlich hervorsticht, das spektakuläre Mordmotiv fast aufgesetzt wirkt, ist die Konstruktion schlüssig; und es war richtig, daß die zwei ersten Kapitel mit dem Alfred-Döblin-Preis geehrt wurden. Den Autor Hirschfelder hat es nie gegeben, das Geheimnis seiner Produktivität versinkt in der Banalität einer schäbigen

Pseudoexistenz, das Buch entpuppt sich als Windei – und so wird die Erfindung zum Lebensstoff. Nicht in der Ausbreitung der Fakten, sondern in der Zurschaustellung der Fiktionen sieht Gstrein die Wahrheit der Kunst. Der Modevokabel „Identität" stellt er das unfaßbare Ich entgegen; und Ich, das ist immer ein anderer. Aus dem Nekrolog über eine Person, die nur annäherungsweise zu erkennen ist, wird hier Kunst gemacht, Nicht der Leugnung der Verfolgung redet der Roman das Wort. Aber *Die englischen Jahre* tragen dem Rechnung, daß sich noch deren Grauen im Dunkel verliert oder in ein fragwürdig schillerndes Licht auflöst.

Rheinischer Merkur (Bonn) v. 24.12.1999

Zu *Selbstportrait mit einer Toten*

Michael Adrian

Schriftsteller sind der letzte Dreck

Norbert Gstrein übt sich in der Existenzbeschimpfungskunst

Interessant wäre es, „einmal zu erzählen, was die Frau eines Schriftstellers alles mitmacht" – beiläufig, wie zur Seite sprach die Erzählerin in Norbert Gstreins letztem Roman *Die englischen Jahre* diese Worte. Und doch beleuchteten sie schlaglichtartig ein Buch, das man als herausragende literarische Erforschung der Wahrheit einer individuellen Lebensgeschichte bezeichnen muss.

Die Erzählerin, ihres Zeichens Ärztin und Exfrau des österreichischen Schriftstellers ‚Max', spürte hier der Figur des nach England emigrierten Juden Gabriel Hirschfelder nach, die für ihren Mann einen so überaus bedeutsamen Fixpunkt dargestellt hatte. Im Laufe ihrer Nachforschungen erweist sich, in welch ungeahntem Maße jener geheimnisumwitterte Exilautor das Resultat einer Projektion gewesen war einer Menschenerschaffung, an der Hirschfelder selbst, aber auch seine Bewunderer mitgewirkt hatten.

So auch Max mit einer etwas peinlichen „Hommage à Hirschfelder". Der Absturz dieser Hommage bei einem Wiener Literaturwettbewerb markierte Max' Scheitern, in der Literatur wie in der Ehe. Deren letzte Woche lässt nun Gstreins neues Buch Revue passieren. Obwohl also eine nachgetragene Vorgeschichte zu den *Englischen Jahren*, ist das *Selbstporträt* in Ton und Machart ein völlig anderes Werk. Fünf Kapitel, fünf Tage lang nehmen wir aus der Erzählperspektive der Ärztin an der Suada ihres schreibenden Gatten teil, an seinem aussichtslos im Kreis sich drehenden Beschimpfungsmonolog, in dem er das „Wettlesen des Konsuls" um den „Mitteleuropäischen Literaturpreis" verhöhnt und Dichterkollegen wie Kritikern, ja überhaupt dem ganzen österreichischen Literaturbetrieb das Gift des Außenseiters hinterherspritzt, der nichts lieber täte als dazugehören.

Es ist die Thomas-Bernhardsche Existenzbeschimpfungskunst, in der Gstrein den Schriftsteller sich hier ergehen lässt, geprägt durch jenen hellsichtigen bösen Blick, der, freilich nur an den anderen, das Falsche und Lügenhafte des besseren Lebens im falschen erspäht. Bei Bernhard lag das rettende Moment angesichts eines derart schwarz ausgemalten Universums in der stoischen Komik, mit der die Figuren der Übertreibung über Hunderte von Seiten hinweg durchgeführt wurden – und in dem gelegentlichen erlösenden Lichtstrahl, der aus den Alten Meistern fiel. Gstreins Schriftsteller hingegen wird schlicht zur durch und durch lächerlichen Figur.

Zwischen Mitleid, Faszination und Verachtung schwankend, berichtet seine Frau sein Lamento. Dass eine ihrer Patientinnen gerade Selbstmord beging, gilt Max als bloßer Betriebsunfall; eine Bagatelle, wenn man an jene Dichterkollegin denkt, die nicht allein das Wettlesen für sich entscheidet, sondern im Gespräch sich als Unbehauste aufplustert und zugleich von *Cremeschnitten* schwärmt!

So wird die Literatur insgesamt als Lebenslügenmaschinerie vorgeführt. Das ist nicht unwitzig, erscheint nach dem konzentrierten Roman des letzten Herbstes aber für sich genommen doch eher wie eine Lockerungsübung. Freilich ist Norbert Gstrein nicht nur ein hochrangiger Stilist, sondern auch ein gewiefter Konstrukteur. Mit dem Pokerface eines Henry James hat er, zumindest für Leser der *Englischen Jahre*, auch in das *Selbstporträt* einen doppelten Boden eingezogen, die Frage nach Identität und Wahrhaftigkeit um eine Windung weiter geschraubt. Denn das frühere Buch hatte mit Max' Überlegung geschlossen, er selbst könne

die Geschichte seines Scheiterns, seines Scheiterns auch an Hirschfelder, aus der Perspektive seiner Frau erzählen. Ist es also eigentlich er,
der sich hier hinter der weiblichen Erzählstimme verbirgt? Und, was dann
als ironisch gebrochene Selbstdemontage erschiene, in Wirklichkeit eine
weitere Steigerung dessen, was die Frau eines Schriftstellers alles so mitmacht?

Der Tagesspiegel (Berlin) v. 6.11.2000

Zu *Das Handwerk des Tötens*

Heribert Kuhn

Plot ist Mord

Norbert Gstrein widmet sich erneut einem todernsten Thema

Der 1961 geborene Norbert Gstrein gehört seit seinem Debüt mit der Erzählung *Einer* (1988) zu den von der Kritik favorisierten deutschen
Schriftstellern. Das Lob hebt ab auf der stilistischen Virtuosität, der raffi-
nierten Schachtelung der Perspektiven und dem hochbewussten Umgang mit Erinnerung und Wirklichkeitskonstruktion. Sein neuer Roman
macht es nicht schwer, die Berechtigung dieser Einschätzung zu bestätigen, finden sich doch auch hier die formalen Eigenheiten Gstreins in be-
währt souveräner Manier wieder. Diese Konstanz legt es nahe, die Bücher des Österreichers als Variationen seiner Skepsis gegenüber dem Instrument der Sprache anzusehen und deren Eignung, „Wirklichkeit" und
„Wahrheit" abzubilden. Einer durch Insistenz bewährten Skepsis also,
die sich mit Gewinn in die jüngsten Debatten um mediale Wirklichkeits-
konstrukte und Entwirklichungseffekte einbringen könnte. Denn da in
Das Handwerk des Tötens vom Tod eines Kriegsreporters erzählt wird –
die Erzählbarkeit und gleichzeitig der Status von Kriegsberichten wird
freilich problematisiert –, liefert Gstrein einen Beitrag zur Mediendebatte
im Kriegsjahr 2003. Dies allein genügte, um den Roman zu empfehlen und
auf unangreifbare Weise zu verfehlen!

Es ist ein Kennzeichen der modernen Literatur, dass sie von schemenhaften Erzählwesen durchgeistert wird, die sich aus allem heraushalten, indem sie sich mit proteischer Wandlungsfähigkeit in alles einmischen. In der deutschsprachigen Literatur kreierte Thomas Bernhard einen Sondertypus des „Erzählers", der die Geschehnisse dem Leser dadurch nahe bringt, dass er sie in endlosen Redeketten jeder eindeutigen personalen Verantwortlichkeit entrückt. Als auktoriale „Äquilibristik", die die verschiedenen Erzählperspektiven gegeneinander ausspielt und aufhebt, wurde dieses Verfahren bezeichnet. Die Erzählphantome, mit denen Gstrein in seinen Texten den Leser konfrontiert, sind ebenfalls Abkömmlinge solch äquilibristischen Geistes. Mit dem gravierenden Unterschied allerdings, dass sie nicht wie bei Bernhard vom Affekt gespeist, sondern vom Kalkül regiert werden.

In Gstreins erster Erzählung *Einer* ist es ein Küchenkabinett verschiedener Bezugspersonen, die jeweils ihre eigene Version über das Schicksal der Hauptfigur entwickeln, wobei die Sprache immer wieder auf sich selbst und ihre Beteiligung an der Konstruktion der „Wirklichkeit" zurückgewendet wird. Auch in der Erzählung *Anderntags* (1989) wechselt die Perspektive laufend zwischen personalem Erzähler und Ich-Erzähler. In *Das Register* (1992) kommt das „Wir" eines Brüderpaars derart verschränkt zur Sprache, dass die Frage „Wer spricht?" gegenstandslos wird. In der Novelle O_2 (1993) wird ein historisches Ereignis dadurch thematisiert, dass es über den beschränkten Sichtweisen der Beteiligten, ihren Stilisierungen und nachträglich variierten Legenden unsichtbar wird. Und der Bericht eines Arztes, welcher in *Der Kommerzialrat* (1995) die Aufklärung eines ominösen Todesfalls leisten soll, kommt nicht über den Rapport von Vermutungen, Gerüchten und Selbstrechtfertigungen hinaus.

Schließlich das bisher wichtigste Werk: der mit dem Alfred-Döblin-Preis ausgezeichnete Roman *Die englischen Jahre* (1999). Gstrein, der seinem Schreibsystem bis dahin Themen aufgegeben hatte, die der deutsche Leser in kommodem Abstand zur Kenntnis nehmen konnte – handelte es sich doch um „inneralpine" Lokalbegebenheiten –, setzte es mit diesem Roman der vollen Belastung aus: Die Geschichte des im englischen Exil lebenden, von einer fragwürdigen Entourage verehrten „jüdischen" Schriftstellers Gabriel Hirschfelder holte die Problematik „Faktion" her-

aus aus dem Bezirk sprachkritischer Exerzitien und setzte sie den Unge-
löstheiten und Tücken deutsch-österreichischer Erinnerungskultur aus:
Einen Schriftsteller zu schildern, der unter angeeigneter Identität den jüdischen Exilanten gibt, hieß nicht nur, den Zusammenhang von Erinnerung und Biografie in prekärster Konstellation durchzuspielen; auch die
Zuständigkeiten des Schriftstellers als einem Professionellem der Einbildungskraft und der „stellvertretenden" Erinnerung wurde zur Debatte
gestellt.

Mit den *Englischen Jahren* hatte Gstrein seinem viel gelobten Erzähl-
phantom den Nimbus eines ästhetischen Edelgeschöpfs genommen und
es als Gespenst der Geschichte und des der Geschichte verpflichteten
Schriftstellers vorgeführt. Als ein Gespenst, vor dem keine Virtuosität
dauerhaft schützt, das vielmehr immer wieder gebändigt sein will.

Das Handwerk des Tötens muss in dieser Entwicklungslinie gesehen
werden. Wie in *Die englischen Jahre* ist ein ungeschriebener, im Entstehen begriffener Roman der geometrische Ort, auf den sich die realen und
imaginären Aktivitäten der Personen richten. Geschildert wird, wie ein
ambitionierter Journalist einen Roman entstehen lässt, indem er die Begleitumstände eines fremden Romanprojekts wiedergibt, welches die
zwischenmenschlichen Bindungen seines Autors aufs Äußerste belebt
und belastet. Romancier ohne Roman sind zu Anfang sowohl der Ich-
Erzähler als auch Paul, der sich durch den Tod Allmayers, eines ihm be-
freundeten Kriegsberichterstatters, mit einem romanträchtigen Thema
betraut glaubt: „er hatte Zutrauen gefaßt, weil er ahnte, ich war vom gleichen Übel gepackt wie er, von dem Traum, irgendwann einen Roman zu
schreiben, der einem das Leben erträglich machen sollte, einen entschä-
digen, ohne daß ich sagen könnte, wofür."

Dreifache Vermittlung also: Da ist das von Artikeln, Interviews und Anekdoten, vor allem aber dem Hörensagen verbürgte Geschehen um den
auf dem Balkan ermordeten Allmayer; da sind Pauls Recherchen zu dessen Berichterstattung, seinen Kontakten und Umtrieben sowie allgemein
zum Balkankrieg; da ist schließlich des Ich-Erzählers Observation des
vermeintlich sekundären Geschehens im heimatlichen Umfeld des zu
Tode gekommenen Reporters. Diese Staffelung ermöglicht es, dass
Gstrein eindringlich von Entwirklichung, Mord und Krieg erzählen kann,
obwohl er sich demonstrativ davon abwendet. Die Logik unmittelbarer

Zeugenschaft, zentral für die Kriegsberichterstattung, wird umgekehrt. Nicht was Allmayer im „Brennpunkt" des Krieges gesehen und erlebt hat (Pauls Interesse), sondern was der Ich-Erzähler dem Verhalten der durch den Tod Allmayers existenziell herausgeforderten Personen ablesen kann, ist Gegenstand des Romans. Nicht eine ferne militärische, sondern die nahe soziale „Einbettung" des Kriegsberichterstatters wird zum Thema.

Die Zeugenschaft gilt dem kommunikativen Gebaren bis hin zu minimalen gestischen und mimischen Zeichen. Der Erzähler kultiviert eine manchmal schon überspannt wirkende Empfindlichkeit gegenüber Haltungen und Posen; er ist ein Meister im Aufspüren von Mikroattitüden. Dem Leser teilt sich dies als Gefühl einer fast schmerzhaften Einschränkung seiner Kompetenzsphäre mit, ist er doch in Sachen „Krieg" an das strategische Großformat gewöhnt. Der längst selbst schon zum Klischee gewordene Verdacht gegenüber den Verzeichnungen und Stilisierungen von (Kriegs-)Bildern und Berichten wird von Gstrein im „primärmedialen" Bereich, dem Raum zwischen den Gesichtern und Körpern, entfacht.

Poetologisch korrespondiert dem die Spannung zwischen der Suche nach dem Plot, von der Paul umgetrieben wird, und den auch in früheren Texten Gstreins auftauchenden atmosphärischen Schilderungen, die für eine nicht spektakuläre, Intensität wie Flüchtigkeit der menschlichen Wahrnehmung beglaubigende „Zeugenschaft" stehen. Paul bezahlt die Fixierung auf den Plot mit dem Leben, dem Ich-Erzähler ermöglicht seine situative Distanzierung die Schilderung der Umstände von Allmayers Tod. *Das Handwerk des Tötens*, so wird deutlich, wird nicht nur von den Kriegsteilnehmern ausgeübt, es bestimmt durch die manchmal kaum merkliche Dynamik von Klischee, Pose und Kitsch auch die Verfertigung von Literatur.

Es besteht die Gefahr, dass Norbert Gstreins neuer Roman lediglich als Bestätigung der enormen Qualitäten dieses Autors aufgenommen wird und darüber das Risiko und die lange Anbahnung dieser Form des Schreibens aus dem Blick geraten. Gstrein scheint ein Schriftsteller zu sein, für den das Existenzrecht der Literatur keine verbürgte Sache ist, sondern immer wieder beglaubigt werden muss. Dementsprechend darf man feststellen: Für den Herbst 2003 ist Norbert Gstrein ein Kronzeuge des unausgesetzten Beweisverfahrens für die Notwendigkeit der Literatur.

Frankfurter Rundschau v. 8.10.2003

Daniela Strigl

Ein Buch und seine Rezeption

Über Norbert Gstreins „Schule des Tötens"

Irgendwie kommt es einem wenig vor, was der Suhrkamp-Verlag da an gesammelten Pressestimmen zu Gstreins jüngstem Buch geschickt hat. Da muß doch viel mehr erschienen sein! Und wirklich: Bei genauerem Nachschauen ist keine einzige österreichische Zeitung darunter, dafür der „Mannheimer Morgen" und das „Darmstädter Echo" mit demselben Text. Vor allem fehlt jede ernsthaft kritische Stimme. Also natürlich auch die Besprechung im „Spiegel", in der Barbara Rupp Gstrein unter anderem vorwirft, er habe allzu viele Details aus dem Leben des 1999 im Kosovo erschossenen „Stern"-Reporters Gabriel Grüner verwendet. Solche Schonung hat *Das Handwerk des Tötens* nicht nötig, waren doch die meisten Rezensionen ohnehin nicht bloß freundlich, sondern euphorisch – darunter die der sogenannten führenden Blätter. „Die analytische Form, die Gstrein so meisterhaft beherrscht", meinte Richard Kämmerlings in der F.A.Z., „findet Anwendung auf die schwerste aller Fragen: wie jahrzehntelange Nachbarn plötzlich zu Mördern und Vergewaltigern werden konnten." Und, mit einem feinsinnigen Hinweis auf Joseph Conrad, hebt er den Österreicher in den deutschen Olymp und noch höher: „Mit dem *Handwerk des Tötens* hat er sich endgültig als einer der allerersten Erzähler nicht nur der deutschen, sondern der europäischen Literatur etabliert. Es ist ein tiefer und schonungsloser Blick in das Herz unserer eigenen, noch kaum erhellten Finsternis."
Echte Begeisterung spricht auch aus Andreas Breitensteins Urteil in der N.Z.Z.: „Norbert Gstreins Buch umfasst alles, was grosse Literatur ausmacht: Liebe und Wahn, Tod und Erlösung, Figuren, die sich einbrennen

und gleichzeitig entziehen. (...) Hinzu kommt die Virtuosität der Sprache, eine Parforcetour indirekter Rede am Rande des Sagens." Gerade daß für Gstrein das „Existenzrecht der Literatur" immer wieder „beglaubigt" werden müsse, rechnet auch Heribert Kuhn ihm in der „Frankfurter Rundschau" hoch an, um ihn dann gleich zum Retter der Literatur an sich zu machen: „Für den Herbst 2003 ist Norbert Gstrein ein Kronzeuge des unausgesetzten Beweisverfahrens für die Notwendigkeit der Literatur." Bernhard Fetz sieht Gstreins Kunst im Wiener „Falter" darin, „die Recherche so voranzutreiben, daß sie sich gegen die Rechercheure richtet, (...) dabei den Journalismus als wichtigstes Medium unserer Welterfahrung mit seinen eigenen Mitteln vor sich her treibend". Dabei gelinge es dem Autor, „die Kompliziertheit der gebrochenen Erzählperspektive in klaren, präzise gebauten Satzperioden aufzufangen", man finde hier, „im Gegensatz zu vielen anderen literarischen und journalistischen Texten" eine „makellose Zeitenfolge".

Das Lob gilt also dem Großen wie dem Kleinen, der Aufgabenstellung wie dem Stil. Auffällig ist nur, daß auch die überschwenglich Lobenden etwas einräumen, von dem es abzusehen gelte: „Man könnte dem Roman seine übermäßige Konstruiertheit vorwerfen, die ständige Reflexion der Fußangeln einer vermeintlich neutralen Repräsentation", sagt Kämmerlings und tut das natürlich nicht, erklärt es vielmehr gerade zu seiner „Leistung". „Man mag dem Text einen gewissen formalen Überschuß vorhalten", sagt Breitenstein und tut das nicht, denn der sei eben dem „Beharren auf dem letzten Zweifel' geschuldet". „Der Erzähler kultiviert eine manchmal schon überspannt wirkende Empfindlichkeit gegenüber Haltungen und Posen", meint Kuhn, ohne das dem *Autor* anzulasten. Fetz stellt immerhin klipp und klar fest: „auch in seiner reflektierenden Kommentierung kann das Banale banal bleiben. Das Buch ist von manchmal quälender Langatmigkeit."

In den grosso modo ablehnenden Rezensionen wird das hier marginalisierte Argument zum entscheidenden: „das ganze Buch über wartet man darauf, dass endlich einer erzählt." (Barbara Rupp) Der zweite Haupteinwand ist ein moralischer, der sich am Vorwurf von Gabriel Grüners Lebensgefährtin orientiert, Gstrein habe hier eine „Abrechnung mit einem Toten" geliefert. Besonders streng geht Roland Mischke im „Rheinischen Merkur" mit dem Autor ins Gericht. Bei seiner Zusammenfassung der Romanhandlung kommen einem allerdings Zweifel, ob er das Buch je gelesen hat: „Erzähler ist der Hamburger Journalist Christian Allmayer, gebürtiger Wiener. Sein Tiroler Freund Paul, ein schwieriger Zeitgenosse, der sich mit Reiseberichten für Zeitungen über Wasser hält und davon träumt, den großen Roman zu schreiben, scheitert an seinem Dilettantismus." Der Ich-Erzähler heißt nicht Christian Allmayer (so heißt vielmehr der ebenfalls aus Tirol kommende Kriegsberichterstatter), er hat gar keinen Namen, und er ist nicht gebürtiger Wiener, sondern seine Eltern stammen aus Wien. „Da erreicht Paul die Nachricht von Allmayers Tod. Er ist bei der Ausübung seines Berufs getötet worden." Wie das, wo doch Allmayer der Erzähler sein soll? Aber es kommt noch besser: „Allmayer erlebt seine Beerdigung mit, hat mit seinem Nachlass zu tun, führt Gespräche mit der Witwe und anderen – und beschließt, Leben und Tod seines Freundes in einem Roman zu verarbeiten."

Nicht genug, daß da einer sein eigenes Begräbnis miterleben soll (eine Vision, die die als böse Karikatur durch dieses Buch geisternde Sabine Gruber in ihrem Roman *Die Zumutung* übrigens tatsächlich entwirft), Mischke steht auch sonst neben dem Geschehen. Er wirft Gstrein mit Blick auf Gabriel Grüner vor, er hätte „vor allem kritische Seiten am Kriegsreporter dargestellt, der in Hemingway-Manier an die Balkan-Front zieht, sich bewusst ist, die Gefahr gewählt zu haben'. Das erscheint Paul als ,die möglichst glorreiche Rechtfertigung dafür, nicht zu Hause zu sein, nicht am Schreibtisch, der (sic) Ort, der für ihn vielleicht gefährlicher war, als er sich eingestand'". Diese Passage bezieht sich aber im Roman gar nicht auf den Reporter Allmayer/Grüner, sondern auf einen Schriftsteller, der sich zu Beginn der Kosovoinvasion mit einem Lokalaugenschein in Szene setzt.

Abgesehen von dem intellektuellen Sittenverfall, der sich darin manifestiert, daß einer, der ein Buch attackiert, es gar nicht mehr für nötig hält, es vorher zu lesen: Gstrein macht es sich zu leicht, wenn er jede Rolle im literarischen Schlüsseldienst weit von sich weist. Wer sich oder andere im Roman erkenne, sei „einem Lektürefehler" aufgesessen, ein Autor hafte schließlich nicht für das, was sich im Kopf des Lesers ereigne. Der da seine Hände in Unschuld wäscht, hat aber seinem Buch ein In memoriam vorangestellt: „zur Erinnerung an Gabriel Grüner (1963-1999) über dessen

Leben und dessen Tod ich zu wenig weiß als daß ich davon erzählen könnte". Raffiniert, aber doch nicht raffiniert genug.

Nun hat Gstrein die tragische Geschichte weder als „Schicksalsreport" ausgeschlachtet noch mit dem Toten „abgerechnet": Sein Bild erscheint differenziert. Aber in Deutschland, wo der Tod des „Stern"-Reporters und eines Photographen großen publizistischen Widerhall fand, werden nicht nur die handelnden Personen, sondern auch viele Leser anhand offenkundiger Parallelen Identifikationsarbeit leisten.

In Österreich bieten sich wiederum eher die Mitglieder des literarischen Betriebs zur Überführung an: Enttarnung leicht gemacht. Denn Gstrein zieht nicht nur über Juli Zeh und Susan Sontag her, die er als mediengeile Schlachtenbummlerinnen (in der Nachfolge der durch Karl Kraus berüchtigten Alice Schalek) denunziert – er nimmt auch, ebenfalls ohne Namensnennung, Peter Handke, Rudolf Burger sowie Südtiroler Köpfe ins Visier. Da trägt es wenig zur Entschärfung bei, daß der Autor die bösesten Verdikte dem heillos schimpfenden Versager Paul in den Mund legt. Karl Kraus hat die Rolle, in der Gstrein auftritt, die der „verfolgenden Unschuld" genannt. Die Aggressivität dieses doch auch zur Selbstironie begabten Analytikers ist beachtlich und kommt dem hehren Anliegen des Romans, der die Unerreichbarkeit der Wahrheit plausibel machen will, ganz grundsätzlich in die Quere.

Vom spanischen Regierungschef Aznar heißt es, er habe eine Begegnung mit dem jüngst verstorbenen Schriftsteller Manuel Vázquez Montalbán peinlichst vermieden, aus Angst, einmal in einem seiner Bücher vorzukommen. Man kann sich gut vorstellen, daß es Gstreins Bekannten ähnlich geht.

Den literarischen Argumenten für *Das Handwerk des Tötens*, vom skeptischen Ansatz bis zum perfekten Konjunktiv, sei hier ausdrücklich beigepflichtet, ja es sei darüber hinaus noch gerühmt, daß Gstrein, der seine Balkan-Geschichte von einem Deutschen (wenn auch mit Wiener Eltern) erzählen läßt, dem Suhrkamp-Verlag mit bewunderungswürdiger Konsequenz das österreichische Idiom aufs Lektoren-Aug gedrückt hat.

Problematisch erscheint mir allein der Umstand, daß ein struktureller erzähltechnischer Mangel vielfach zum bloßen Schönheitsfehler umgedeutet wurde – etwas, was so vielleicht wirklich nur im deutschen Sprachraum möglich ist. In dem heißen Bemühen, Gstreins ideologie-

und medienkritische Absicht, seine konstruktive Intelligenz und seinen Mut zum Spröden zu belohnen, hat man beschlossen, über die Kleinigkeit hinwegzusehen, daß sich die Erzählung selbst torpediert, oder halt die Not zur Tugend zu erklären.

Die fortgesetzte sprachliche Manöverkritik, die der Erzähler an sich selbst sowie an dem armen Paul betreibt und beide wiederum am noch ärmeren, weil toten Allmayer betreibt, ist auch sprachlich eine Zumutung: Die Dauerskepsis wird zum Manierismus. Jede Aussage wird kommentiert, gewogen und meist für zu leicht befunden, alle Figuren werden in erster Linie auf ihre narrative Tauglichkeit hin untersucht und leiden deshalb an Auszehrung. All die „Banalitäten", „Platitüden", „Gemeinplätze", die da ständig gewittert werden, all das, was da dauernd als „abgedroschen", „naiv", „plakativ", „rührselig" oder „pathetisch" entlarvt wird, hängt an der Geschichte wie ein Bleikorsett.

Es ist nicht glaubwürdig, daß immer wieder einer meint, „nicht richtig zu hören", nur weil ein anderer etwas „Schablonenhaftes" gesagt hat, denn gerade mit dem *Schablonenhaften* rechnen wir ja im alltäglichen Verkehr. Es ist auch nicht nachvollziehbar, daß sich immer wieder jemand das Lachen verbeißen muß, weil ein anderer formulierend danebengreift: „Als er [Paul] dann noch meinte, es sei kein Zufall, daß es ausgerechnet einen Bauernsohn aus Tirol erwischt hatte, mußte ich mich zurückhalten, um über die Formulierung nicht laut loszuprusten, so schwülstig war sie." Glauben wir das? Ist das wirklich *schwülstig*? Und wenn ja, ist der Mann nicht sehr leicht zu erheitern?

Zufällig habe ich nach *Das Handwerk des Tötens* Evelyn Waughs Roman *Der Knüller* (*Scoop*) aus dem Jahr 1938 gelesen: Ein britischer Amateur-Journalist wird aufgrund der Verwechslung mit einem Namensvetter in ein afrikanisches Kriegsgebiet entsandt und kommt dort zu einem Exklusiv-Knüller wie die Jungfrau zum Kind. Waugh geht in dieser Satire, der ein Identitätstausch zugrunde liegt (wie bei Gstrein in *Die englischen Jahre*), mit den Gebräuchen der Presse und der von ihr gefälschten Realität wahrlich nicht sanfter um als Gstrein, aber er traut sich zuzugreifen. Er erzählt – was Gstrein, sehr zum Wohl der Geschichte, erst in deren letztem Drittel wagt, als das Ich endlich aus erster Hand und eigenem Erleben berichten darf.

Von Waugh war hier nicht die Rede, um einem Heutigen irgendwelche Vorschriften zu machen; obwohl, zugegeben, man fragt sich schon, ob Gstrein, der offenbar nicht weiß, wohin mit seiner aggressiven Energie, da nicht in der Satire besser aufgehoben wäre – wie seine Literaturbetriebsgemeinheit *Selbstporträt mit einer Toten* nahelegt. Gerade der Polemiker Gstrein müßte wissen, daß Keuschheit im Umgang mit dem Realen Utopie bleiben, daß die Begegnung des Schriftstellers mit dem „Aas" Wirklichkeit immer „etwas Hyänenhaftes" haben muß. Wer ins Volle greift, macht sich die Hände schmutzig. Man kann die Bewunderung für die Klugheit des Autors Gstrein teilen, man kann das intellektuelle Vergnügen bei der Rekonstruktion seiner Verspiegelungstechnik genießen – und doch daran erinnern, daß allzu großes Raffinement auch Verkrampfung sein kann.

„Wenn ich dich Plot sagen höre, kommt es mir vor, als würdest du von einem Brocken sprechen, der dir im Hals stecken geblieben ist und dich würgt." Das sagt einmal der arme Paul zum Roman-Ich, und wir sehen den Autor angesprochen: keine gute Voraussetzung für einen Erzähler. Ganz privat bin ich davon überzeugt, daß wir die wirklich großen Romane von Norbert Gstrein erst lesen werden, wenn er sich freigehustet hat.

Literatur und Kritik (2004), H. 381/382

Zu *Wem gehört eine Geschichte?*

Julia Encke

Das unerfreuliche Milieu

Gebt mir mein Buch zurück:
Norbert Gstrein beschimpft die Parkwächter der Literatur

Der Schriftsteller Norbert Gstrein traut seinen Augen nicht. Er hält es einfach nicht für möglich. Da steht er in der Nacht vom 24. auf den 25. Dezember 2003 mit seiner Freundin Suzana an der Rezeption des Palace Hotels in Zagreb, um einzuchecken, ein Ort, an dem er oft gewesen ist, und plötzlich fällt sein Blick auf das Namensschild des Nachtportiers: „I.

Radiš". „Unglaublich", entfährt es ihm. „Eine Frau mit Ihrem Namen hat versucht, mich umzubringen." „Sie hat versucht, Sie umzubringen?", lacht der Nachtportier. „Ich frage mich auch, was sie dazu gebracht hat", entgegnet Gstrein. „Ich habe nichts gegen sie, im Gegenteil, für mich ist sie eine aufregende Frau."

Die „aufregende Frau", das ist natürlich niemand anderes als Iris Radisch, die Literaturkritikerin der Zeit, die zwei Tage zuvor Gstreins Roman *Das Handwerk des Tötens* gnadenlos verrissen hat. „Tonlos und banal", hieß der Text, in dem sie zu dem Schluss kam, dass dies „nicht einmal gute Literatur" sei. „Ein Schlüsselroman, der sich als Nicht-Schlüsselroman verschlüsseln will", schrieb sie böse, „entkommt vielleicht der gerichtlichen Klage seiner missbrauchten Vorbilder, aber nicht seinem Schicksal: Aus Missgunst und übler Nachrede kommt nichts heraus."

Gstrein hat das sehr getroffen. Es hat ihn sogar so sehr getroffen, dass er noch in derselben Nacht, im Palace-Hotel, einen Brief an Iris Radisch schrieb, den sie aber angeblich nie beantwortet hat. Und weil ihm das offensichtlich noch nicht genug war und die Kränkung so groß, hat er jetzt noch eins draufgesetzt und ein ganzes Buch über seinen eigenen Roman verfasst, eine polemische Rechtfertigungsschrift mit dem Titel *Wem gehört eine Geschichte?*. Es wäre besser gewesen, souverän zu schweigen. Aber das Buch ist nun einmal da – und mit ihm das alte Lied vom Tod des Kritikers und einem zu Tode gekränkten Autor.

Gstreins *Handwerk des Tötens* – man kann da völlig anderer Meinung sein als Iris Radisch – ist ein großartiger Roman. Es ist die Geschichte über einen im Kosovo erschossenen Journalisten. Der Versuch, eine Sprache für den Krieg und die Gräuel im ehemaligen Jugoslawien zu finden, das heikle Verhältnis zwischen dem Handwerk des Tötens und dem des Schreibens auszuloten. Die Geschichte kam nicht aus dem Nichts: „Zur Erinnerung an Gabriel Grüner (1963-1999), über dessen Leben und dessen Tod ich zu wenig weiß, als dass ich davon erzählen könnte", stellte Gstrein seinem Buch spitzfindig voran. Das Motto hatte Bartleby-Qualitäten: „I would prefer not to", hätte er genauso gut sagen und Melvilles berühmten Schreiber zitieren können. Denn obwohl Gstrein vorgab, es nicht zu tun, legte er eine Fährte ins wirkliche Leben. Auch mit einigen

Details im Buch tat er das: Gabriel Grüner war der „Stern"-Reporter, der im Juni 1999 im Kosovo erschossen wurde.

Dass es daraufhin Ärger gab, war eigentlich wenig überraschend und hatte einen einfachen Grund: Der Journalist im Roman ist kein besonders liebenswerter Mensch. Da nun aber Gabriel Grüner sehr nett gewesen sein muss, fühlten sich seine Angehörigen, die eine Geschichte über ihn zu lesen glaubten, persönlich getroffen. Und auch „I. Radiš" war außer sich: „Gabriel Grüner gab es wirklich", hieß der erste Satz ihrer Rezension. „Er war ein ungemein sympathischer Hamburger Kollege vor vielen Jahren Hospitant im Feuilleton der ‚Zeit', in der er seine ersten Literaturkritiken veröffentlichte, später Reporter beim ‚Stern'."

Achtung, liebe Coelho-Leser!

Gstrein konnte das offenbar so nicht stehen lassen und schlägt nun zurück, holt aus zur Schlammschlacht, bewirft das „unerfreuliche Milieu" des Literaturbetriebs mit fliegenden Ressentiment-Fetzen und scheint dabei zu vergessen, dass er selbst sich mittendrin befindet: ‚Dies ist kein Schlüsselroman!', ruft es aus jedem Satz. Er spottet über „literarische Hobbydetektive", die nicht imstande seien, Fiktion und Fakten voneinander zu trennen, oder weist den gemeinen Leser vom Roß hoher Literatur aus streng zurecht: „Fast kommt es mir so vor", beklagt er sich, „als müsste ein Roman, der versucht, mit Seh- und Wahrnehmungsgewohnheiten zu brechen, seine Gattungsbezeichnung wie ein Warnschild tragen, also Achtung Roman, Achtung liebe Fernsehzuschauer und Leser von Paulo Coelho, Susanna Tamaro, Éric Emmanuel Schmitt und Konsorten ... *might contain explicit language, might contain literature, if you don't mind my saying so ... might disturb you, might even hurt.*" Ob man Paulo Coelho nun mag oder nicht: in dieser Weise muss sich wohl niemand belehren lassen.

Es sieht ganz so aus, als wolle Norbert Gstrein mit *Wem gehört eine Geschichte?* die Deutungshoheit über seinen Roman zurückgewinnen. Er scheint nicht damit leben zu können, dass er die Geschicke seines *Handwerks des Tötens* nicht mehr bestimmen kann, erträgt die vermeintlich falschen Lesarten nicht. Dabei hat er das Buch nun einmal aus der Hand gegeben. Und es liegt in der Natur der Sache, dass Leser sich Geschichten zu eigen machen, Lesarten außer Kontrolle geraten. Wenn Gstrein jetzt von den „Eifersüchteleien" der Leute spricht, die „Anspruch auf eine Geschichte erheben wie auf einen Besitz", wird man den Eindruck nicht los, dass der Eifersüchtigste von allen er selbst ist. ,Meine Geschichte ist eine andere!', empört er sich, statt seiner Leserschaft und der Wirkung seines eigenen Romans einfach zu vertrauen.

Und noch aus einem anderen Grund versteht man seine Aufregung nicht: Während im vergangenen Jahr die Grenzüberschreitung von Literatur und Leben im Fall von Maxim Billers *Esra* oder Alban Nikolai Herbsts *Meere* zu Bücherverboten führte, kam es beim *Handwerk des Tötens* nicht mal zum Prozess. Die Lebensgefährtin von Gabriel Grüner sah von einer Klage ab, was Gstrein, dessen Erzählform ohnehin zu raffiniert war, als dass man eine Persönlichkeitsverletzung hätte feststellen können, eigentlich hätte beruhigen müssen. Dass sich die Lebensgefährtin und eine weitere Freundin Grüners allerdings provoziert fühlen, ist ihr gutes Recht und irgendwie ja auch verständlich. Wer Namen nennt – und Gstrein tut das mit seiner „distanzierenden Respektbezeugung" im Motto – der muss sich auch der Suggestionskraft von Namen bewusst sein. Er kann hinterher nicht einfach den Überraschten oder Naiven spielen, während er den Angehörigen im selben Atemzug ihre „naive" Lesart zum Vorwurf macht. Das geht einfach nicht.

Auch ist es nicht besonders stilvoll, diese Freundinnen zu verspotten, wenn sie ihrerseits Bücher über den diesmal tatsächlichen Grüner veröffentlichen: „Bekenntnis- und Selbsthilfe-Bücher" seien das, ereifert sich Gstrein, von der Art, wie sie „in den toten Stunden des Nachmittagsfernsehens immer neue Talkshow-Blüten treibt, personifiziert in Leuten, denen nichts Menschliches und zusehends nichts Unmenschliches fremd ist."

Eigentlich wollte Norbert Gstrein mit *Wem gehört eine Geschichte?* ein Buch über das prekäre Verhältnis von Fakten und Fiktion schreiben. Herausgekommen ist eine unerfreuliche Depesche aus dem nicht weniger unerfreulichen Literaturmilieu. Und das ist schade. Denn *Das Handwerk des Tötens* ist ein wirklich toller Roman.

Süddeutsche Zeitung (München) v. 4.10.2004

IV Kurzbiographie

Norbert Gstrein – Kurzbiographie[1]

- geboren am 3.6.1961 in Mils b. Imst (Tirol); zweites von 6 Kindern des Hoteliers und Schischulleiters Norbert Gstrein sen. (1931-1988) und von Maria Gstrein, geb. Thurner (geb. 1935)
- wächst mit seinen fünf Geschwistern im Hotel des Vaters in Vent auf
- 1967-1971 einklassige Volksschule in Vent
- 1971-1979 Realgymnasium in Imst, die ersten drei Jahre im Internat des dortigen Kapuzinerklosters; Teilnahme an der „Mathematik-Olympiade"
- 1979 Matura
- 1979-1984 Studium der Mathematik in Innsbruck; Abschluß mit dem Diplom
- 1983 erste Veröffentlichungen
- 1985 nach 3 Tagen Abbruch eines Dissertationsstipendiums in Grenoble
- 1986/87 Studium an der Stanford University in Palo Alto, Arbeit an der Erzählung *Einer*
- 1988 ein Semester in Erlangen
- 1988 Dissertation über Sprachphilosophie (*Zur Logik der Fragen*), aber keine Rigorosen
- 1988/89 Gast des Literarischen Colloquiums Berlin, Entstehung der Erzählung *Anderntags*
- März 1989 bis Februar 1990 Stadtschreiber in Graz
- 1991 in der ersten Jahreshälfte in San Francisco
- während der Arbeit am Roman *Das Register* (1992) Aufenthalte in Graz, Bruck a. d. Mur und zum ersten Mal in Kroatien
- 1993 in Paris
- 1994 in der zweiten Jahreshälfte in Solothurn (Schweiz)
- 1995 Übersiedlung nach Zürich
- 1995-1999 Aufenthalte in London und auf der Isle of Man für *Die englischen Jahre*
- 2000 in Wien; gegen Jahresende Übersiedlung nach Hamburg

- 2000-2003 Aufenthalte im ehemaligen Jugoslawien für *Das Handwerk des Tötens*
- 2001 zweimonatiges New-York-Stipendium des Deutschen Literaturfonds
- 2003 sechsmonatiges London-Stipendium der schweizerischen Kulturstiftung Landis & Gyr, Reise durch Kroatien, Bosnien und Serbien für *Wem gehört eine Geschichte?*
- 2005 Aufenthalte in Argentinien für ein Romanprojekt
- 2005 Geburt der Tochter Lorena

Anmerkung:

[1] Aufgrund massiver Bedenken von Norbert Gstrein wurde auf die Erstellung einer umfangreicheren Biographie verzichtet. *Die Herausgeber*

V. Bibliographie

Barbara Wiesmüller

Bibliographie Norbert Gstrein

Primärliteratur

Buchpublikationen

Einer. Erzählung. Frankfurt a. M.: Suhrkamp 1988. (= edition suhrkamp. 1483.)
Auch: Frankfurt a. M.: Suhrkamp 1994. (= Literatur heute.)
Auch: Frankfurt a. M.: Suhrkamp 1998. (= suhrkamp taschenbuch. 2959.)
Auch: Frankfurt a. M.: Suhrkamp 2003. (= edition suhrkamp. 2423.)
Auch: Mit einem Kommentar von Heribert Kuhn. Frankfurt a. M.: Suhrkamp
2005. (= Suhrkamp BasisBibliothek. 61.)

Anderntags. Erzählung. Frankfurt a. M.: Suhrkamp 1989. (= edition suhrkamp.
1625.)

Das Register. Roman. Frankfurt a. M.: Suhrkamp 1992.
Auch: Frankfurt a. M.: Suhrkamp 1994. (= suhrkamp taschenbuch. 2298.)

O₂. Novelle. Frankfurt a. M.: Suhrkamp 1993.
Auch: Frankfurt a. M.: Suhrkamp 1995. (= suhrkamp taschenbuch. 2476.)

Der Kommerzialrat. Bericht. Frankfurt a. M.: Suhrkamp 1995.
Auch: Frankfurt a. M.: Suhrkamp 1997. (= suhrkamp taschenbuch. 2718.)

Die englischen Jahre. Roman. Frankfurt a. M.: Suhrkamp 1999.
Auch: Frankfurt a. M.: Suhrkamp 2001. (= suhrkamp taschenbuch. 3274.)

Selbstportrait mit einer Toten. Frankfurt a. M.: Suhrkamp 2000.
Auch: Frankfurt a. M.: Suhrkamp 2003. (= suhrkamp taschenbuch. 3517.)

Gstrein, Norbert/Semprún, Jorge: *Was war und was ist*. Reden zur Verleihung des
Literaturpreises der Konrad-Adenauer-Stiftung am 13. Mai 2001 in Weimar.
Frankfurt a. M.: Suhrkamp 2003. (= Edition Suhrkamp. Sonderdruck.)

Fakten, Fiktionen und Kitsch beim Schreiben über ein historisches Thema. Wiener Rede. Frankfurt a. M.: Suhrkamp 2003.

Die englischen Jahre. 1-3. [3 Bände in Schuber: *Die englischen Jahre*; *Selbstportrait mit einer Toten*; *Fakten, Fiktionen und Kitsch beim Schreiben über ein historisches Thema*]. Frankfurt a. M.: Suhrkamp 2003.

Das Handwerk des Tötens. Roman. Frankfurt a. M.: Suhrkamp 2003.
Auch: Frankfurt a. M.: Suhrkamp 2005. (= suhrkamp taschenbuch. 3714.)

Wem gehört eine Geschichte? Fakten, Fiktionen und ein Beweismittel gegen alle Wahrscheinlichkeit des wirklichen Lebens. Frankfurt a. M.: Suhrkamp 2004.

Übersetzungen

Un'dici. roman. [Einer. <franz.>]. Übers. v. Isabelle Boccon-Gibod. Paris: Gallimard 1991. (= Du monde entier.)

Uno di qui. [Einer. <ital.>]. Übers. v. Anna Ruchat. Torino: Lindau 1994. (= Letture. 18.)

De dag dat ze Jakob kwamen halen. [Einer. <niederl.>]. Übers. v. Els Snick. Amsterdam: Cossee 2006.

Le registre. roman. [Das Register. <franz.>]. Übers. v. Colette Kowalski. Paris: Gallimard 1994. (= Du monde entier.)

The Register. [Das Register. <engl.>]. Übers. v. Lowell A. Bangerter. Riverside (Calif.): Ariadne Press 1995. (= Studies in Austrian literature, culture, and thought. Translation series.)

Los años ingleses. [Die englischen Jahre. <span.>]. Übers. v. Daniel Najmías. Barcelona: Tusquets Eds. 2001. (= Collección Andanzas. 455.)

De engelse jaren. roman. [Die englischen Jahre. <niederl.>]. Übers. v. Nelleke van Maaren. Amsterdam: Meulenhoff 2001. (= Meulenhoff editie. 1902.)

De engelske årene. roman. [Die englischen Jahre. <norw.>]. Übers. v. Sverre Dahl. Oslo: Aschehoug 2001.

Les années d' Angleterre. roman. [Die englischen Jahre. <franz.>]. Übers. v. Bernard Lortholary. Paris: Gallimard 2002. (= Du monde entier.)

The English Years. [Die englischen Jahre. <engl.>]. Übers. v. Anthea Bell. London: The Harvill Press 2002.
Auch: London: Vintage 2003.

Ingiltere yillari. [Die englischen Jahre. <türk.>]. Übers. v. Çağlar Tanyeri. Galatasaray, Istanbul: Can Yayinlari 2002. (= Çağdaş dünya yazarlari.)

Metai Anglijoje. [Die englischen Jahre. <lit.>]. Übers. v. Dalia Kižlienė. Vilnius: Pasvirğs Pasaulis 2002.

Gli anni inglesi. [Die englischen Jahre. <ital.>]. Übers. v. Anna Ruchat. Torino: Einaudi 2003.

Britanec. roman. [Die englischen Jahre. <russ.>]. Übers. v. Galina Snežinskaja. Sankt-Peterburg: Symposium 2003. (= Avstrijskaja bibliotela v Sankt-Peterburge.)

Angelski Lata. [Die englischen Jahre. <poln.>]. Übers. v. Elźbieta Kalinowska. Warszawa: Świat Literacki 2003.

Os anos ingleses. [Die englischen Jahre. <portug.>]. Übers. v. Paulo Rêgo u. Dina Antunes. Algés: Difel 2004. (= Literatura Estrangeira.)

Engleske godine. [Die englischen Jahre. <kroat.>]. Übers. v. Boris Perić. Zaprešić: Fraktura 2005.

Le métier de tuer. roman. [Das Handwerk des Tötens. <franz.>]. Übers. v. Valérie de Daran. Paris: Teper 2005.

Een wrede zomer. [Das Handwerk des Tötens. <niederl.>]. Übers. v. Els Snick. Amsterdam: Cossee 2005.

El oficio de matar. [Das Handwerk des Tötens. <span.>]. Übers. v. Rosa Pilar Blanco. Barcelona: Tusquets Eds. 2006. (= Collección Andanzas. 608.)

[Das Handwerk des Tötens. <arab.>]. Übers. v. Samir Grees. Amman: „Azmina" (Elias Farkuh) 2005.

À qui appartient une histoire? Des faits, des fictions, ainsi qu'une preuve contre toute vraisemblance de la vie réelle. [Wem gehört eine Geschichte? Fakten, Fiktionen und ein Beweismittel gegen alle Wahrscheinlichkeit des wirklichen Lebens. <franz.>]. Übers. v. Bernard Banoun. Paris: Teper 2005.

Publikationen in Zeitungen, Zeitschriften und Sammelbänden

Prosa

Es sind die wenigsten Menschen, nach denen Hähne krähen. In: Der Luftballon (1983/84), H. 15, S. 26-28.

Einer. In: Thurntaler. Tiroler Halbjahresschrift (1984), H. 11, S. 46-48.
Auch in: Wespennest (Wien) (1985), H. 60, S. 5-7.

Der kleine Prinz. Versuch einer Fortsetzung des Märchens von Antoine de Saint-Exupery. In: Das Fenster (1984), H. 34/35, S. 3508f.

Kapitel 21 aus einer Fortsetzung zum kleinen Prinzen. In: InN (1984), H. 1, S. 21-23.

Fortsetzung zum Kleinen Prinzen. In: Gaismair-Kalender (1985), S. 140-144.

Eine Midlife-Crisis. In: InN (1985), H. 6, S. 29.

Zwei. In: Thurntaler (1985), H. 12, S. 29-31.

Von zwei Frauen die zweite. In: Thurntaler (1985), H. 13, S. 36f.

Er. In: Sturzflüge (1985), H. 12, S. 44f.

4. Anmerkungen zu den Frauen; Plötzlich. In: Sturzflüge (1986), H. 14, S. 48f.

Ihre Tochter heißt Adolfine; Meine Freunde (5 Fragmente und 1 Klatsch). In: Thurntaler (1986), H. 14, S. 25; S. 44-46.

Einer. In: Ache - Ötztaler Kulturzeitschrift (1986), H. 5, S. 19f.

Jakob. In: InN (1986), H. 8, S. 30f.

Wider euch. In: Gaismair-Kalender (1986), S. 122f.

Frauengeschichte. In: Gaismair-Kalender (1987), S. 86.

Wider euch; Ein Anruf. Erzählungen von Norbert Gstrein. In: *Das Unterdach des Abendlandes*. Ein Lesebuch. Hrsg. v. Valentin Braitenberg. Schlanders: Wielander 1988. (= Arunda. 23.) S. 273-284.

Im Preis inbegriffen. Aus der Erzählung „Einer". In: Die Presse (Wien) v. 9./10.4. 1988.

Dschungel. Ein Prolog. In: manuskripte (1989), H. 105, S. 103-106.
Auch in: *Klagenfurter Texte zum Ingeborg-Bachmann-Preis 1989*. Hrsg. v. Heinz Felsbach, Siegbert Metelko. München: List 1989, S. 28-38.

Anderntags. [Auszug]. Der Beginn einer neuen Erzählung. In: Die Presse (Wien) v. 26./27.8.1989, Spectrum, S. VII.

Einer. [Auszug]. In: *Tiroler Jungbürgerbuch*. Hrsg. v. Wolfgang Pfaundler. Innsbruck: Inn-Verlag 1989, S. 467f.

Lawinengefahr. [Auszug aus *Einer*]. In: *Tirol - Land im Gebirge*. Hrsg. v. Peter Mertz. Dortmund: Harenberg Edition 1989. (= Die bibliophilen Taschenbücher. 578.) S. 105f.

Jetzt kommen sie. [Auszug aus *Einer*]. In: *Die achtziger Jahre*. Ein Suhrkamp Lesebuch. Frankfurt a. M.: Suhrkamp 1990, S. 297-304.

Das Register. Roman. In: Frankfurter Allgemeine Zeitung v. 24.8.1992-19.10.1992. [48 Folgen]

Großkotz und Kleinkram. Halbverbrecher aller Art: Aus dem neuen Tirol-Roman *Das Register*. In: Die Presse (Wien) v. 5.9.1992, Spectrum, S. VI.

Das Register. Roman in Fortsetzungen. In: Tiroler Tageszeitung v. 13.10.1992-2.3.1993. [115 Folgen]

Ungewiß ist, ob zuerst der Schrei war. [Auszug aus O_2]. In: Die Presse (Wien) v. 24.7.1993, Spectrum, S. VII.

Die Bahnwärter. In: Neue Zürcher Zeitung v. 9.9.1994, S. 39.
Auch in: Tiroler Tageszeitung v. 1./2.10.1994, S. 8.

Der Auftrag. In: Neue Zürcher Zeitung v. 20.7.1994, S. 27.

Das Gewitter. (aus der Novelle O$_2$). In: *Lesen im Buch der edition suhrkamp.* Hrsg. v. Christian Döring. Frankfurt a. M.: Suhrkamp 1995. (= edition suhrkamp.1947.) S. 66-71.

Einer. [Auszug]. In: *Letzte Welten 1984–1989.* Die deutsche Literatur seit 1945. Hrsg. v. Heinz Ludwig Arnold. München: dtv 1995. (= dtv. 12636.) S. 315-317.

Einer. [Auszug]. In: *Wegen der Gegend.* Literarische Reisen durch Tirol. Hrsg. v. Barbara Higgs, Wolfgang Straub. Frankfurt a. M.: Eichborn 1998, S. 55-58.

Intermezzo. [Auszug aus *Das Register*]. In: *Österreichische Erzähler der Gegenwart.* Hrsg. v. Petra Neumann. München: Heyne 1998. (= Heyne-Bücher. 10185.) S. 222-226.

Die englischen Jahre. [Auszug]. In: *Altes Land, neues Land.* Verfolgung, Exil, biografisches Schreiben. Texte zum Erich Fried Symposium 1999. Hrsg. v. Walter Hinderer [u.a.].Wien: Dokumentationsstelle für neuere österreichische Literatur 1999. (= Zirkular Sondernummer. 56.) S. 26-28.

Die Schachteln. [Auszug aus *Selbstportrait mit einer Toten*]. In: Neue Zürcher Zeitung v. 15.2.2000, S. 35.

Großvater. [Auszug aus *Das Register*]. In: *Europa erlesen.* Tirol. Hrsg. v. Bernhard Sandbichler. Klagenfurt: Wieser 2000, S. 102-104.

Lyrik

Gedichte. In: Das Fenster (1983), H. 33, S. 3273f.

[Gedicht]. In: Gaismair-Kalender (1984), S. 123.

Essays, Reden, Kommentare

Wieviel Welt. In: Kleine Zeitung (Graz) v. 24.2.1990.

Vom Reden. In: *Manche Künstler sind Dichter.* 88 zündende Beispiele aus Österreich. Hrsg. v. Astrid Wintersberger. Salzburg: Residenz 1993, S. 329f.

Was machen Sie hier? In: *Der Verleger und seine Autoren.* Siegfried Unseld zum siebzigsten Geburtstag. Frankfurt a. M.: Suhrkamp 1994, S. 79-82.

Eine Hölle für sich allein. In der Literatur versagen die Maßstäbe. [Dankesrede zum Friedrich-Hölderlin-Preis der Stadt Homburg (Förderpreis) 1994]. In: Frankfurter Allgemeine Zeitung v. 16.6.1994, S. 33.

Die Handlungsreisenden leben. In: Neue Zürcher Zeitung v. 7./8.10.1995.

Warum ich kein Schweizer werden will. In: Weltwoche-Supplement (1995), Nr. 9, S. 14.

Der Lektor. Bilder im Zwielicht. (Scharniere des Kulturbetriebs VII). In: Neue Zürcher Zeitung v. 20.6.1995, S. 33.
Auch in: *Der Kulturbetrieb.* Dreißig Annäherungen. Hrsg. v. Andreas Breitenstein. Frankfurt a. M.: Suhrkamp 1996. (= suhrkamp taschenbuch. 2578.) S. 35-41.

Naturgemäß bei Suhrkamp. In: Süddeutsche Zeitung v. 1./2.7.2000.

Die feurigen Feuermelder. Eine österreichische Autoren-Farce. In: Frankfurter Allgemeine Zeitung v. 9.9.2000.
Unter dem Titel *Quassler und Schießbudenfiguren* auch in: Der Standard (Wien) v. 11.9.2000, S. 27.

Vor mir das offene Meer. Die Literatur und der „Widerstand" – Polemik gegen Polemik. In: Der Standard (Wien) v. 26.9.2000, S. 35.

Die Differenz. Fakten, Fiktionen und Kitsch beim Schreiben über ein historisches Thema. Rede, gehalten auf einer Tagung der Erich-Fried-Gesellschaft Anfang Dezember 1999 in Wien. In: Büchner. Literatur Kunst Kultur (Frankfurt/M.) 2000, S. 6-17.
Auch in: Neue Zürcher Zeitung v. 15./16.1.2000. [gekürzt]
Unter dem Titel *Man wurde nicht gefragt* in: Falter (Wien) v. 21.1.2000, S. 20. [gekürzt]

Die Leerstelle Tirol. Anläßlich der Verleihung des Tiroler Landespreises für Kunst. In: Mitteilungen aus dem Brenner-Archiv (2000), H. 19, S. 12f.

Über die Wahrheit und Falschheit einer Tautologie. Nach der Lektüre von Jorge Semprúns Erinnerungsbüchern. [Rede zur Verleihung des Literaturpreises der Konrad-Adenauer-Stiftung 2001]. In: Norbert Gstrein/Jorge Semprún: *Was war und was ist.* Reden zur Verleihung des Literaturpreises der Konrad-Adenauer-Stiftung am 13. Mai 2001 in Weimar. Frankfurt a. M.: Suhrkamp 2003. (= edition suhrkamp. Sonderdruck.) S. 19-42.
Auch in: *Verleihung des Literaturpreises der Konrad-Adenauer-Stiftung e. V. an Norbert Gstrein.* Weimar, 13. Mai 2001. Dokumentation. Hrsg. v. Günther Rüther. Bornheim: Konrad-Adenauer-Stiftung e.V. 2001, S. 15-24.
Auch in: Neue Zürcher Zeitung v. 26.5.2001, S. 53f.
Auch in: Bernhard Vogel: *Literaturpreis der Konrad-Adenauer-Stiftung 1993-2002.* Sankt Augustin: Konrad-Adenauer-Stiftung 2002, S. 160-162.

es: Das Wasserzeichen. Vierzig Jahre edition suhrkamp. In: Der Standard (Wien) v. 12.7.2003, Album, S. A4.

Das Sheerness des Erzählens. In: manuskripte (2003), H. 162, S. 102-106.
Unter dem Titel *Wie das denn wäre* in: Die Presse (Wien) v. 25.10.2003, Spectrum, S. IV. [gekürzt]

Unter dem Titel *Was macht ein Mensch, der kein Soldat ist, im Krieg? Versuch einer Annäherung an Sheerness: Dankesrede bei der Entgegennahme des Uwe Johnson-Preises 2003* in: Süddeutsche Zeitung v. 2.12.2003, S. 14. [gekürzt]

Das Grab des Lebendigen. Franz Nabl und Miroslav Krleža - Schreiben im Schatten des Habsburgerreichs. In: Neue Zürcher Zeitung v. 27.3.2004, S. 47f.
Auch in: Die Presse (Wien) v. 29.3.2004, S. 25-27. [gekürzt]
Auch in: manuskripte 44 (2004), H. 163, S. 101-105.

Mein Jugoslawien. Das Verhältnis von Realität und Fiktion, Persönlichkeitsschutz und Freiheit der Kunst wird im Literaturbetrieb heftig diskutiert. [Auszug aus *Wem gehört eine Geschichte?*]. In: Der Standard (Wien) v. 18.9. 2004, Album, S. A5f.

Dass ein solcher Mensch Bücher macht. Siegfried Unseld wäre heute achtzig Jahre alt geworden. Eine Würdigung. In: Die Presse (Wien) v. 28.9.2004.

Interviews

Blaha, Peter: *Auf der Suche nach Heimat.* Interview mit Norbert Gstrein. In: Bühne (2001), H. 2, S. 24f.

Crepaz, Gabriele: *Alfred-Döblin-Preisträger Norbert Gstrein: „Ich schreibe ungern".* In: FF Südtiroler Illustrierte (Bozen) v. 19.8.1999, S. 34f.

Draf, Stephan: *Mit eisigem Blick.* Tod auf dem Balkan: ein Roman von Norbert Gstrein über einen ermordeten Kriegsreporter. In: Stern v. 7.8.2003, H. 33, S. 137f.

Encke, Julia/Mangold, Ijoma: *„Ich werde bei jeder Berührung mit der Wirklichkeit beklommen."* Ein Gespräch mit Norbert Gstrein über Jugoslawien, Peter Handke und den Schreibtisch als gefährlichen Ort. In: Süddeutsche Zeitung v. 28.4.2004, S. 14.

Fleischhacker, Michael: *Vom Nicht-Dazugehören.* In: Kleine Zeitung (Graz) v. 10.12.1999, S. 82.

Fleischhacker, Michael: *„Es reicht nicht, gut zu sein".* In: Die Presse (Wien) v. 23.8.2003, S. 29.

Friedrich, Sebastian: *Norbert Gstrein.* In: Achtzig. Kulturzeitung (Graz) v. 16.4. 2004, S. 7.

Gmünder, Stefan: *Auf der Gegenseite der Macht.* Ein Gespräch mit dem Schriftsteller Norbert Gstrein. In: Der Standard v. 15.4.2000, Album, S. A2.

Gmünder, Stefan: *Die Toten schreibend zum Leben erwecken.* In: Der Standard (Wien) v. 31.7.2003, S. 23.

Garbovski, Ernst: *Geschichte und ihre Besitzer.* In: anzeiger. Die Fachzeitschrift des österreichischen Buchhandels (Wien) (2005), H. 1, S. 24-26.

Gruber, Alfons: *Die „Talfahrt" des Menschen als Grundthema.* Im Gespräch mit dem Tiroler Schriftsteller Norbert Gstrein. In: Dolomiten (Bozen) v. 23./24.3. 1996, S. 7.

Holz, Wolfgang: *Eine Art Natürlichkeit.* Gespräch mit dem Schriftsteller Norbert Gstrein. In: Neue Zürcher Zeitung v. 31.1.1995, S. 19.

Mach, Christine: *Vom Nachdenken über den Krieg.* Norbert Gstrein über den Roman „Das Handwerk des Tötens". In: Tiroler Tageszeitung v. 10.9.2003, S. 15.

Nickel, Gunther: *Die richtige Sprache finden.* Ein Gespräch mit dem österreichischen Schriftsteller Norbert Gstrein über den Holocaust in der Literatur. In: Die Welt v. 26.8.2000.

Patterer, Hubert: *Miserabel bezahlt werden oder den Idioten spielen?* In: Kleine Zeitung (Graz) v. 15.12.1992, S. 4f.

Thuswaldner, Anton: *Eine Welt aus Wirklichkeitssplittern.* Norbert Gstrein im Gespräch mit den SN: „Schreiben über den Krieg heißt, schreiben über Bilder vom Krieg". In: Salzburger Nachrichten v. 25.10.2003, Beil. LEBENSart, S. VII.

Vescoli, Christine: *„Realität aus Splittern zusammensuchen".* In: Die Neue Südtiroler Tageszeitung (Bozen) v. 26.9.2003, S. 15.

Viertelhaus, Benedikt: *„Die Grenze des Sagbaren verschieben".* Ein Gespräch mit Norbert Gstrein. In: Kritische Ausgabe. Zeitschrift für Germanistik und Literatur (Bonn) 9 (2005), H. 1, S. 61-67.

Wurnitsch, Martin/Kröll, Stefan: *Wider den Terror der richtigen Gesinnung.* In: Falter (Wien) v. 18.12.1992, Nr. 51/52, S. 38.

Sekundärliteratur

Hochschulschriften

Hofer, Christian: *„ Jetzt kommen sie und holen Jakob ...".* Psychopathologie und Erzähltechnik am Beispiel von Norbert Gstreins Erzählung „Einer". Salzburg, Dipl.arb. 1995.

Ivić, Sandra: *Literatur als eine Möglichkeit der Mitarbeit am Reich Gottes durch ihre prophetische Aufmerksamkeit und Zeitkritik.* Aufgezeigt an den Werken „Ausgrenzung" von Anna Mitgutsch und „Einer" von Norbert Gstrein. Innsbruck, Dipl.arb. 2000.

Koller, Andrea: *Bedrohte Heimat - bedrohte Identität.* Österreichische Literatur und Landeskunde im Unterricht Deutsch als Fremdsprache. Dargest. an der Erzählung „Einer" von Norbert Gstrein. Graz, Dipl.arb. 1990.

Kruzel, Daniel: *Schreiben über den Krieg.* Literarische Verfahrensweisen in Norbert Gstreins „Das Handwerk des Tötens". Paderborn, Dipl.arb. 2004.

Leiner, Veronika: *„Die Geschichte, die aus einem Pappkameraden einen wirklichen Mann macht."* Biografische De-Konstruktion in Norbert Gstreins Roman „Die englischen Jahre". Salzburg, Dipl.arb. 2001.

Leskovar, Veronika: *(K)ein schöner Land ...* Provinz in österreichischen Romanen der neunziger Jahre. Wien, Dipl.arb. 2001.

Marth, Maria-Christine: *Literatur und Geschichte.* Literarische Auseinandersetzungen mit dem Nationalsozialismus im österreichischen Roman 1999 (N. Gstrein, E. Hackl, M. Streeruwitz). Wien, Dipl.arb. 2001.

Perger, Alexandra: *Das Tirolbild bei Norbert Gstrein.* Eine kritische Analyse. Innsbruck, Dipl.arb. 2000.

Pfandler, Gernot: *Das Strukturprinzip der Wiederholung bei Norbert Gstrein - exemplifiziert anhand der Texte „Einer", „Anderntags" und „Das Register".* Wien, Dipl.arb. 1996.

Ritzer, Cornelia: *Das erste Buch.* Anfänge literarischer Debütanten im historischen Vergleich anhand der Analyse selbstbiographischer Aussagen von Autoren. - [U. a. zu Franzobel, Gstrein, Hotschnig, Sabine Gruber, Radek Knapp.] Innsbruck, Dipl.arb. 2001.

Schwens-Harranth, Brigitte: *Erlebte Welt - Erschriebene Welten.* Theologie im Gespräch mit österreichischer erzählender Literatur. Wien, Phil. Diss. 1995.

Thonhauser-Jursnick, Ingo: *Tourismus-Diskurse.* Locus amoenus und Abenteuer als Textmuster der Werbung, der Trivial- und Hochliteratur. Graz, Phil.

Diss. 1996. [Druckfassung:] Frankfurt, Berlin, Bern: Peter Lang 1997. (= Europäische Hochschulschriften. 1636.)

Aufsätze, Essays, Analysen

Fian, Antonio: *Der feige Polemiker.* In: Der Standard (Wien) v. 23.9.2000, Album, S. A5.

Holzner, Johann: *Erzählstruktur und Geschichtsreflexionen.* Notizen zu Anna Mitgutsch und Norbert Gstrein. In: ide. Informationen zur Deutschdidaktik 27 (2003), H. 1, S. 101-104.

Jabłkowska, Joanna: *Norbert Gstreins Grenzgänger.* In: *Grenzgänge und Grenzgänger in der österreichischen Literatur.* Beiträge des 15. Österreichisch-polnischen Germanistentreffens Kraków 2002. Hrsg. v. Maria Kłánska [u.a.]. Kraków: Wydawnictwo Uniwersytetu Jagiellońskiego 2004, S. 241-249.

Liessmann, Konrad Paul: *Konstruktion und Erfahrung.* Anmerkungen zur Prosa von Robert Menasse, Norbert Gstrein und Alois Hotschnig. In: *Neue Generation - neues Erzählen.* Deutsche Prosa-Literatur der achtziger Jahre. Hrsg. v. Walter Delabar. Opladen: Westdt. Verlag 1993, S. 195-206.

Lodron, Hubert: *„Sie pfuschen doch in alles hinein".* Österreich ist eng: Rosegger, Okopenko, Dor und Gstrein. In: Die Presse (Wien) v. 24.4.1993, S. VIII.

Mitlöhner, Rudolf: *Die Zeit danach oder: Das große „Österreich-Gespräch"* geht weiter. In: Die Presse (Wien) v. 14.9.2000.

Müller-Vahl, Barbara-M.: *„Waren wir glücklich?"* Der Schriftsteller Norbert Gstrein. In: Die Horen 37 (1992), H. 168, S. 101-105.

Rothschild, Thomas: *G & G Hofberichte.* In: Kolik (2001), H. 14, S. 6-10.

Schmutzhard, Karl: *Drei in Tirol lebende Autoren in einer Maturaklasse: Norbert Gstrein: Einer (1988) Alois Hotschnig: Leonardos Hände (1992) Walter Groschup: Der Schritt oder Protokoll einer Wehrlosigkeit (1992).* In: ide. Informationen zur Deutschdidaktik 17 (1993), H. 2, S. 113-128.

Straub, Wolfgang: *Willkommen. Literatur und Fremdenverkehr in Österreich.* Wien: Sonderzahl 2001, S. 198f. [Kapitel 2.2: *Gstrein und Mitterer*]

Wallas, Armin A.: *Das Verschwinden im Exil.* Zu Norbert Gstreins Erzähltexten *Die englischen Jahre* und *Selbstportrait mit einer Toten.* In: Mnemosyne. Zeit-Schrift für Geisteswissenschaften 27 (2001), S. 215-224.

Winkels, Hubert: *Weiterlesen!* In: manuskripte 29 (1989), H. 106, S. 101-109.

Würdigungen anläßlich von Preisverleihungen (Auswahl)

Arend, Ingo: *Zusätze. Unrealistischer Realismus. Alfred Döblin-Preis 1999.* In: Freitag (Berlin) v. 23.4.1999.

Böttiger, Helmut: *Zwischen Klischee und Zitat.* Norbert Gstrein erhielt den „Alfred-Döblin-Preis". In: Frankfurter Rundschau v. 19.4.1999.

Fesmann, Meike: *Off beim Gewitter. Weibliche Körper, männliche Geschichte beim Döblin-Preis.* In: Süddeutsche Zeitung v. 19.4.1999, S. 15.

Fuchs, Gerhard: *Vom Handwerk des Beginnens.* Laudatio für Norbert Gstrein anlässlich der Verleihung des Franz-Nabl-Preises. In: manuskripte 44 (2004), H. 165, S. 139-144.

Höller, Christa: *28 Jahre und schon ganz schön weise.* Der Tiroler Norbert Gstrein beim Ingeborg-Bachmann-Preis 1989. In: Die Presse (Wien) v. 28.6. 1989, S. 13.

Krause, Werner: *Einer als Fragenforscher.* Norbert Gstrein erhält heute den Franz-Nabl-Preis der Stadt Graz. In: Kleine Zeitung (Graz) v. 25.3.2004, S. 63.

lmue [Lothar Müller]: *Todesnähe.* Jorge Semprún und Norbert Gstrein über das Erzählen von Geschichte. In: Süddeutsche Zeitung v. 4.9.2001, S. 14.

Martin, Marko: *Die Trickkiste der Postavantgarde.* Döblin-Preis für Norbert Gstrein und ein Lesemarathon im Literarischen Colloquium. In: Die Welt v. 19.4.1999.

N. N.: *Norbert Gstrein erhält Hölderlin-Förderpreis.* In: Frankfurter Allgemeine Zeitung v. 14.4.1994, S. 37.

Schlocker, Edith: *Der Dichter der Perspektive.* Tiroler Landespreis für Kunst 2000 an den Schriftsteller Norbert Gstrein überreicht. In: Tiroler Tageszeitung v. 7.12.2000, S. 9.

Schönauer, Helmuth: *Literarische Tools.* Übergabe eines Landes-Preises an einen Dichter, der sich bei der Namensnennung dieses Landes übergibt. In: Die Neue Südtiroler Tageszeitung v. 3.1.2001, S. 15.

Semprún, Jorge: *Alles wahr, weil erfunden.* Über den Erzähler Norbert Gstrein. In: Frankfurter Allgemeine Zeitung v. 17.5.2001, S. 52.
Unter dem Titel *Wunder und Geheimnisse des Alltags* in: *Verleihung des Literaturpreises der Konrad-Adenauer-Stiftung e. V. an Norbert Gstrein.* Weimar, 13. Mai 2001. Dokumentation. Hrsg. v. Günther Rüther. Bornheim: Konrad-Adenauer-Stiftung e. V. 2001, S. 8-11.
Unter dem Titel *Wovon man nicht sprechen kann* in: Norbert Gstrein/J.S.: *Was war und was ist.* Reden zur Verleihung des Literaturpreises der Konrad-

Adenauer-Stiftung am 13. Mai 2001 in Weimar. Frankfurt a. M.: Suhrkamp 2003. (= Edition Suhrkamp. Sonderdruck.) S. 9-17.

Staudacher, Cornelia: *Walzertakte für den Sieger.* Die Lesungen aus Anlaß der Verleihung des Döblinpreises. In: Stuttgarter Zeitung v. 20.4.1999.

Weigel, Sigrid: *Norbert Gstreins hohe Kunst der Perspektive: Fiktion auf dem Schauplatz von Recherchen.* Laudatio zur Verleihung des Johnson Preises an Norbert Gstrein. In: manuskripte 43 (2003), H. 162, S. 107-110. Unter dem Titel *Alles wahr, weil erfunden* in: Frankfurter Rundschau v. 3.1. 2004, S. 15. [gekürzt]

Weyel, Hanne: *„Einer"* hat gewonnen. Norbert Gstrein als Star der Rauriser Literaturtage. In: Lesezirkel 6 (1989), Nr. 38, S. 31.

Franke, Konrad: *Verleihung der Bremer Literaturpreise 1989 an Ingomar von Kieseritzky, Norbert Gstrein. Laudationes und Dankesworte.* Hrsg. v. Katrin Geyer. Bremen: Rudolf-Alexander-Schroeder-Stiftung 1989. Auch in: *Der Bremer Literaturpreis von 1954-1998.* Hrsg. von Wolfgang Emmerich. Bremerhaven: Neuer Wirtschaftsverlag 1999. (= edition die horen.)

Lexikonartikel

Ernst, Petra: *Norbert Gstrein.* In: *Neues Handbuch der deutschen Gegenwartsliteratur seit 1945.* Hrsg. v. Dietz-Rüdiger Moser. München: Nymphenburger 1990, S. 244.

Fischer, Ernst: *Norbert Gstrein.* In: *Literatur-Lexikon.* Autoren und Werke deutscher Sprache. Bd. 4. Hrsg. v. Walther Killy. Gütersloh: Bertelsmann 1989, S. 407.

Kramatschek, Claudia: *Norbert Gstrein.* In: *Kritisches Lexikon der Gegenwartsliteratur (KLG)* . Hrsg. v. Heinz Ludwig Arnold. 65. Nlg. München: edition text + kritik 2000, S. 1-10.

Gespräche, Porträts

Behr, Martin: *Norbert Gstrein: Erkundungen, Zwänge und Ängste eines Autors.* SN-Gespräch mit dem Rauriser Literatur-Preisträger 1989 und Stadtschreiber von Graz. In: Salzburger Nachrichten v. 6.4.1989, S. 7.

Braun, Michael: *Von der bedenklichen Störungsanfälligkeit der Erinnerungen.* In: Basler Zeitung v. 2.6.2000.

Fian, Antonio: *Norbert Gstrein sitzt mit der deutschsprachigen Literaturkritik im Wirtshaus und erzählt, wie es war.* Ein Dramoletterl. [Fiktives Interview]. In: Falter (Wien) (1989), Nr. 46, S. 16.

Auch in: A.F.: *Was bisher geschah.* Dramolette. Graz, Wien: Droschl 1994, S. 7f.

Fleischhacker, Michael: *Tirol ist kein Schicksal.* In: Kleine Zeitung (Graz) v. 7.10.1995, Literaturbeilage „Frankfurt Spezial", S. 14f.

Gmünder, Stefan: *Unbeirrt beirrbar.* In: Der Standard (Wien) v. 15.4.2000, Album, S. A1f.

Holl, Hildemar/Steinwendtner, Brita: *Norbert Gstrein.* In: H. H./B.S.: *20 Jahre Rauriser Literaturtage.* Die Preisträger. Rauris: Kulturverein der Marktgemeinde Rauris 1990, S. 50.

Jandl, Paul: *Diese nicht aufhören wollende Sehnsucht.* Ein Wiener Kaffeehausgespräch mit Norbert Gstrein. In: Neue Zürcher Zeitung v. 27.8.2001, S. 21.

Jetschgo, Johannes: *Die Schrift läßt sich nicht den Mund verbieten.* Über Norbert Gstrein. In: Parnass (1990), H. 1, S. 85-87.

Käfer, H. Wolf: *Nichts ist so, wie es scheint: Norbert Gstrein und der Trug des Erinnerns.* In: Morgen (2002), H. 1/2, S. 9-11.

Knecht, Doris: *Porträt: Norbert Gstrein.* In: Österreich Spiegel (1999), Nr. 7, S. 30.

Köfler, Grete: *Auf kontrollierte Distanz.* In: Tiroler Tageszeitung v. 29./30.4./1.5. 2000, Magazin, S. 1.

Nenning, Günther: *Wenn Skilehrer dichten.* In: Kronen Zeitung v. 2.3.2002, Krone Bunt, S. 34f.

N. N.: *Fragebogen. Vor dem Sündenfall.* In: Nordkurier (Neubrandenburg) v. 19. 7.2003.

Nüchtern, Klaus: *Versuch, ein Mann zu sein.* In: Falter (Wien) v. 30.7.1999, Nr. 30, S. 48f.

Pinzer, Beatrix/Pinzer, Egon: *Landschaft. Kultur. Erholungraum. Ötztal.* Innsbruck: Edition Löwenzahn 1998, S. 297-299. [*Bekannte Persönlichkeiten. Norbert Gstrein.*]

Pohl, Ronald: *„Einer", der auszog ... Das hinterste Ötztal birgt Überraschungen: die Brüder Gstrein.* In: Wochenpresse (Wien) v. 12.1.1990, S. 54f.

Pollak, Anita: *Heimat bist du ...* In: Kurier (Wien) v. 24.10.1992, S. 41.

Seiler, Christian: *Nur kein Dichtergewäsch.* Christian Seiler besuchte den österreichischen Autor Norbert Gstrein. In: Bühne (1992), H. 10, S. 30-32.

Schönauer, Helmuth: *Stadtschreiber und Landmaler.* In: InN (1989), H. 18, S. 51.

Strohal, Ursula: *Für gelungenen Satz die Wirklichkeit verleugnen.* Gespräch mit dem jungen Tiroler Schriftsteller Norbert Gstrein vor seiner einwöchigen Lesetournee durch Tirol. In: Tiroler Tageszeitung v. 9.11.1989, S. 9.

Sütterlin, Sabine: *Chaos, Geheimnisse – das zieht ihn an.* Ende Juni ist wieder Dichterwettstreit in Klagenfurt: Norbert Gstrein könnte gewinnen. In: Die Weltwoche (Zürich) v. 15.6.1989, S. 63.

Thuswaldner, Anton: *Biographie ist immer Interpretation.* Resümee eines Gesprächs mit Norbert Gstrein. In: Salz 25 (2000), H. 99, S. 43f.

Valerius, Anna: *Zwischen Fakten und Fiktionen.* Norbert Gstrein auf der Suche nach der Wahrscheinlichkeit des wirklichen Lebens. In: Kritische Ausgabe. Zeitschrift für Germanistik und Literatur (Bonn) 9 (2005), H. 1, S. 58-60.

Zu Einzelwerken

Zu Einer

Christoph, Horst: *Wer aber ist Jakob?* In: Profil (Wien) v. 19.12.1988, S. 94-96.

Drews, Jörg: *Zehntausendmal „Einer".* In: Süddeutsche Zeitung v. 22./23.7. 1989, S. 148.

Ehrentreich, Alfred: *Norbert Gstrein: Einer.* In: Neue Deutsche Hefte 36 (1989), H. 3, S. 467.

Ernst, Gustav: *Selbstzerstörerischer Widerstand.* Die Erzählung „Einer" des jungen Österreichers Norbert Gstrein. In: Deutsche Volkszeitung/die tat v. 16.6. 1989, S. 10.

Fetz, Bernhard: *Grammatik des Außenseiters.* In: Forum v. 11.10.1988, H. 417-419, S. 93f.

Grüner, Gabriel: *Mutmaßungen über Jakob.* In: FF Südtiroler Illustrierte (Bozen) (1988), Nr. 28, S. 56.

Hackl, Wolfgang: *Touristische Begegnung als Erfahrung von Fremdheit.* In: Faszination und Schrecken des Fremden. Hrsg. v. Rolf-Peter Janz. Frankfurt a. M.: Suhrkamp 2001. (= edition suhrkamp. 2169.) S. 287f.

Hackl, Wolfgang: *Eingeborene im Paradies.* Die literarische Wahrnehmung des alpinen Tourismus im 19. und 20. Jahrhundert. Tübingen: Niemeyer 2004. (= Studien und Texte zur Sozialgeschichte der Literatur. 100.) S. 162-167. [Kapitel 6.6.: *Einer*]

Hackl Wolfgang: *Chronik, Ironie, Destruktion.* Reaktionen der Gegenwartsliteratur auf den Alpentourismus. In: *Heimatsuche.* Regionale Identität im österreichisch-italienischen Alpenraum. Hrsg. v. Antonio Pasinato. Würzburg: Königshausen & Neumann 2004, S. 81-89. Auch in: *Heimat: Identità regionali nel processo storico*. Roma: Donzelli Editore 2000, S. 73-75. [ital.]

Haider, Hans: *Jakob wird abgeschafft*. In: Die Presse (Wien) v. 9./10.4.1988, Beilage, S. 6.

Hammerschmidt, Ulrich: *Schweigen im Walde. Literatur ohne Eigenschaften: Norbert Gstreins Prosadebüt „Einer"*. In: Nürnberger Nachrichten v. 23.9. 1989.

Harb, Karl: *Die Meister-Erzählung „Einer"*. Das Buch des Rauriser Literaturpreisträgers. In: Salzburger Nachrichten v. 6.4.1989.

Hielscher, Martin: *Jakobs Geschichte*. Norbert Gstrein: „Einer". Erzählung. In: Deutsches Allgemeines Sonntagsblatt (Hamburg) v. 10.3.1989, S. 6.

Höllerer, Walter: *Mit dem Kamel durchs Nadelöhr*. In: Die Welt v. 14.10.1989.

Holzner, Johann: *„Einer", „wir" und nicht „sie"*. Über Norbert Gstrein. In: Pannonia 17 (1989), H. 3, S. 37f.

i. t.: *„Einer" - der literarische Einstieg des jungen Tiroler Erzählers Norbert Gstrein*. In: Tiroler Tageszeitung v. 21.6.1988, S. 7.

Koberg, Eveline: *Dunkle Inhalte, aber die Sprache leuchtet*. In: Neue Zeit (Graz) v. 21.1.1989.

Krättli, Anton: *Sie holen Jakob*. Zu Norbert Gstrein: „Einer". In: Schweizer Monatshefte 69 (1989), H. 5, S. 424-426.

Krause, Werner: *Einer hat gelebt*. In: Kleine Zeitung (Graz) v. 21.1.1989, S. 40. Unter dem Titel *Ein Erstling aus Tirol* in: Kleine Zeitung (Klagenfurt) v. 1.2. 1989, S. 44.

Kuhn, Heribert: *Kommentar*. In: Norbert Gstrein: *Einer*. Erzählung. Frankfurt a. M.: Suhrkamp 2005. (= Suhrkamp BasisBibliothek. 61.) S. 107-157.

Kunne, Andrea: *o.T.* In: Deutsche Bücher 19 (1989), S. 196f.

Liessmann, Konrad Paul: *Dorfleben*. In: Der Standard (Wien) v. 28.2.1989.

Melzer, Gerhard: *Die versäumte Sekunde*. Norbert Gstreins Erzählung „Einer". In: Neue Zürcher Zeitung v. 6.1.1989, S. 31. Unter dem Titel *Das Maß gegen die Zeit* in: Kleine Zeitung (Graz) v. 13.1.1989, S. 35.

Schütte, Uwe: *Von Knechten und Leibeigenen: Mitteilungen aus der österreichischen Provinz*. In: German Life and Letters 47 (1994), H. 1, S. 67-76.

Warnes, Alfred: *Starkes Debüt*. In: Wiener Zeitung v. 7.7.1989.

Weinzierl, Ulrich: *Mutmaßung über Jakob.* Norbert Gstreins Erzählung „Einer". In: Frankfurter Allgemeine Zeitung v. 17.12.1988, Beilage, S. 5.

Weiss, Christina: *Verstummen vor der fremden Sprache.* Norbert Gstreins erzählerisches Debüt. In: Die Zeit v. 4.11.1988, S. 79.

Wittib, Monica: *Norbert Gstrein: Einer.* In: InN (1988), H. 15, S. 58f.

Zu *Anderntags*

Bartens, Gisela: *Die Sprache lügt.* In: Kleine Zeitung (Graz) v. 15.10.1989, Beilage, S. 12.

Christoph, Horst: *Ein Spiel mit komplizierten Regeln.* Der Tiroler Norbert Gstrein, 28, ist ein neuer Typus von Schriftsteller – und er bringt einen neuen Ton in die Literatur. In: Profil v. 9.10.1989, Sonderbeilage zur Frankfurter Buchmesse, S. 16f.

Deppe, Jürgen: *Die Suche nach der Sprache oder Und sie bewegt sich doch - um Georg.* In: Konzepte. Zeitschrift für Literatur (Bonn) (1989), H. 6, S. 61.

Dermutz, Klaus: *Liebesuntergang.* In: Süddeutsche Zeitung v. 10./11.2.1990, Beilage, S. IV.

Ernst, Gustav: *Kleinlaut schweigen, übereifrig reden. Anderntags.* Eine neue Erzählung von Norbert Gstrein. In: Deutsche Volkszeitung/die tat v. 13.10. 1989, S. 22.

Hielscher, Martin: *Tod in Innsbruck.* Norbert Gstrein: „Anderntags". Erzählung. In: Deutsches Allgemeines Sonntagsblatt (Hamburg) v. 3.8.1990, S. 24.

Hug, Heinz: *Norbert Gstrein: Anderntags.* In: Neue deutsche Hefte 36 (1989), H. 3, S. 514-516.

Klauhs, Harald: *Rettungsversuch.* In: Die Furche (Wien) v. 15.3.1990, S. 16.

Konrad, Franz: *Ein Einsamer unter der Menge.* In: Kurier (Wien) v. 14.10.1989, Beilage, S. 23.

-ld: *Sprachnot.* Norbert Gstreins „Anderntags". In: Stuttgarter Zeitung v. 16.2. 1990, S. 24.

Melzer, Gerhard: *Im Windschatten der Geschichte.* Norbert Gstreins neue Erzählung „Anderntags". In: Neue Zürcher Zeitung v. 7.12.1989, S. 52.

Pfoser, Alfred: *Zunehmende Nüchternheit.* Der zweite Prosaband von Norbert Gstrein bei Suhrkamp. In: Salzburger Nachrichten v. 11.11.1989, Beilage, S. III.

Scheichl, Sigurd Paul: *Norbert Gstrein. Anderntags.* In: InN (1989), H. 20, S. 39f.

Schirrmacher, Frank: *Idyllen in der Wüste oder Das Versagen vor der Metropole.* Überlebenstechniken der jungen Literatur am Ende der achtziger Jahre. In: Frankfurter Allgemeine Zeitung v. 10.10.1989.

Schmitt, Hans-Jürgen: *Entwurf eines Selbstporträts.* Nach dem Debüt mit „Einer": Norbert Gstreins neuer Prosatext „Anderntags". In: Frankfurter Rundschau v. 10.10.1989, Beilage, S. 8.

Strohal, Ursula: *Anderntags wieder der leise Ton, die gedachte Sprache.* Innsbruck als äußerer Schauplatz von Norbert Gstreins eben erschienener, neuer Erzählung. In: Tiroler Tageszeitung v. 4./5.11.1989, S. 10.

Tonninger, Wolfgang: *In der Erinnerung finden Worte Bedeutung.* In: Der Standard (Wien) v. 11.11.1989.

Zu *Das Register*

Ayren, Armin: *Prosa von penetrantem Parallelismus.* Ein Erzähler unterliegt dem Wiederholungszwang: Norbert Gstreins Roman. In: Stuttgarter Zeitung v. 15.1.1993, S. 23.

Bartens, Gisela: *Bravourös konstruiert.* Der Grazer Ex-Stadtschreiber Norbert Gstrein kam wieder. Mit seinem Romanerstling „Das Register" im Gepäck. In: Kleine Zeitung (Graz) v. 10.4.1993.

Bauer, Michael: *Exaktes Schweigen.* Norbert Gstreins Roman „Das Register". In: Die Zeit v. 2.10.1992, S. 9.

Bröder, Friedrich J.: *Konflikt in der Familienarena.* Söhne, die zu Siegern erzogen wurden: Norbert Gstreins Roman: „Das Register". In: Nürnberger Nachrichten v. 5.12.1992.

Brüggeller, Moni: *Entstaubte Tradition mit Vision.* Der erste Roman des Tiroler Erfolgsautors Norbert Gstrein. In: Kronen Zeitung (Innsbruck) v. 20.11.1992, S. 24.

Christoph, Horst: *Distanz zur Nähe.* In: Profil (Wien) v. 28.9.1992.

Cramer, Sybille: *Ersticktes Leben, erstickte Kunst.* „Das Register": Norbert Gstreins drittes Buch ist die dritte Auflage seines ersten. In: Basler Zeitung v. 12.2.1993.

Dickenberger, Udo: *Geschichte tödlicher Symbiosen.* Zu Norbert Gstreins Roman übers Skifahren, Gletschervermessen, Trinken und Reden. In: Wiener Zeitung v. 15.1.1993, S. 15.

Fetz, Bernhard: *Die Söhne schwacher Väter.* In: Falter (Wien) v. 30.9.1992, Nr. 40, S. 7.

Fleischhacker, Michael: *Zwischen Genuß und Trotzdem-Lesen.* In: Kleine Zeitung (Graz) v. 12.10.1992, S. 11.

Geisel, Sieglinde: *Wenn wir nicht in Tirol wären.* Nur ausgetüftelte Architektur: das Romandebüt „Das Register" des Österreichers Norbert Gstrein. In: Der Tagesspiegel (Berlin) v. 11.10.1992, S. VIII.

Harb, Karl: *o.T. (Der aktuelle SN-Büchertip).* In: Salzburger Nachrichten v. 10. 10.1992, Beilage, S. VIII.

Heisz, Irene: *Wie weit ein Schreibender getrieben ist.* Norbert Gstrein hat mit „Das Register" noch einmal einen autobiographischen Text geschrieben. In: Tiroler Tageszeitung v. 10./11.10.1992, S. 7.

hie.: *Das Register.* Der Roman von Norbert Gstrein als Vorabdruck in der F.A.Z. In: Frankfurter Allgemeine Zeitung v. 24.8.1992, S. 23.

Hoffmann, Christian: *Zwiesprachen mit den Tieren.* Die literarische Herbstkollektion im Überblick. In: Gegenwart (1993), H. 16, S. 31f.

Huber-Lang, Wolfgang: *Zum ersten, zum zweiten, zum dritten.* In: Salto (Wien) v. 25.9.1992, S. XV.

Hug, Heinz: *Österreichische Beschimpfungen.* Neue Bücher von Josef Winkler und Norbert Gstrein. In: WOZ (Zürich) v. 26.2.1993, S. 18.

Jessen, Jens: *Zuviel Maiglöckchen und zuviel Fingerhut.* Der Roman „Das Register": Norbert Gstreins ehrgeiziger Versuch, aus den Sackgassen der literarischen Avantgarde zu entkommen. In: Frankfurter Allgemeine Zeitung v. 16.1. 1993.

Kahl, Kurt: *Eine Abrechnung: Wir leben noch!* In: Kurier (Wien) v. 10.11.1992.

Kastner, Siegmund: *Von den „Helden" mit Ablaufdatum.* Der Tiroler Autor Norbert Gstrein stellte in der Klagenfurter Landhausbuchhandlung seinen ersten Roman „Das Register" vor. In: Kleine Zeitung (Klagenfurt) v. 7.11.1992, S. 42.

Kosler, Hans Christian: *Unter väterlichem Erfolgsdruck.* Nach zwei stark beachteten Erzählungen legt Norbert Gstrein seinen ersten Roman vor. In: Süddeutsche Zeitung v. 30.9.1992, S. 5.

Kunne, Andrea: *Norbert Gstrein. Das Register.* In: Deutsche Bücher 23 (1993), H. 1, S. 9-11.

Melzer, Gerhard: *Bodenlose Fiktionalität.* Norbert Gstreins Roman „Das Register". In: Neue Zürcher Zeitung v. 12.2.1993.

Mischke, Roland: *Gesprochenes und Stummes.* Norbert Gstreins „Register" beklagt die allgemeine Sprachlosigkeit. In: Südkurier (Konstanz) v. 19.1.1993.

Moser, Gerhard: *Mißratene Bernhard-Hommage.* Norbert Gstreins Debüt als Romanschriftsteller. In: Literatur und Kritik (1992), H. 269/270, S. 96f.

Müller-Vahl, Barbara M.: *Geschichten von Menschen, die nicht dazugehören.* Der österreichische Schriftsteller Norbert Gstrein und sein Roman „Das Register". In: General-Anzeiger v. 6./7.2.1993, S. XXII.
Unter dem Titel *Von Schatten und Rissen* in: Nürnberger Zeitung v. 5.12.1992.
Unter dem Titel *Das subtile Entsetzen* in: Augsburger Allgemeine v. 14.11.1992.

N. N.: *Blick zurück im Zorn.* Nach zwei Erzählungen legt Norbert Gstrein seinen ersten Roman vor: „Das Register". In: New Mag (Baar) (1993), H. 1.

Oberembt, Gert: *Ziellos genießende Erben des väterlichen Vermögens.* Karrieren in Tirol: Norbert Gstrein beschreibt in seinem ersten Roman den Absturz zweier Brüder aus der Höhe des Erfolges. In: Deutsche Tagespost (Würzburg) v. 30.1.1993.
Unter dem Titel *Bilanz scheiternder Glücksritter* in: Rheinischer Merkur/ Christ und Welt (Bonn) v. 12.2.1993.

Öztanil, Guido Erol: *Erinnerungen. Norbert Gstrein: „Das Register".* In: Hannoversche Allgemeine Zeitung v. 10.7.1993.

Pack, Andreas: *o. T.* In: Denken und Glauben (1993), H. 63, S. 27.

Patterer, Hubert: *„Den Idioten spielen".* Über den Skirennsport und seine Helden […]. In: Neue Vorarlberger Tageszeitung v. 6.12.1992, S. 46.

Pulver, Elsbeth: *„… ein verschwommenes Bewusstsein ihrer Schuld".* „Das Register", ein Roman des Österreichers Norbert Gstrein. In: Schweizer Monatshefte 73 (1993), H. 2, S. 154-157.

Quirchmair, Erwin: *Einer schrieb.* In: Buchkultur (1992), H. 18, S. 38f.

Quirchmair, Erwin: *Blick auf den heimatlichen Kosmos.* In: Der Standard (Wien) v. 18.9.1992.

Renger, Reinhard: *Babylonische Talfahrt der Verlorenen.* In seinem Entwicklungsroman „Das Register" seziert der Österreicher Norbert Gstrein die allgemeine Sprachlosigkeit. In: Deutsches Allgemeines Sonntagsblatt (Hamburg) v. 2.10.1992, S. 34.

Romar, Gernot: *Meisterlicher „neuer" Gstrein.* In: Neue Zeit (Graz) v. 15.1. 1993, Magazin, S. 10.

Schönauer, Helmuth: *Kurzinformationen.* In: Sturzflüge (1993), H. 37/38, S. 106.

Schönauer, Helmuth: *Das Register.* Im neuen Roman rechnet Norbert Gstrein mit Tirol ab. In: FF Südtiroler Illustrierte (Bozen) v. 7.11.1992.

Schirrmacher, Frank: *Bis bald. Seitenblick auf die deutsche Literatur des Herbstes.* In: Frankfurter Allgemeine Zeitung v. 26.9.1992.

Schweighofer, Christina: *Mit dem Kopf voraus.* Norbert Gstreins Roman „Das Register": Wie eintönig darf eine Geschichte des Stillstands sein? In: Die Presse (Wien) v. 19.12.1992, Spectrum, S. VI.

Seiler, Christian: *o.T.* In: Die Weltwoche (Zürich) v. 1.10.1992, S. 71.

Steiner, Bettina: *Verdächtige Wörter, gescheiterte Brüder.* Der Tiroler Norbert Gstrein brachte seinen ersten Roman heraus. In: Die Presse (Wien) v. 30.9. 1992, S. 17.

Summer, Alois: *Hurra! Wir leben!* In: Neue Vorarlberger Tageszeitung v. 3.12. 1992, S. 33.

Tauber, Reinhold: *Leben im freien Fall.* In: Oberösterreichische Nachrichten v. 17.12.1992, S. 18.

Trenkler, Thomas: *Ungleiche Brüder.* Bernhard Gstrein fährt Slalom, Norbert Gstrein schreibt Bücher. In: Wiener (Dezember 1992), S. 172f.

Walser, Paul L.: *Der Sportler und sein Bruder der Schriftsteller.* „Das Register", der erste Roman des Österreichers Norbert Gstrein über zwei ungleiche Brüder. In: Tages-Anzeiger (Zürich) v. 30.9.1992.

Zeilinger, Gerhard: *Klieren, klierte, gekliert.* Beiläufige Notiz zu Norbert Gstreins Roman „Das Register". In: Gegenwart (1993), H. 16, S. 9.

Zu O_2

Bauer, Michael: *Sauerstoffreich zwischen Himmel und Erde.* Norbert Gstrein überrascht mit einer Ballonfahrer-Novelle. In: Süddeutsche Zeitung v. 6.10. 1993, Beilage, S. 13.

Beer, Otto F.: *Höhenrausch mit Panne.* Norbert Gstreins Erzählung „O_2". In: Hannoversche Allgemeine Zeitung v. 6.11.1993.

best: *o.T.* In: Die Presse (Wien) v. 13.9.1993.

Breitenstein, Andreas: *Ein überraschender Mond.* Norbert Gstreins Ballon-Novelle „O_2". In: Neue Zürcher Zeitung v. 1.10.1993, Beilage, S. 5.

Bröder, Friedrich J.: *Mathematiker im Freiluftballon.* Literarische Reißbrett-Konstruktion: Norbert Gstreins Novelle „O_2". In: Nürnberger Nachrichten v. 4.12.1993.

Christoph, Horst: *Höhenflug ins Ötztal.* Der österreichische Autor Norbert Gstrein spielte mit einer Ballonfahrt aus den dreißiger Jahren. In: Profil (Wien) v. 11.10.1993.

Dietschreit, Frank: *Botschaften aus der Aluminiumkugel.* Ein Ballon landet auf dem Gletscher: Norbert Gstreins „O_2". In: Der Tagesspiegel (Berlin) v. 12.12. 1993, S. VII.

Eggebrecht, Harald: *Hang zur Marotte. Bücherherbst '93: zu viel Literaturwollen, zu wenig Erzählwitz.* In: Die Woche v. 7.10.1993, S. 34.

gm: *Verblasener Ballon.* In: FF Südtiroler Illustrierte (Bozen) v. 18.9.1993.

Haas, Franz: *Männer-Helden.* In: Literatur und Kritik (1993), H. 279/280, S. 96f.

Hartig, Klaus: *Virtuoser Tiefflug.* In: südtirol profil v. 18.10.1993, S. 49.

Ingendaay, Paul: *Die Legenden zerfallen, es bleibt der Ballon.* Norbert Gstreins Novelle vom großen Gleichmut unterm Himmelszelt. In: Frankfurter Allgemeine Zeitung v. 5.10.1993, Beilage, S. L11.

Kastura, Thomas: *Steuerloser Ballon schwebt über den Alpen.* Der österreichische Autor Norbert Gstrein hat die sauerstoffarme Montage „O_2" vorgelegt. In: Fränkischer Tag (Bamberg) v. 13.11.1993.

Kraus, Rudolf: *Neue Bücher.* In: Literatur aus Österreich 39 (1994), H. 229, S. 24.

Kriegner, Andrea: *Aus der deutschsprachigen Belletristikecke.* Andrea Kriegner über einige österreichische Neuerscheinungen. In: Gegenwart (1994), H. 20, S. 39.

Liessman, Konrad Paul: *Triumph der Form über Tirol.* In: Der Standard (Wien) v. 1.10.1993, Sonderbeilage.

Lohs, Lothar: *Potpourri der Perspektiven.* Autistisch selbstverliebt: Norbert Gstreins Novelle „O_2". In: Wiener Zeitung v. 19.11.1993, Beilage, S. 7.

Mack, Gerhard: *Die Welt unterm Ballon.* Norbert Gstreins Novelle mit Nachrichtenwert. In: Stuttgarter Zeitung v. 5.11.1993, S. 30.

Mack, Gerhard: *Unter dem Ballon gerät die Welt ins Trudeln.* Norbert Gstreins Novelle „O_2". In: Basler Zeitung v. 11.2.1994.

Moser, Samuel: *Sturz in die moderne Welt.* Norbert Gstreins Ballon-Forschungsflug. In: Tages-Anzeiger (Zürich) v. 28.9.1993.

Müller: *Atemberaubendes im Ballon.* Norbert Gstreins sprachmächtige Novelle „O_2". In: Darmstädter Echo v. 2.10.1993.

Napetschnig, Madeleine: *Ausgefeilte Beschreibungen.* In: Neue Zeit (Graz) v. 12.9.1993.

N. N.: *Der Höhenflug des Auguste Piccard.* In: News (Wien) v. 16.9.1993, S. 134.

Nuber, Achim: *Literatur aus dem Geist der Naturwissenschaften?* Anmerkungen zu Norbert Gstreins Novelle „O_2". In: Wirkendes Wort 45 (1995), H. 2, S. 271-282.

Obermüller, Klara: *Luftig.* Norbert Gstrein: „O_2". In: Die Weltwoche (Zürich) v. 7.10.1983, S. 87.

Renger, Reinhard: *Auf großer Fahrt.* Die Novelle „O_2"- eine unerhörte Begebenheit über den Wolken. In: Deutsches Allgemeines Sonntagsblatt (Hamburg) v. 28.1.1994, S. 24.

Rudle, Ditta: *Neue Heimatromane: Unsägliche Geschichten.* Die literarische Suche nach den Wurzeln feiert postmoderne Urständ. In: Wirtschaftswoche (Wien) v. 6.1.1994, S. 63.

Schanda, Susanne: *Ein Ballon hängt in dünner Luft.* Nach Erzählungen und einem Roman legt Norbert Gstrein jetzt die Novelle „O_2" vor. In: Der Bund (Bern) v. 2.10.1993, Beilage, S. 3.

Schmidt-Dengler, Wendelin: *Alles³.* In: Literatur und Kritik (1993), H. 279/280, S. 98f.

Schoder, Gabriele: *Der Höhenflug.* Norbert Gstreins Novelle „O_2". In: Badische Zeitung v. 10.2.1994, S. 31.

Schübler, Walter: *In Unterhosen auf 16.000m.* In: Falter (Wien) v. 3.10.1993, Nr. 40, Beilage, S. 5.

Strohal, Ursula: *Virtuos über die eigenen Lebensringe hinausgeschrieben.* In: Tiroler Tageszeitung v. 6.10.1993, S. 8.

Summer, Alois: *Norbert Gstrein: Eine relative und unberechenbare Welt.* In: Neue Vorarlberger Tageszeitung v. 20.9.1993, S. 41.

Tanabe, Motoko: *Versuch einer Gegen-Sprache.* Über „O_2" von Norbert Gstrein. In: Beiträge zur österreichischen Literatur 13 (Tokio) (1997), S. 33f.

Tauber, Reinhold: *Freischwimmen vom Ich.* Norbert Gstrein bestätigt sein literarisches Talent mit einer neuen Novelle. In: Oberösterreichische Nachrichten v. 30.9.1993, S. 18.

Vogl, Walter: *Alle Wege führen nach Tirol.* In: Die Presse (Wien) v. 4.9.1993, Spectrum, S. VII.

Winkels, Hubert: *Literarischer Jugendstil.* Die Sprache als Luftballon: Norbert Gstreins Novelle „O_2". In: Die Zeit v. 8.10.1993, S. 10.

Wischke, Mirko: *Ballonflug eines Physikers*. Der Österreicher Norbert Gstrein kleidet Gedanken zur Sprachlosigkeit in die Form einer Novelle. In: Neue Zeit (Graz) v. 11.1.1994.

Zeilinger, Gerhard: *Norbert Gstrein: O₂. Novelle*. In: InN (1994), H. 32, S. 78.

Zu Der Kommerzialrat

Auffermann, Verena: *Der Wirt und sein Henker*. Norbert Gstreins jüngste Geschichte vom Sterben auf dem Dorf. In: Süddeutsche Zeitung v. 11.10.1995, Beilage, S. L4.

Augustin, Hans: *Norbert Gstrein. Der Kommerzialrat. Ein Bericht.* In: InN (1995), H. 35, S. 38f.

Bartens, Daniela: *„Alle sind sie wieder da"*. Zu Norbert Gstreins „Der Kommerzialrat". In: Die Steirische Wochenpost (Graz) v. 25.10.1995, S. 24.

best: *o.T.* In: Die Presse (Wien) v. 4.9.1995, S. 16.

dmi: *Mutmaßungen über Alois*. Norbert Gstrein strapaziert das Genre des Anti-Heimat-Romans. In: Handelsblatt (Düsseldorf) v. 20./21.10.1995, S. 96.

Falcke, Eberhard: *Schluchzen statt Jodeln*. Mit Norbert Gstreins „Kommerzialrat" verkommt die österreichische Literatur zur Folklore. In: Die Zeit v. 13.10.1995, S. 18.

Fleischhacker, Michael: *Wer sucht, findet, oder auch nicht*. In: Kleine Zeitung (Graz) v. 7.10.1995, Literaturbeilage, S. 14.

Gauß, Karl-Markus: *Aus der Bahn und steif gefroren*. In: Die Presse (Wien) v. 7.10.1995, Spectrum, S. IV.

Grasböck, Ali: *Der Krimi, der kein Krimi ist*. In: Oberösterreichische Nachrichten v. 9.9.1995.

Gruber, Alfons: *„Der Kommerzialrat" – Aufstieg und Fall eines Machers*. In: Dolomiten (Bozen) v. 19.3.1996.

Haas, Franz: *Rigoletto im Alpenhotel*. „Der Kommerzialrat" – ein „Bericht" von Norbert Gstrein. In: Neue Zürcher Zeitung v. 2./3.9.1995, S. 35.

Halter, Martin: *Tod eines Hoteliers*. Norbert Gstreins Erzählung „Der Kommerzialrat". In: Stuttgarter Zeitung v. 10.10.1995, S. III.

H. C.: *Friß, Zukunft!* Kühl und wahr: Norbert Gstreins Roman „Der Kommerzialrat". In: Profil v. 9.10.1995, S. 113.

Hescher, Achim: *Kriminalgeschichte ohne Verbrechen*. In: Saarbrücker Zeitung v. 9.11.1995, S. 11.

Holzer, Stefanie: *Im Reich der Zebrafinken.* „Ich rede, wenn ich etwas zu sagen habe, und schweige still, wenn ich nichts weiß ..." In: Gegenwart (1996), H. 29, S. 50f.

Huemer, Peter: *Blutschande in den Alpen.* Ein finsterer Tiroler Heimatroman. In: Die Presse (Wien), Bücher Pick (Oktober 1995), S. 27f.

Kraft, Thomas: *Über das Leben und Sterben eines reichen Manns.* Das Dorf als Versuchslabor der Literatur: Norbert Gstreins neues Buch „Der Kommerzialrat. Bericht". In: Fränkischer Tag (Bamberg) v. 30.9.1995. Unter dem Titel *Kommerzielle Blasrohre* in: Der Tagesspiegel (Berlin) v. 20.8. 1995.

Lüdke, Martin: *Gute Freunde, das braucht der Mensch zum Leben.* Norbert Gstreins Bericht „Der Kommerzialrat". In: Frankfurter Rundschau v. 21.10. 1995, Beilage, S. ZB4.

Mauthe, Marion: *Heimat, was ist?* In: Morgen (1996), H. 106, S. 54.

Mazenauer, Beat: *Schreiben heisst Bilanz ziehen.* Norbert Gstrein und sein neues Buch „Der Kommerzialrat", ein Prisma des ländlichen Lebens. In: Der Bund (Bern) v. 7.10.1995.

N. N.: *Der Kommerzialrat.* In: Focus (München) v. 16.10.1995.

Nuber, Achim: *Norbert Gstrein: Der Kommerzialrat. Bericht.* In: Deutsche Bücher 25 (1995), H. 4, S. 267f.

Nüchtern, Klaus: *Mutmaßungen über Alois.* In: Falter (Wien) v. 1.9.1995, Nr. 35, S. 45. Unter dem Titel *Mutmassungen über einen Tiroler* in: Die Weltwoche (Zürich) v. 5.10.1995.

Oberembt, Gert: *Das lästige Getuschel über einen gescheiterten Hotelbesitzer.* Über das hinterwäldlerische Treiben einiger Dorfbewohner in dem Roman „Der Kommerzialrat" Norbert Gstreins. In: Deutsche Tagespost v. 3.8.1996.

Pollack, Martin: *Scheitern einer Geschichte.* In: Spiegel spezial (1995), Nr. 10, S. 100f.

Pollak, Anita: *Hintergründiges aus der Tiroler Bergwelt.* In: Kurier (Wien) v. 2.9. 1995, S. 30.

Rauch, Marja: *„Freunde, Fremde".* Norbert Gstrein: „Der Kommerzialrat". In: NDL (1995), H. 503, S. 158-160.

Reinacher, Pia: *Schnappschüsse vom Landleben.* Gesellschaftskritische Studie des Provinzlebens: Norbert Gstreins eben erschienene Erzählung. In: Tages-Anzeiger (Zürich) v. 15.9.1995.

Renger, Reinhard: *Bodenlos klar.* „Der Kommerzialrat" – hinter einer Kriminalgeschichte verbirgt sich ein überzeugendes Stück Sprachkritik. In: Das Sonntagsblatt v. 13.10.1995, S. 21.

Rittberg, Riki: *Gstrein, Norbert: Der Kommerzialrat.* In: Neue Wiener Bücherbriefe (1995), H. 4, S. 8.

Schäfer, Andreas: *Hinter der Milchglasscheibe.* Norbert Gstreins Bericht „Der Kommerzialrat". In: Berliner Zeitung v. 13.10.1995, S. 4.

Scheichl, Sigurd Paul: *Notizen zum neuen Roman von Norbert Gstrein.* In: Distel (1996), H. 64/65, S. 46f.

Schneider, Petra: *Neues aus der Provinz?* In: Buchkultur (1995), H. 6, S. 38.

Schönauer, Helmuth: *Feldmesse und Hochamt.* In: FF Südtiroler Illustrierte (Bozen) v. 7.10.1995.

Simon, Marcus: *Schutz suchen in einer fremden Sprache.* In: Saarbrücker Zeitung v. 11./12.11.1995, S. 17.

Sperl, Ingeborg: *Dorfkaiser, Weiberhelden, Saufkumpane.* In: Der Standard (Wien) v. 8.9.1995, Album.

Straub, Wolfgang: *Rückkehr ins Dorf.* Viele Ungereimtheiten in Norbert Gstreins neuem Roman „Der Kommerzialrat". In: Wiener Zeitung v. 20.10.1995.

Strohal, Ursula: *Ein nicht ganz ehrenhafter Ehrenmann.* In: Tiroler Tageszeitung v. 10.10.1995.

Thuswaldner, Anton: *War eigentlich etwas dran?* Norbert Gstreins Prosaband „Der Kommerzialrat". In: Salzburger Nachrichten v. 28.10.1995, S. IV.

Weinzierl, Ulrich: *Soviel Elend muß sein.* Auch im Luxus: Norbert Gstreins Bericht „Der Kommerzialrat". In: Frankfurter Allgemeine Zeitung v. 27.10.1995, S. 42.

Werner, Hendrik: *Über allen Gipfeln ist Gerede.* Norbert Gstrein: „Der Kommerzialrat". In: Hannoversche Allgemeine v. 27.7.1996.

Zobl, Susanne: *Und immer noch eins draufgesetzt.* Mit allen Mitteln aufgemotzte Geschichte aus dem Dorfe. In: Die Furche (Wien) v. 23.11.1995.

Zu Die englischen Jahre

Balàka, Bettina: *Norbert Gstrein: Die englischen Jahre.* In: Kolik (2000), H. 12, S. 151-153.

Bielefeld, Claus-Ulrich: *Hirschfelders Geheimnis.* Norbert Gstreins Roman „Die englischen Jahre". In: Süddeutsche Zeitung v. 7./8.8.1999, Beilage, S. IV.

Breitenstein, Andreas: *Hirschfelders Fall.* Norbert Gstreins Roman „Die englischen Jahre". In: Neue Zürcher Zeitung v. 12.8.1999, S. 33.

Borstel, Stefan von: *Die Lebenden sind lebendig und die Toten tot – oder auch nicht.* Der Österreicher Norbert Gstrein über einen jüdischen Flüchtling im englischen Exil. In: Handelsblatt v. 10./11.9.1999.

Fleischhacker, Michael: *Englische Jahre der literarischen Reife.* Norbert Gstrein hat nach vier Jahren einen Roman vorgelegt, der durch Dichte und Eleganz besticht. In: Kleine Zeitung (Graz) v. 11.10.1999, S. 41.

Fuld, Werner: *Der Mythos als Mogelpackung.* Norbert Gstrein erzählt auf gewundene Weise von geborgter Identität. In: Die Welt v. 7.8.1999.

gc: *Erinnerung in Schubladen.* In: FF Südtiroler Illustrierte (Bozen) v. 12.8.1999.

Gmünder, Stefan: *Hirschfelder und des Menschen Sucht nach Zusammenhängen.* In: Der Standard (Wien) v. 9.10.1999, Album, S. A13.

Hillgruber, Katrin: *Der Hirschfelder-Bluff.* Norbert Gstrein dekonstruiert ein jüdisches Schicksal. In: Der Tagesspiegel (Berlin) v. 4.12.1999.
Unter dem Titel *Frieden vor der Unwahrheit* in: Badische Zeitung v. 4.1.2000, S. 31.

Knecht, Doris: *„Ich möchte nicht dazugehören".* In: Profil v. 2.8.1999.

Kontny, Christian: *Wer hat Hirschfelders Bücher geschrieben?* „Die englischen Jahre": Norbert Gstreins neuer Roman nach vierjähriger Pause handelt von Identität und Identitätsverlust. In: Die Furche (Wien) v. 30.9.1999, S. 20.

Kramatschek, Claudia: *Mosaik des Lebens.* Marlene Streeruwitz und Norbert Gstrein im Spiegelkabinett der Biographie. In: NDL 47 (1999), H. 6, S. 171-174.

Unter dem Titel *Die offenen Wunden der biographischen Rede* in: Die Wochenzeitung (Zürich) v. 7.10.1999.

Long, J. J.: *Intercultural Identities in W. G. Sebald's The Emigrants and Norbert Gstrein's Die englischen Jahre.* In: Journal of Multilingual and Multicultural Development 25 (2004), H. 5-6, S. 512-528.

Lüdke, Martin: *Die Rückkoppelungseffekte des Lebens.* Norbert Gstreins Roman „Die englischen Jahre" und die Rätsel der Biographie. In: Frankfurter Rundschau v. 13.10.1999.

Moritz, Rainer: *Versiegelte Erinnerung.* Norbert Gstreins preisgekrönter Roman. In: Schweizer Monatshefte (1999), H. 11, S. 28.

N. N.: *Fettes Jahr, mageres Jahr.* Das Beste aus 1999. In: Falter (Wien) (1999), Nr. 51/52.

Nüchtern, Klaus: *„Die englischen Jahre".* Auf der Suche nach dem vierten Mann. In: Falter (Wien) v. 30.7.1999, Nr. 30, S. 48. Auch online im Internet: http://www.falter.at/rezensionen/detail.php?id= 232&ref=sw=gstrein und (gekürzt): http://www.literaturhaus.at/buch/buch/rez/ngstrein/

Oberembt, Gert: *Hirschfelder verschwindet.* Eine Frau auf der Reise ins Dämmerlicht der Vergangenheit. In: Rheinischer Merkur (Bonn) v. 24.12.1999, S. 21.

Pichler, Martin: *Norbert Gstrein, „Die englischen Jahre".* In: *Erinnerung, Gedächtnis, Geschichtsbewältigung.* Österreichische Literatur der neunziger Jahre. Ein literarischer Workshop. Hrsg. v. Bozena Bekas. Fernwald: Litblockin 2002, S. 79-84.

Pollak, Anita: *„Das Exil ist mein Thema".* Der Tiroler Norbert Gstrein über seinen neuen Roman: „Die englischen Jahre". In: Kurier (Wien) v. 24.7.2002, S. 30.

Rathgeb, Eberhard: *Nach der Stunde der wahren Empfindungen.* Norbert Gstreins schicksalsferner Roman „Die englischen Jahre". In: Frankfurter Allgemeine Zeitung v. 7.8.1999.

Reinacher, Pia: *Die Demontage einer Legende.* In: Tages-Anzeiger (Zürich) v. 4.9.1999.

Reikowski, Andreas: *Hörst du nicht?* In: Am Erker. Zeitschrift für Literatur (2000), H. 39, S. 99f.

Rieger, Manfred: *Der falsche Hirschfelder.* Norbert Gstrein erzählt von den englischen Jahren. In: Rheinische Post v. 27.11.1999.

Rieger, Manfred: *Das Exil und die Nachwelt.* In: Saarbrücker Zeitung v. 10.12. 1999, S. 16.

Ritchie, J. M.: *Exile, Internment and Deportation in Norbert Gstrein's „Die englischen Jahre".* In: *„Totaly Un-English"?* Britain's Interment of „Enemy Aliens" in Two World Wars. Hrsg. v. Richard Dove. Amsterdam/N.Y.: Rodopi 2005. (= The Yearbook of the Research For German and Austrian Exile Studies. 7.) S. 193-203.

Schaber, Susanne: *Leben in fremder Haut.* In: Die Presse (Wien) v. 31.7.1999, Spectrum, S. 33.

Schäfer, Andreas: *Das Brummen, das nichts heißen musste.* Norbert Gstreins Roman „Die englischen Jahre" hat endlich den passenden Stoff zum bekannten Stil. In: Berliner Zeitung v. 16./17.10.1999, S. 9.

Schütte, Uwe: *Als ob Tote zum Tee kamen*. Intelligenter, vielschichtiger Roman: Norbert Gstreins „Die englischen Jahre". In: Wiener Zeitung v. 10./11.9. 1999, Beilage Extra, S. 10.

Sprenger, Michael: *Falsches Spiel mit dem richtigen Leben*. In: Tiroler Tageszeitung v. 7./8.8.1999, S. 18.

Strigl, Daniela: *„Die Lebenden leben und die Toten sind tot".* Norbert Gstreins „Die englischen Jahre" (1999). In: *Der deutsche Roman der Gegenwart.* Hrsg. v. Wieland Freund, Winfried Freund. München: Fink 2001. (= UTB für Wissenschaft. 2251. Literaturwissenschaft.) S. 224-229.

Tauber, Reinhold: *Geheimnisvolle Figuren im blinden Spiegel.* Buch im Schaufenster: Der neue große Roman des Tirolers Norbert Gstrein. In: Oberösterreichische Nachrichten v. 3.9.1999.

Thuswaldner, Anton: *Mehrfache Verstörungen.* Zwei Romane, zwei Welterkundungen: Norbert Gstrein, Christoph Peters. In: Salzburger Nachrichten v. 30.7.1999, Beilage, S. IV.

Winkels, Hubert: *Original und Fälschung.* Norbert Gstrein spielt dem Leser einen Streich. In: Die Zeit v. 14.10.1999.

Zeyringer, Klaus: *Der Romanschreiber als unzuverlässige Gestalt.* Zu Norbert Gstreins "Die englischen Jahre". In: Literatur und Kritik (1999), H. 339/340, S. 92.

Zu *Selbstportrait mit einer Toten*

Adrian, Michael: *Schriftsteller sind der letzte Dreck.* Norbert Gstrein übt sich in der Existenzbeschimpfungskunst. In: Der Tagesspiegel (Berlin) v. 6.11.2000.

ATH: *Literatur und Moral.* In: Salzburger Nachrichten v. 25.3.2000, Beilage, S. VIII.

Dattenberger, Simon: *Die Aushöhlung eines Menschen.* Norbert Gstrein: „Selbstportrait mit einer Toten". In: Münchner Merkur v. 27.3.2000.

Fleischanderl, Karin: *Norbert Gstrein: Selbstportrait mit einer Toten.* In: Kolik (2000), H. 11, S. 145f.

Gross, Thomas: *Alles nur Gerede.* Dauermonologe eines Schriftstellers. In: Rheinischer Merkur v. 11.8.2000.

Hoiss, Barbara Maria: *Selbstportrait mit einer Toten.* In: *Erinnerung, Gedächtnis, Geschichtsbewältigung.* Österreichische Literatur der neunziger Jahre. Ein literarischer Workshop. Hrsg. v. Bozena Bekas. Fernwald: Litblockin 2002, S. 85-92.

Jandl, Paul: *Dichter von trauriger Gestalt.* Norbert Gstreins „Selbstportrait mit einer Toten". In: Neue Zürcher Zeitung v. 11.5.2000, S. 35.

Klauhs, Harald: *Die Halbwelt der Literatur.* Norbert Gstreins kritisches „Selbstportrait". In: Die Presse (Wien) v. 29.4.2000, Spectrum, S. VI.

Laumont, Christof: *Der österreichische Patient.* Schattenriss einer sterbenden Beziehung, Satire auf den Literaturbetrieb und poetologische Selbstbespiegelung: Gstreins „Selbstportrait mit einer Toten". In: Der Kleine Bund v. 15.4.2000.

Mair, Georg: *Von Worten umstellt.* In: FF Südtiroler Illustrierte (Bozen) v. 23.3. 2000.

Nickel, Gunther: *Ein Selbstporträt. Aber von wem?* In: Die Welt v. 18.3.2000.

Peters, Sabine: *Ein Block ohne Risse und Sprünge.* Norbert Gstrein zügelt diesmal seinen Furor: „Selbstportrait mit einer Toten". In: Frankfurter Rundschau v. 13.5.2000.

Reichart, Manuela: *Ich wünsche Ihnen viel Glück mit Ihrem neuen Roman.* Alles auf Anfang: Norbert Gstrein erzählt vom Schriftstellerleben und vom verblödeten Kulturbetrieb. In: Süddeutsche Zeitung v. 16.3.2000, S. 21.

Reinhardt, Maria: *Bernhardscher Redeschwall.* Norbert Gstrein ironisiert die Mechanismen des Literaturbetriebs. In: Die Furche (Wien) v. 17.8.2000, S. 12.

Rieger, Manfred: *Das Porträt des Autors.* In: Kölner-Stadt-Anzeiger v. 22./23.6. 2000, S. 22.

Rothschild, Thomas: *Österreich zetert ohne Ende.* In: Stuttgarter Zeitung v. 14.7. 2000.

Rothschild, Thomas: *Sprachspiel und Mystifikation.* Ein Monat österreichische Literatur. In: manuskripte (2000), H. 148, S. 114-117.

Schütte, Uwe: *Vom Wortschwall überschüttet.* Subtile Selbstkritik: Norbert Gstreins Erzählung „Selbstportrait mit einer Toten". In: Wiener Zeitung v. 19./20.5.2000.

Selzer, Sabine E.: *o.T.* Online im Internet: http://www.literaturhaus.at/buch/buch/rez/gstreinportrait/

Tauber, Reinhold: *Weibliche Klagemauer hält fünf Tage lang Stand.* In: Oberösterreichische Nachrichten v. 14.3.2000.

Winkels, Hubert: *Kritik in Kürze.* Norbert Gstreins „Selbstportrait mit einer Toten". In: Die Zeit v. 30.3.2000.

Zu *Das Handwerk des Tötens*

Bartels, Gerrit: *Die Dauerfälscher.* In: die tageszeitung v. 9.8.2003, S. 13.

Bartmann, Christoph: *Gstreins Krieg.* In: Die Presse (Wien) v. 9.8.2003, Spectrum, S. VI.

Breitenstein, Andreas: *Allmayers Wahn.* Norbert Gstreins Roman „Das Handwerk des Tötens". In: Neue Zürcher Zeitung v. 29.7.2003, S. 33.

Brunskill, Ian: *Degrees of separation.* In: The Times Literary Supplement v. 13.2.2004, S. 32.

Böttiger, Helmut: *Handwerk des Romans.* Norbert Gstrein über den Krieg und die Grenzen des Erzählens. In: Stuttgarter Zeitung v. 1.8.2003, S. 32.

Fetscher, Caroline: *Krieg im Konjunktiv.* Norbert Gstreins Balkan-Roman „Das Handwerk des Tötens": ein Versuch über Leben und Sterben eines Reporters. In: Der Tagesspiegel (Berlin) v. 1.8.2003, S. 25.

Fetz, Bernhard: *Panzer auf der Traumstraße.* In seinem Roman „Das Handwerk des Tötens" erzählt Norbert Gstrein von den Schwierigkeiten, sich mit Worten den Gräueln des Kriegs zu nähern. In: Falter (Wien) v. 1.8.2003, Nr. 31, S. 56f. Auch online im Internet: http://www.falter.at/rezensionen/ detail.php?id=_1790&ref=sw=gstrein und http://www.literaturhaus.at/buch/ buch/rez/gstrein_handwerk/

Fleischanderl, Karin: *Norbert Gstrein: Das Handwerk des Tötens.* In: Kolik (2003), H. 24, S. 126-128.

Fuest, Leonhard: *Espresso-Reden über den Krieg.* In: Financial Times Deutschland v. 25.7.2003.

Gmünder, Stefan: *Schreiben oder Leben.* Norbert Gstreins Roman über den Tod eines Kriegsberichterstatters und die Kriege auf dem Balkan. In: Der Standard (Wien) v. 26.7.2003, Album, S. A5.

Gurschler, Susanne: *Kritisches Verhältnis. Literaturkritik.* Mit seinem Roman „Das Handwerk des Tötens" polarisiert Norbert Gstrein die Kritiker. In: Echo v. 25.9.2003, H. 56, S. 118f.

Holzer, Konrad: *Angestrengt.* Norbert Gstrein wollte sehr viel mit diesem Roman. Er hat es sich – und den Lesern – sehr schwer gemacht. In: Buchkultur Österreich Spezial (2003), S. 25.

Kämmerlings, Richard: *Jede Schrift bleibt immer nur ein Manöver.* In: Frankfurter Allgemeine Zeitung v. 2.8.2003, S. 42.

Krause, Tilman: *Haltloses Staunen über ein anderes Leben.* Mit Stifter gegen das „Sportreportergehabe". In: Die Welt v. 2.8.2003, S. 3.

Krause, Werner: *Viele Verschachtelungen, aber keinerlei Deckel.* Norbert Gstreins „Das Handwerk des Tötens". In: Kleine Zeitung (Graz) v. 8.2.2003, S. 88.

Kuhn, Heribert: *Plot ist Mord.* Norbert Gstrein widmet sich erneut einem todernsten Thema. In: Frankfurter Rundschau v. 8.10.2003, S. 11.

Lehmgrübner, Anja: *Das Handwerk des Tötens.* Norbert Gstreins Buch über eine Spurensuche auf dem Balkan. In: Kölner-Stadt-Anzeiger v. 22.8.2003, S. 2.

Mach, Christine: *Bericht erstatten.* In: Tiroler Tageszeitung v. 26.7.2003, Magazin, S. 6.

Mair, Georg: *Ich und andere Egos.* Literatur: Der neue Roman von Norbert Gstrein handelt vom Krieg und vom Elend, darüber zu schreiben. In: FF Südtiroler Illustrierte (Bozen) v. 31.7.2003, S. 44f.

Mappes-Niediek, Norbert: *Da schickt der Herr den Paule aus.* Norbert Gstreins Roman „Das Handwerk des Tötens" ist ein Roman über die Unmöglichkeit, einen Roman über den Krieg zu schreiben. In: Freitag (Berlin) v. 7.1.2005, S. 14.

Marx, Friedhelm: *Schreiben über den Krieg.* Norbert Gstreins großer Roman „Das Handwerk des Tötens". In: Kölner-Stadt-Anzeiger v. 13.8.2003, S. 23.

Mischke, Roland: *Tod eines Kriegsberichterstatters.* Norbert Gstreins preisgekrönter Roman sorgt für einen Eklat. In: Rheinischer Merkur v. 7.8.1003, S. 20.
Unter dem Titel *Darf Literatur so weit gehen?* in: Rhein-Neckar-Zeitung v. 23.8.2003.
Unter dem Titel *Die Kriegsfront und die Gefahr der Schreibtische* in: Saarbrücker Zeitung v. 29.8.2003.

Mosebach, Holger: *Das Handwerk des Tötens.* In: Deutsche Bücher 33 (2003), H. 4, S. 296-298.

Müller, Lothar: *Zwischen Krieg und Plot.* Woran starb der Reporter? Norbert Gstreins Roman „Das Handwerk des Tötens". In: Süddeutsche Zeitung v. 26. 7.2003, S. 11.

Neubert, Sabine: *Norbert Gstrein schrieb einen Roman vor dem Hintergrund der Balkankriege.* In: Neues Deutschland v. 8.12.2003, S. 12.

Nußbaumer, Bernhard: *Das Handwerk des Schreibens.* In: kulturelemente. Zeitschrift für aktuelle Fragen (Bozen) (2004), H. 51, S. 15.

Pichler, Christian: *Norbert Gstreins „Das Handwerk des Tötens" über die Kriege in Ex-Jugoslawien.* Es gibt keine Erzählung über den Krieg. In: Oberösterreichische Nachrichten v. 18.9.2003, S. 8.

Pollak, Anita: *„Ein Toter kann sich nicht wehren."* Norbert Gstrein über seinen preisgekrönten Roman: „Das Handwerk des Tötens". In: Kurier (Wien) v. 2. 8.2003, S. 27.

ra: *Handwerk des Erzählens.* In: Echo v. 25.9.2003, S. 112.

Radisch, Iris: *Tonlos und banal.* Wie Norbert Gstrein in seinem Roman „Das Handwerk des Tötens" nichts über einen ermordeten Journalisten erzählen will. In: Die Zeit v. 22.12.2003, S. 46.

Rössler, Susanne: *Die Mitschuld des Kriegsreporters.* „Das Handwerk des Tötens" – Norbert Gstreins fesselnder Roman über den Kosovokrieg. In: Format v. 25.7.2003, S. 109.

Rosselini, Jay: *„Das Handwerk des Berichtens" – die Medienkritiker Handke und Gstrein als Balkankundschafter.* In: Glossen. Eine internationale zweisprachige Publikation zu Literatur, Film und Kunst in den deutschsprachigen Ländern nach 1945 (Carlisle, PA) (2005), H. 21, [o.S.]

Ruf, Christian: *Vom Handwerk des Tötens.* In: Dresdner Neueste Nachrichten v. 20.10.2003, S. 6.

Rybarski, Ruth: *Ein Erproben von anderen Leben.* „Das Handwerk des Tötens" ab 28. Juli im Buchhandel – gewidmet dem Stern-Reporter Gabriel Grüner. In: Tiroler Tageszeitung v. 23.7.2003, S. 12.

Schertenleib, Hansjörg: *Jedes Wort zuerst auf die Goldwaage.* Kann man über den Krieg realistisch berichten? In: Die Weltwoche (Zürich) v. 21.8.2003, S. 76f.

Schlodder, Holger: *Die Literatur und unser Bild vom Krieg.* Das neue Buch: Norbert Gstreins Roman „Das Handwerk des Tötens". In: Mannheimer Morgen v. 12.8.2003.

Schröder, Lothar: *Altarkerzen ausmachen.* In: Rheinische Post v. 30.10.2003.

Schütte, Uwe: *Krieg als präsenter Zustand.* Über Norbert Gstreins Roman „Das Handwerk des Tötens". In: Wiener Zeitung v. 10.10.2003, S. 6.

Schulte, Bettina: *Wie kann man sprechen über das Töten und das Sterben?* In: Badische Zeitung v. 30.8.2003.

Schwens-Harrant, Brigitte: *Wie Hyänen auf das Aas.* Wie über Krieg und Tote schreiben, fragt sich Norbert Gstrein in seinem neuesten Roman „Das Handwerk des Tötens". In: Die Furche (Wien) v. 14.8.2003, S. 18.

Stapf, Detlef: *Von Österreich zum Balkan voranerzählt.* In: Nordkurier (Neubrandenburg) v. 19.7.2003.

Strigl, Daniela: *Dauerskepsis.* In seinem umstrittenen neuen Roman befasst sich Norbert Gstrein mit dem Krieg am Balkan – und der eigenen Arbeit. In: Profil v. 4.8.2003, S. 125.

Strigl, Daniela: *Ein Buch und seine Rezeption*. Über Norbert Gstreins „Schule des Tötens". In: Literatur und Kritik (2004), H. 381/382, S. 79–82.

Supp, Barbara: *Kampf um die Unschuld*. Der österreichische Schriftsteller Norbert Gstrein erzählt in seinem neuen, bereits preisgekrönten Roman vom Tod eines Kriegsreporters. In: Der Spiegel (2003), Nr. 31, S. 124.

Thuswaldner, Anton: *Handwerk des Tötens*. Wie wirklich ist der Krieg? In: Salzburger Nachrichten v. 25.10.2003, S. VII.

wa/APA: *Zwei gewichtige Romane von Tiroler Autoren*. Norbert Gstreins Roman „Das Handwerk des Tötens" erscheint Ende Juli. In: Tiroler Tageszeitung v. 8.7.2003, S. 14.

Zu *Wem gehört eine Geschichte?*

Breitenstein, Andreas: *Zur Verteidigung der Poesie*. In: Neue Zürcher Zeitung v. 14.9.2003, S. 37.

Encke, Julia: *Das unerfreuliche Milieu*. Gebt mir mein Buch zurück: Norbert Gstrein beschimpft die Parkwächter der Literatur. In: Süddeutsche Zeitung v. 4.10.2004, S. 16.

Klauhs, Harald: *Von der „Fiction" und den Fakten. Norbert Gstrein verteidigt seinen jüngsten Roman*. In: Die Presse (Wien) v. 2.10.2004, Spectrum, S. V.

Klein, Erich: *Schlachtfeld der Betulichkeit*. In: Wespennest (2005), H. 138, S. 100f.

Krause, Tilman: *Gstrein vs. Radisch*. Krauses Klartext. In: Die Welt v. 9.10. 2004, S. 2.

Nagl, Silvia: *Erzählen ist eine Frage der Auswahl*. In: Oberösterreichische Nachrichten v. 27.10.2004, S. 19.

Paterno, Wolfgang: *Fernduell*. Dem Autor Norbert Gstrein wurde nach seinem letzten Roman Pietätlosigkeit gegenüber einem Toten vorgeworfen. Jetzt nimmt er in einer Verteidigungsschrift dazu Stellung. In: Profil v. 20.9.2004, S. 146.

Sauer, Benedikt: *Vom Handwerk des Schreibens*. In: FF Südtiroler Illustrierte (Bozen) v. 21.10.2004, S. 54.

Schönauer, Helmuth: *Scheißt euch weniger um die Gurus*. Wem gehört eine Geschichte? Norbert Gstrein antwortet mit einer wunderbaren Scheißdinix-Erzählung auf die Vorwürfe auf seinen Roman „Das Handwerk des Tötens". In: Die Neue Südtiroler Tageszeitung v. 28.9.2004, S. 14.

Sturm, Helmut: *o.T.* Online im Internet: http://www.literaturhaus.at/buch/buch/rez/gstrein_wemgehoert/

Zeyringer, Klaus: *Das Handwerk des Dichters.* Norbert Gstreins exemplarische Literaturlektion. In: Der Standard (Wien) v. 18.9.2004, Album, S. A6.

MitarbeiterInnenverzeichnis

BARTSCH Kurt, geb. 1947, Prof. für neuere deutsche Literatur in Graz

BRAUN Michael, geb. 1964, Leiter des Referats Literatur der Konrad-Adenauer-Stiftung, Prof. für neuere deutsche Literatur und ihre Didaktik an der Universität zu Köln

FUCHS Gerhard, geb. 1955, Universitätsassistent am Franz-Nabl-Institut für Literaturforschung an der Universität Graz

HELBIG Axel, geb. 1955, lebt als Autor und Mitherausgeber der Literatur- und Kunstzeitschrift OSTRAGEHEGE in Dresden

HOLZNER Johann, geb. 1948, Prof. für neuere deutsche Literatur und Leiter des Forschungsinstituts Brenner-Archiv an der Universität Innsbruck

KRUZEL Daniel, geb. 1977, Studium der Allgemeinen Literatur- und Medienwissenschaft in Budapest und Paderborn, freier Autor und Journalist in Hildesheim

KUHN Heribert, geb. 1953, Kritiker, Publizist und Autor in München

LEINER Veronika, geb. 1974, derzeit tätig für den Verband Freier Radios Österreich und in weiteren kulturpolitischen Zusammenhängen

LEUCHT Robert, geb. 1975, Assistent am Deutschen Seminar der Universität Zürich

SCHEICHL Sigurd Paul, geb. 1942, Prof. für neuere deutsche Literatur an der Universität Innsbruck

WIESMÜLLER Barbara, geb. 1982, Studentin der Germanistik in Graz, Mitarbeiterin am Franz-Nabl-Institut für Literaturforschung

DOSSIER   Die Buchreihe über österreichische Autoren

DOSSIER 1 *Alfred Kolleritsch*
Herausgegeben von Kurt Bartsch und Gerhard Melzer.
199 Seiten, EURO 15,50

DOSSIER 2 *Elfriede Jelinek*
Herausgegeben von Kurt Bartsch und Günther A. Höfler.
315 Seiten, EURO 19,00

DOSSIER 3 *H.C. Artmann*
Herausgegeben von Gerhard Fuchs und Rüdiger Wischenbart.
291 Seiten, EURO 23,00

DOSSIER 4 *Barbara Frischmuth*
Herausgegeben von Kurt Bartsch.
223 Seiten, EURO 23,00

DOSSIER EXTRA *Peter Handke.* Die Langsamkeit der Welt
Herausgegeben von Gerhard Fuchs und Gerhard Melzer.
248 Seiten, EURO 23,00

DOSSIER 5 *Ilse Aichinger*
Herausgegeben von Kurt Bartsch und Gerhard Melzer.
294 Seiten, EURO 23,00

DOSSIER 6 *Peter Rosei*
Herausgegeben von Gerhard Fuchs und Günther A. Höfler.
433 Seiten, EURO 23,00

DOSSIER 7 *Wolfgang Bauer*
Herausgegeben von Walter Grond und Gerhard Melzer.
362 Seiten, EURO 23,00

DOSSIER 8 *Albert Drach*
Herausgegeben von Gerhard Fuchs und Günther A. Höfler.
412 Seiten, EURO 31,00

DOSSIER 9 *Gerhard Roth*
Herausgegeben von Marianne Baltl und Christian Ehetreiber.
426 Seiten, EURO 31,00

DOSSIER 10 *Raoul Hausmann*
Herausgegeben von Kurt Bartsch und Adelheid Koch.
424 Seiten, EURO 31,00

DOSSIER 11 *Gert Jonke*
Herausgegeben von Daniela Bartens und Paul Pechmann.
400 Seiten, EURO 31,00

DOSSIER EXTRA *Elfriede Jelinek.* Die internationale Rezeption
Herausgegeben von Daniela Bartens und Paul Pechmann.
350 Seiten, EURO 31,00

DOSSIER 12 *Hans Lebert*
Herausgegeben von Gerhard Fuchs und Günther A. Höfler.
390 Seiten, EURO 31,00

DOSSIER EXTRA *Klaus Hoffer*
Von Madelaine Napetschnig.
200 Seiten, EURO 31,00

DOSSIER 13 *Josef Winkler*
Herausgegeben von Günther A. Höfler und Gerhard Melzer.
252 Seiten, EURO 31,00

DOSSIER 14 *Friederike Mayröcker*
Herausgegeben von Gerhard Mèlzer und Stefan Schwar.
304 Seiten, EURO 31,00

DOSSIER 15 *Gerhard Rühm*
Herausgegeben von Kurt Bartsch und Stefan Schwar.
272 Seiten, EURO 31,00

DOSSIER EXTRA *Gunter Falk*
Mit 2 CDs. Herausgegeben von Daniela Bartens und Klaus Kastberger.
284 Seiten, EURO 44,00

DOSSIER 16 *Werner Schwab*
Herausgegeben von Gerhard Fuchs und Paul Pechmann.
372 Seiten, EURO 31,00

DOSSIER 17 *Michael Köhlmeier*
Herausgegeben von Günther A. Höfler und Robert Vellusig.
366 Seiten, EURO 31,00